2018年第一季度

Quarter One, 2018

中国货币政策执行报告

CHINA MONETARY POLICY REPORT

中国人民银行货币政策分析小组

Monetary Policy Analysis Group of the People's Bank of China

中国金融出版社

CHINA FINANCIAL PUBLISHING HOUSE

责任编辑：童祎薇
责任校对：潘　洁
责任印制：裴　刚

图书在版编目(CIP)数据

2018年第一季度中国货币政策执行报告(2018 nian Diyi Jidu Zhongguo Huobi Zhengce Zhixing Baogao)/中国人民银行货币政策分析小组.—北京：中国金融出版社，2018.10

ISBN 978-7-5049-9798-2

I.①2… II.①中… III.①货币政策－工作报告－中国－2018 IV.①F822.0

中国版本图书馆CIP数据核字(2018)第234259号

出版
发行　中国金融出版社

社址　北京市丰台区益泽路2号
市场开发部　(010)63266347，63805472，63439533 (传真)
网 上 书 店　http://www.chinafph.com
(010)63286832，63365686 (传真)
读者服务部　(010)66070833，62568380
邮编　100071
经销　新华书店
印刷　北京侨友印刷有限公司
装订　平阳装订厂
尺寸　210毫米×285毫米
印张　12.25
字数　255千
版次　2018年10月第1版
印次　2018年10月第1次印刷
定价　98.00元
ISBN 978-7-5049-9798-2

本书执笔人

总　　纂：刘国强　　李　波

审　　稿：李　斌　　霍颖励　　纪志宏　　周学东　　阮健弘　　朱　隽

纪　敏　　孙天琦

统　　稿：张　蓓　　郑志丹

执　　笔：

第一部分：邱潮斌　　胡新杰　　曾冬青　　尹　航

第二部分：董忆伟　　陈　颖　　程艳芬　　尚昕昕

第三部分：毛奇正　　郑小驹　　胡永博

第四部分：王一飞　　马志扬　　陶　然　　姜晶晶

第五部分：李文喆　　黄明皓

附录整理：段　炼　　林振辉　　徐　媛等

提供材料的还有：管　化　　付竞卉　　李　航　　李晓闻　　徐　伟

陈婷婷　　罗嗣源　　曹　琦　　穆争社　　王　炳

孙　雪　　王　宁　　张美娟　　宋东方　　邝希聪

王　楠　　张　荣　　刘　浏　　欧阳昌民　　谢　丹

李炜楠　　秦　栋

英文总纂：朱　隽　　张正鑫

英文统稿：曹志鸿

英文翻译：曹志鸿　　周　朔　　黄　姗　　韩士皓　　滕　锐

陈　松　　何君玲　　马　辉　　王一飞　　卢蕾蕾

英文审校：Nancy Hearst（美国哈佛大学费正清东亚研究中心）

Contributors to This Report

CHIEF EDITORS:

LIU Guoqiang   LI Bo

READERS:

LI Bin   HUO Yingli   JI Zhihong   ZHOU Xuedong   RUAN Jianhong   ZHU Jun
JI Min   SUN Tianqi

EDITORS:

ZHANG Bei   ZHENG Zhidan

AUTHORS:

PART ONE: QIU Chaobin   HU Xinjie   ZENG Dongqing   YIN Hang

PART TWO: DONG Yiwei   CHEN Ying   CHENG Yanfen   SHANG Xinxin

PART THREE: MAO Qizheng   ZHENG Xiaoju   HU Yongbo

PART FOUR: WANG Yifei   MA Zhiyang   TAO Ran   JIANG Jingjing

PART FIVE: LI Wenzhe   HUANG Minghao

APPENDIX: DUAN Lian   LIN Zhenhui   XU Yuan et al.

OTHER CONTRIBUTORS: GUAN Hua   FU Jinghui   LI Hang   LI Xiaowen
XU Wei   CHEN Tingting   LUO Siyuan   CAO Qi
MU Zhengshe   WANG Bing   SUN Xue   WANG Ning
ZHANG Meijuan   SONG Dongfang   KUANG Xicong
WANG Nan   ZHANG Rong   LIU Liu
OUYANG Changmin   XIE Dan   LI Weinan   QIN Dong

ENGLISH EDITION

CHIEF EDITORS: ZHU Jun   ZHANG Zhengxin

EDITORS: CAO Zhihong

TRANSLATORS: CAO Zhihong   ZHOU Shuo   HUANG Shan   HAN Shihao
TENG Rui   CHEN Song   HE Junling   MA Hui   WANG Yifei
LU Leilei

PROOFREADER:

Nancy Hearst (Fairbank Center for East Asian Research, Harvard University)

内容摘要

2018年第一季度，我国国民经济保持平稳增长，转型升级稳步推进，内需拉动作用增强，服务业对经济增长的贡献继续提高，质量效益保持较好水平。第一季度国内生产总值（GDP）同比增长6.8%，居民消费价格（CPI）同比上涨2.1%。

2018年以来，中国人民银行继续实施稳健中性的货币政策，适时调整和完善宏观审慎政策，注重根据形势变化把握好调控的节奏、力度和工具组合，加强预调微调和预期管理。一是把握好流动性的总量和结构，并发挥价格杠杆作用。灵活运用逆回购、中期借贷便利、常备借贷便利等工具提供不同期限流动性；通过临时准备金动用安排，熨平春节前现金大量投放对流动性的短期扰动；下调部分金融机构存款准备金率以置换中期借贷便利，增加银行体系资金的稳定性，优化流动性结构；公开市场操作利率随行就市小幅上行。二是落实普惠金融定向降准，运用信贷政策支持再贷款、再贴现和抵押补充贷款等工具引导金融机构加大对国民经济重点领域和薄弱环节的支持力度。三是进一步完善宏观审慎评估，自2018年第一季度起把同业存单纳入MPA同业负债占比指标；在跨境资本流动和外汇供求基本平衡的背景下，前期出台的逆周期宏观审慎资本流动管理政策全部回归中性。

总体看，稳健中性的货币政策取得了较好成效，银行体系流动性合理稳定，货币信贷和社会融资规模适度增长，市场利率基本平稳，金融体系控制内部杠杆取得阶段性进展，为服务实体经济、防控金融风险发挥了重要作用。2018年3月末，广义货币供应量M2余额同比增长8.2%；人民币贷款余额同比增长12.8%，比年初增加4.9万亿元，同比多增6 339亿元；社会融资规模存量同比增长10.5%。3月份非金融企业及其他部门贷款加权平均利率为5.96%。3月末，CFETS人民币汇率指数为96.73，人民币对美元汇率中间价为6.2881元。

当前世界政治经济环境更加错综复杂，一方面全球经济保持回暖上行态势，另一方面贸易摩擦、地缘政治等也给全球经济发展带来较大的不确定性。我国经济金融领域的结构调整出现积极变化，但仍存在一些深层次问题。要把握中国经济已由高速增长阶段转向高质量发展阶段的本质特征，通过供给侧结构性改革，着力提高供给体系的质量和效益，大力推进改革开放，推动质量变革、效率变革、动力变革。

下一阶段，中国人民银行将继续按照党中央和国务院的决策部署，以习近平新时代中国特色社会主义思想为指导，紧紧围绕服务实体经济、防控金融风险、深化金融改革三项任务，创新金融调控思路和方式，保持政策的连续性和稳定性，实施好稳健中性的货币政策，注重引导预期，保持流动性合理稳定，为供给侧结构性改革和高质量发展营造中性适度的货币金融环境。健全货币政策和宏观审慎政策双支柱调控框架，深化利率和汇率市场化改革，增强利率调控能力，加大市场决定汇率的力度，保持人民币汇率在合理均衡水平上的基本稳定。扎实推进金融改革开放，大力发展普惠金融，在服务实体经济、支持创业创新和新动能培育上发挥更大作用。打好防范化解重大金融风险攻坚战，加强宏观审慎管理和金融监管协调，守住不发生系统性金融风险的底线。

Executive Summary

During the first quarter of 2018, the economy maintained stable growth, with steadily progressing transformation and upgrading, an increasing role of domestic demand as a driving force, greater contributions by the service industry to economic growth, and fairly good quality and efficiency of growth. The Gross Domestic Product (GDP) grew 6.8 percent year on year, and the Consumer Price Index (CPI) was up 2.1 percent year on year.

From the beginning of 2018, the PBC continued to implement a sound and neutral monetary policy. In a timely manner it adjusted and improved the macro-prudential policy, emphasized carefully calibrating the pace, strength, and mix of monetary-policy instruments, and strengthened preemptive adjustments, fine-tunings, and management of expectations. First, the volume and structure of liquidity were well managed and the role of price leveraging was given full play. A combination of monetary-policy instruments were used in a flexible way, including repos, the Medium-term Lending Facility (MLF) and the Standing Lending Facility (SLF), to provide liquidity of different maturities. The Contingency Reserve Arrangement (CRA) helped smooth the temporary liquidity volatilities caused by the large injection of cash before the Spring Festival. Targeted cuts were made to the reserve requirement ratios (RRR) of selected financial institutions to replace the MLF, thus stabilizing the provision of liquidity in the banking system and optimizing the structure of liquidity. The bidding interest rates of open market operations edged up in line with market conditions. Second, targeted RRR cuts for inclusive financing were implemented. Credit policies were adopted to support the use of tools such as central-bank lending, central-bank discounts, and Pledged Supplementary Lending (PSL) to guide financial institutions in beefing up support for priority areas and for weak links in the economy. Third, the macro-prudential policy framework was further improved. Since the first quarter of 2018, inter-bank certificates of deposit were included in the calculation of the inter-bank liability ratio for macro-prudential assessments (MPA). Against the backdrop of basically balanced cross-border capital flows and foreign-exchange supply and demand, the counter-cyclical macro-prudential policies for capital flows that were announced earlier all returned to a neutral stance.

In general, the sound and neutral monetary policy produced fairly good results. Liquidity in the banking system remained reasonable and stable. Money, credit, and all-system financing aggregates grew at an appropriate pace, interest rates remained basically stable, and efforts to control internal leveraging of the financial system made progress. All of these played a vital role in serving the real economy and in mitigating financial risks. At end-March 2018, outstanding M2 was growing by 8.2 percent year on year. The outstanding volume of RMB loans was up 12.8 percent year on year, representing an increase of RMB4.9 trillion yuan from the beginning of the year, and representing an acceleration of RMB633.9 billion yuan from the previous year. The stock of all-system financing aggregates was growing by 10.5 percent year on year. In March, the weighted average interest rate of loans to non-financial enterprises and other sectors was 5.96 percent. At end-March, the CFETS RMB exchange-rate index was 96.73, and the central parity of the RMB against the US dollar was RMB6.2881 yuan.

At the current juncture, the global political and economic environments have become more complicated. On the one hand, the global economic recovery has continuously gained momentum. On the other hand, trade frictions and geopolitical factors have brought about significant uncertainties. Although positive changes have taken place in the structural adjustment of the domestic economy and the financial system, some underlying problems remain unresolved. The essential characteristic that the Chinese economy has shifted from a phase of rapid growth to a phase of high-quality development must be borne in mind. Emphasis should be placed on improving the quality and efficiency of the supply-side system through structural reforms. Strenuous efforts are needed to promote reform and opening-up and to achieve better quality, higher efficiency, and more robust drivers of economic growth based on the reforms.

Going forward, the PBC will continue to follow the overall arrangements of the CPC Central Committee, the State Council, and Xi Jinping's Thought on Socialism with Chinese Characteristics for a New Era, focus on the three tasks of serving the real economy, guarding against financial risks, and deepening financial reform, adopt innovative approaches to improve financial macro controls, maintain policy consistency and stability, implement a sound and neutral monetary policy, attach importance to management of expectations, and create a neutral and appropriate monetary and financial environment for supply-side structural reforms and high-quality development. The PBC will improve the two-pillar framework underpinned by the monetary and macro-prudential policies, deepen the market-based interest rates and reforms of the exchange-rate regime, enhance the conduct of monetary policy through interest-rate instruments, enhance the role of the market in determining the exchange rate, and keep the RMB exchange rate basically stable at a reasonable and equilibrium level. The PBC will steadily promote the reform and opening-up of the financial sector, vigorously develop inclusive financing, play a greater role in serving the real economy, supporting entrepreneurship and innovation, and fostering new drivers of growth. Efforts will be made to win the uphill battle of preventing and resolving major financial risks, strengthen macro-prudential management and coordinated financial regulation, and safeguard the bottom line of preventing systemic financial risks.

目 录

图

①数据来源：中国人民银行、国家统计局、商务部、海关总署、国家外汇管理局、世界银行、国际货币基金组织、世界贸易组织、联合国贸易和发展会议等。

②数据来源：相关中央银行、国家统计机构、世界银行、国际货币基金组织等。

Contents

Figures

1. Source: The People's Bank of China, National Bureau of Statistics, Ministry of Commerce, General Administration of Customs, State Administration of Foreign Exchange, the World Bank, International Monetary Fund, World Trade Organization, and United Nations Conference on Trade and Development, etc..

1. Source : Central banks, national statistical agencies in relevant countries, the World Bank, IMF, etc..

第一部分 货币信贷概况

2018年第一季度，银行体系流动性合理稳定，货币信贷和社会融资规模适度增长，贷款结构继续改善，市场利率基本平稳，人民币汇率弹性增强。

一、货币总量平稳增长

M2增速总体平稳。3月末，广义货币供应量M2余额为174.0万亿元，同比增长8.2%，增速比上年末高0.1个百分点。狭义货币供应量M1余额为52.4万亿元，同比增长7.1%，增速比上年末低4.7个百分点。流通中货币M0余额为7.3万亿元，同比增长6.0%。第一季度现金净投放2 047亿元，同比多投放1 746亿元。

M2增速趋稳是稳健中性货币政策和金融监管政策协调有效推进的结果，有利于金融体系控制内部杠杆和减少资金内部嵌套循环，也有利于宏观上稳杠杆，助力打好防范化解重大风险攻坚战。随着市场深化和金融创新发展，影响货币供给的因素愈加复杂，M2的可测性、可控性以及与实体经济的相关性都在下降。修订M2统计口径亦难以从根本上解决数量型指标有效性下降这一问题。为体现高质量发展要求，宜顺应经济金融发展规律，转变调控方式，逐步淡化数量型指标，更多关注利率等价格型指标。

3月末，基础货币余额为32.1万亿元，比年初减少521亿元，同比少减6 071亿元。货币乘数为5.41。金融机构超额准备金率为1.3%。其中，农村信用社为9.4%。

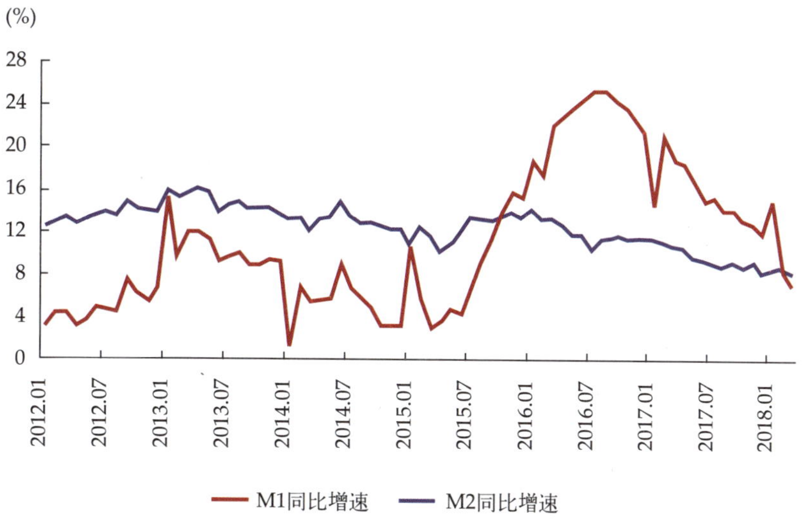

数据来源：中国人民银行。

图1 货币供应量增速走势

二、金融机构人民币定期存款比重提高

存款增速小幅放缓。3月末，金融机构本外币各项存款余额为174.4万亿元，同比增长8.4%，增速比上年末低0.4个百分点，比年初增加5.2万亿元，同比少增2 799亿元。人民币各项存款余额为169.2万亿元，同比增长8.7%，增速比上年末低0.3个百分点，比年初增加5.1万亿元，同比多增77亿元。外币存款余额为8 368亿美元，比年初增加459亿美元，同比少增133亿美元。

定期存款比重较高。2018年第一季度，住户存款和非金融企业存款增量中定期存款占比为122.8%，比上年同期提升40.1个百分点。从人民币存款部门分布看，住户存款、非银行业金融机构存款分别同比多增3 109亿元、1.4万亿元；非金融企业存款同比少增1.4万亿元。

三、金融机构贷款较快增长

贷款保持较快增长，金融支持实体经济的力度较为稳固。3月末，金融机构本外币贷款余额为130.5万亿元，同比增长11.9%，增速比上年末低0.2个百分点，比年初增加4.9万亿元，同比多增3 097亿元。人民币贷款余额为125.0万亿元，同比增长12.8%，增速比上年末高0.1个百分点，比年初增加4.9万亿元，同比多增6 339亿元。贷款同比多增较多，主要与贷款需求较为旺盛、“类信贷”转回贷款等因素有关。

中长期贷款增量占比回落。中长期贷款比年初增加3.7万亿元，同比少增3 892亿元，增量占比为77.0%，比上年同期低20.8个百分点。产能过剩行业中长期贷款增速持续放缓。从人民币贷款部门分布看，住户贷款增速回落，3月末增速为20.0%，比上年末低1.4个百分点。其中，个人住房贷款增速继续放缓，3月末个人住房贷款余额同比增长20.0%，增速已连续13个月回落，比年初增加9 944亿元，同比少增1 730亿元，在全部贷款增量中占比为20.5%，较上年同期下降7.2个百分点。个人住房贷款之外的其他住户贷款比年初增加7 587亿元，同比多增791亿元。非金融企业及机关团体贷款比年初增加3.1万亿元，同比多增4 376亿元。分机构看，中资中小型银行贷款同比多增较多。

外币贷款增长有所放缓。3月末，金融机构外币贷款余额为8 704亿美元，同比增长4.0%，增速较上年末回落2.6个百分点，比年初增加324亿美元，同比少增186亿美元。从

表1　2018年第一季度人民币存款结构

单位：亿元、%

	3月末余额	同比增速	当年新增额	同比多增额
人民币各项存款	1 691 816	8.7	50 640	77
住户存款	686 804	7.8	42 735	3 109
非金融企业存款	529 321	5.1	-12 071	-14 338
政府存款	310 348	11.8	5 328	-1 568
非银行业金融机构存款	155 163	20.8	14 934	13 781
境外存款	10 180	9.3	-287	-907

数据来源：中国人民银行。

表2　2018年第一季度人民币贷款结构

单位：亿元、%

	3月末余额	同比增速	当年新增额	同比多增额
人民币各项贷款	1 249 814	12.8	48 552	6 339
住户贷款	422 733	20.0	17 531	-939
非金融企业及机关团体贷款	816 154	9.6	30 947	4 376
非银行业金融机构贷款	6 217	-7.6	-141	2 672
境外贷款	4 710	8.1	216	232

数据来源：中国人民银行。

表3　2018年第一季度分机构新增人民币贷款情况

单位：亿元

	新增额	同比多增
中资大型银行①	19 447	2 872
中资中小型银行②	26 808	3 727
小型农村金融机构③	6 696	324
外资金融机构	726	173

注：①中资大型银行是指本外币资产总量大于等于2万亿元的银行（以2008年末各金融机构本外币资产总额为参考标准）。

②中资中小型银行是指本外币资产总量小于2万亿元的银行(以2008年末各金融机构本外币资产总额为参考标准)。

③小型农村金融机构包括农村商业银行、农村合作银行、农村信用社。

数据来源：中国人民银行。

投向看，非金融企业及机关团体短期贷款比年初增加77亿美元，同比少增39亿美元；境外贷款比年初增加251亿美元，同比少增146亿美元。

四、社会融资规模合理增长

社会融资规模增量总体合理，监管加强背景下表外融资部分转入表内。初步统计，3月末社会融资规模存量为179.93万亿元，同比增长10.5%，仍然高于名义GDP增速。第一季度社会融资规模增量累计为5.58万亿元，比上年同期少1.33万亿元。具体来看：一是对实体经济发放的人民币贷款同比多增。第一季度金融机构对实体经济发放的人民币贷款为4.85万亿元，比上年同期多增3 438亿元，占同期社会融资规模增量的86.9%，比上年同期高21.7个百分点。二是信托贷款和未贴现银行承兑汇票同比少增，委托贷款同比明显多减。第一季度信托贷款增加758亿元，比上年同期少增6 591亿元；未贴现银行承兑汇票增加1 221亿元，比上年同期少增5 581亿元；委托贷款减少3 314亿元，比上年同期多减9 661亿元。三是企业债券融资同比明显多增，股票融资同比少增。第一季度企业债券净融资为5 371亿元，比上年同期多6 877亿元；非金融企业境内股票融资1 283亿元，比上年同期少1 313亿元。

表4　2018年3月末社会融资规模存量

单位：万亿元、%

	社会融资规模存量①	其中：						
		人民币贷款	外币贷款(折合人民币)	委托贷款	信托贷款	未贴现银行承兑汇票	企业债券	非金融企业境内股票融资
2018年3月末②	179.93	123.86	2.46	13.63	8.62	4.56	18.86	6.78
同比增速	10.5	12.9	-8.6	-1.4	22.9	-0.4	5.7	12.3

注：①社会融资规模存量是指一定时期末实体经济（国内非金融企业和住户）从金融体系获得的资金余额。

②当期数据为初步统计数。存量数据基于账面值或面值计算。同比增速为可比口径数据，为年增速。

数据来源：中国人民银行、中国银行保险监督管理委员会、中国证券监督管理委员会、中央国债登记结算有限责任公司和中国银行间市场交易商协会等。

表5　2018年第一季度社会融资规模增量

单位：亿元

	社会融资规模增量①	其中：						
		人民币贷款	外币贷款(折合人民币)	委托贷款	信托贷款	未贴现银行承兑汇票	企业债券	非金融企业境内股票融资
2018年第一季度②	55 765	48 474	492	-3 314	758	1 221	5 371	1 283
同比增减	-13 299	3 438	-290	-9 661	-6 591	-5 581	6 877	-1 313

注：①社会融资规模增量是指一定时期内实体经济（国内非金融企业和住户）从金融体系获得的资金额。

②当期数据为初步统计数。

数据来源：中国人民银行、中国银行保险监督管理委员会、中国证券监督管理委员会、中央国债登记结算有限责任公司和中国银行间市场交易商协会等。

五、金融机构贷款利率稳中略升

受经济稳中向好、信贷需求旺盛等因素影响，金融机构贷款利率稳中略升，其中企业贷款利率上升幅度较小。3月，非金融企业及其他部门贷款加权平均利率为5.96%，比上年12月上升0.22个百分点。其中，一般贷款加权平均利率为6.01%，比上年12月上升0.21个百分点；票据融资加权平均利率为5.58%，比上年12月上升0.35个百分点。个人住房贷款利率略有上升，3月加权平均利率为5.42%，比上年12月上升0.16个百分点。

执行上浮利率的贷款占比略有上升，执行基准、下浮利率的贷款占比略有下降。3月，一般贷款中执行上浮利率的贷款占比为74.35%，比上年12月上升9.94个百分点；执行基准利率的贷款占比为16.04%，比上年12月下降5.27个百分点；执行下浮利率的贷款占比为9.61%，比上年12月下降4.67个百分点。

在国际金融市场利率波动、境内外币资金供求变化等因素的综合作用下，外币存贷款利率有所上升。3月，活期、3个月以内大额美元存款加权平均利率分别为0.30%和1.92%，比上年12月分别上升0.10个和0.22个百分点；3个月以内、3（含）～6个月美元贷款加权平均利率分别为3.17%和3.42%，比上年12月分别上升0.50个和0.43个百分点。

表6 2018年1～3月金融机构人民币贷款各利率区间占比

单位：%

月份	下浮	基准	上浮					
			小计	(1.0，1.1]	(1.1，1.3]	(1.3，1.5]	(1.5，2.0]	2.0以上
1月	11.89	20.31	67.80	16.45	19.67	12.32	12.11	7.26
2月	12.50	18.83	68.67	15.98	18.66	12.88	12.65	8.50
3月	9.61	16.04	74.35	15.86	21.29	14.00	14.53	8.68

数据来源：中国人民银行。

表7 2018年1～3月大额美元存款与美元贷款平均利率

单位：%

月份	大额存款						贷款				
	活期	3个月以内	3(含3个月)～6个月	6(含6个月)～12个月	1年	1年以上	3个月以内	3(含3个月)～6个月	6(含6个月)～12个月	1年	1年以上
1月	0.19	1.79	2.37	2.61	2.77	2.87	2.72	3.10	2.84	3.04	4.48
2月	0.18	1.82	2.39	2.70	2.97	2.81	2.79	3.28	2.95	3.21	4.11
3月	0.30	1.92	2.70	3.09	3.28	3.33	3.17	3.42	3.21	3.73	4.23

数据来源：中国人民银行。

六、人民币汇率双向浮动弹性明显增强

人民币对美元双边汇率弹性进一步增强，双向浮动的特征更加显著，汇率预期总体平稳。第一季度，美元整体走弱，主要货币对美元多数升值，人民币对美元汇率走升，对一篮子货币汇率基本稳定。2018年3月末，CFETS人民币汇率指数报96.73，较上年末上涨1.98%。参考SDR货币篮子和BIS货币篮子的人民币汇率指数分别报97.79和99.31。根据国际清算银行的计算，第一季度，人民币名义有效汇率升值3.54%，实际有效汇率升值3.45%。2018年3月末，人民币对美元汇率中间价为6.2881元，较上年末升值3.91%。4月份以来人民币汇率有所贬值，截至5月11日，人民币对美元汇率中间价为6.3524元，较3月末贬值1.01%，较上年末升值2.86%。第一季度，人民币对美元汇率中间价波动率为4.05%，接近部分亚洲货币水平，汇率弹性加大有效分化了市场预期，发挥了弹性汇率自动稳定器的作用。

七、人民币跨境业务稳步发展

第一季度，人民币跨境收付金额合计3.15万亿元，同比增长87.1%。其中，实收1.65万亿元，同比增长113%；实付1.5万亿元，同比增长65.4%。经常项目人民币跨境收付金额合计1.06万亿元，同比增长6.5%。其中，货物贸易收付金额为7 970.5亿元，服务贸易及其他经常项目下收付金额为2 619.3亿元。资本项目人民币跨境收付金额合计2.09万亿元，同比增长2.03倍。

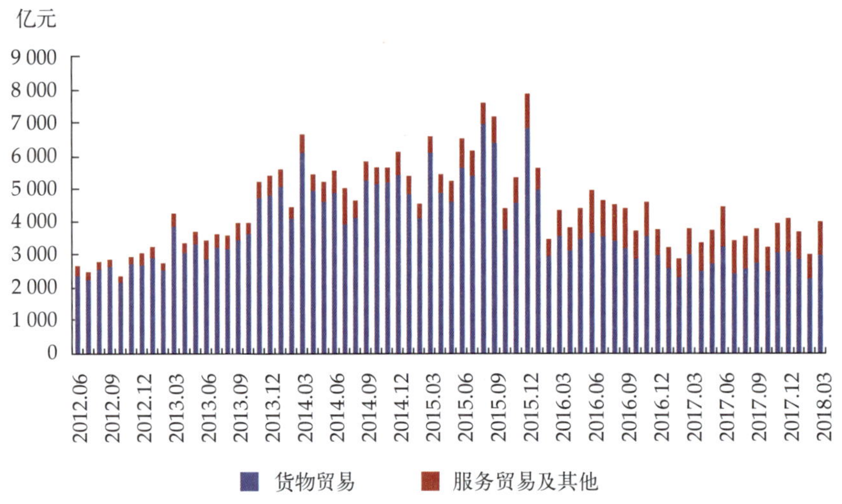

数据来源：中国人民银行。

图2　经常项目人民币收付金额按月情况

专栏1　人民币国际化的新进展

2009年以来，按照党中央、国务院的决策部署，中国人民银行会同有关部门尊重市场选择，以贸易投资便利化、自由化为重点，建立健全便利人民币跨境和国际使用的政策框架和基础设施，人民币国际使用稳步扩大。2016年10月1日，人民币正式纳入国际货币基金组织SDR货币篮子，这是人民币国际化进程重要的里程碑。2018年以来，人民币跨境使用政策进一步优化，相关基础设施继续完善，人民币国际化取得新进展。

一、人民币国际使用稳步提升

支付货币功能不断增强。据环球银行金融电信协会（SWIFT）统计，截至2018年1月末，人民币位列全球第五大支付货币，市场占有率为1.66%。截至2018年3月末，全球超过34.9万家企业和386家银行开展了人民币跨境业务，境外137个国家（地区）的银行在我国境内开立同业往来账户5 028个。

投融资货币功能持续深化。截至2018年2月末，共有652家境外机构获准进入中国的银行间债券市场，入市总投资备案规模约2.09万亿元；境外主体持有境内人民币股票、债券、贷款以及存款等金融资产余额合计4.47万亿元，同比增长39.6%。截至3月末，熊猫债累计注册或核准额度为6 240.1亿元，累计发行金额为2 457亿元。

储备货币功能逐渐显现。IMF于2017年首次公布人民币储备信息，2017年第四季度，官方外汇储备货币构成（COFER）中报送国持有人民币储备规模为1 128亿美元，比上季度增长4.5%。据不完全统计，已有超过60个境外央行或货币当局将人民币纳入官方外汇储备。

二、人民币跨境使用政策持续优化

积极促进贸易投资便利化。2018年1月，中国人民银行发布《关于进一步完善人民币跨境业务政策促进贸易投资便利化的通知》（银发〔2018〕3号，以下简称《通知》），明确凡依法可以使用外汇结算的跨境交易，企业都可以使用人民币结算；开展个人其他经常项目下人民币结算业务；便利境外投资者以人民币进行直接投资；开展碳排放权交易人民币跨境结算业务；便利企业境外发行股票债券募集人民币资金调回境内使用等。《通知》的实施有利于进一步提高贸易投资便利化水平，有利于提升金融机构服务实体经济、服务“一带一路”建设的能力，有利于推进更深层次更高水平的对外开放。

以人民币计价结算的原油期货正式挂牌交易。《关于境内原油期货交易跨境人民币结算管理有关事宜的公告》（中国人民银行公告〔2015〕第19号）于2015年7月发布。2018年3月26日，以人民币计价结算的原油期货在上海国际能源交易中心正式挂牌交易，有助于推动人民币成为大宗商品计价结算货币，促进人民币在全球贸易中的使用。

三、相关基础设施不断完善

完善境外人民币清算安排。2018年1月，中国人民银行与中国银行台北分行续签《关于人民币业务的清算协议》；2月，中国人民银行授权美国摩根大通银行担任美国境内第二家人民币业务清算行。截至2018年3月末，已在23个国家和地区建立了人民币清算安排，覆盖亚洲、欧洲、美洲、大洋洲和非洲等地，这有助于发挥人民币清算行的作用，便利境外主体持有和使用人民币。

人民币跨境支付系统（二期）正式上线。2018年3月26日，人民币跨境支付系统（CIPS）二期投产试运行，10家中外资银行（直参行）同步试点上线。5月2日，CIPS二期全面正式上线。CIPS（二期）运行时间进一步延长，基本覆盖全球各时区，支持全球的人民币支付和金融市场业务。截至2018年3月末，CIPS共有31家直接参与者、695家间接参与者。

下一步，中国人民银行将继续坚持市场驱动原则，以服务实体经济、促进贸易投资便利化为导向，不断完善人民币跨境业务政策框架，优化相关基础设施，顺应人民币国际使用的不断扩大。

第二部分 货币政策操作

2018年第一季度，中国经济取得良好开局，经济结构持续改善。在党中央、国务院领导下，中国人民银行牢牢把握社会主要矛盾和经济发展阶段的变化，坚定不移贯彻新发展理念，大力推动高质量发展，继续实施稳健中性的货币政策，处理好促进经济增长与结构调整的关系，理顺货币政策传导机制，保持流动性合理稳定，健全货币政策和宏观审慎政策双支柱调控框架，积极推进金融改革开放，稳妥有序处置金融领域的各类风险，为供给侧结构性改革和高质量发展营造适宜的货币金融环境。

一、灵活开展公开市场操作

第一季度，由于影响银行体系流动性供求的季节性、临时性因素较多且时有叠加，按照稳健中性货币政策要求，中国人民银行加强预调微调和预期引导，灵活搭配工具和期限品种开展公开市场操作，维护银行体系流动性合理稳定和货币市场利率平稳运行。

创设新工具，平滑流动性季节性波动。年初至春节前，中国人民银行启用新创设的临时准备金动用安排（CRA），并综合运用普惠金融定向降准、中期借贷便利、逆回购操作等工具适时适度投放流动性，既对冲春节前现金大量集中投放等因素对流动性的扰动，也满足金融机构对不同期限流动性的合理需求。春节后，中国人民银行通过CRA到期和逆回购到期对冲节后现金回笼增加的流动性，将流动性总量保持在中性适度水平，同时针对监管考核和政策预期等因素可能引起的短期波动提前布局，合理搭配MLF和逆回购操作适度提高跨季流动性投放比重，维护了季末货币市场利率的平稳运行。

适时适度发挥价格杠杆作用。3月22日，央行7天期逆回购操作中标利率随行就市上行5个基点，此后其他逆回购品种和MLF操作利率也以相同幅度上行。此次公开市场操作利率小幅上行符合市场预期，反映了资金供求关系，也是市场对美联储3月21日再次加息的正常反应。2017年以来，货币市场利率持续高于公开市场操作利率，2018年以来虽有所收窄但仍有不小的利差，此次公开市场操作利率小幅上行可进一步收窄两者利差，有利于增强公开市场操作利率对货币市场利率的传导作用，也有利于市场主体形成合理的利率预期，约束非理性融资行为，对稳定宏观杠杆率可起到一定的作用。

专栏2 中央银行合格交易对手方

中央银行合格交易对手方是指一国央行按照一定标准筛选确定的，可以在货币政策操作中与之直接进行交易的市场机构。

从国际经验看，各国央行对合格交易对手方的筛选标准差异较大。美联储以公开市场业务一级交易商为主要交易对手方，筛选标准较为严格，包括机构业务能力、市场表现、财务状况、监管合规情况、操作保障机制、内控制度以及提供市场信息和政策评估能力等多个方面，目前一级交易商数量仅23家，均为银行和券商类机构。欧元区央行体系（Eurosystem，包括欧央行和成员国央行）交易对手范围则非常广泛，欧元区所有满足最低准备金要求的机构均可参与欧元区央行体系以标准化招标方式开展的公开市场操作，但在进行微调操作以及外汇掉期等交易时，欧央行或各成员国央行也会视情况增加对交易对手的筛选条件，缩小交易对手范围。总体上，各国央行对合格交易对手的筛选标准均从各国实际出发，服务于货币政策调控需要，并根据不同阶段的调控目标灵活调整。

中国人民银行于1998年建立公开市场业务一级交易商制度。从市场机构中选择少数优秀成员作为央行合格交易对手方，参与央行公开市场操作并承担货币政策传导等职责，这些合格交易对手方被称为“公开市场业务一级交易商”。2004年，又建立了一级交易商考评调整机制，设置考评指标体系，对各家一级交易商按年进行评估，择优筛选，有进有出，要求每家一级交易商都有充分的能力和意愿履行一级交易商职责。自此以后，一级交易商的数量稳定在50家左右，目前为48家，包括开发性金融机构、政策性银行、大型国有银行、股份制商业银行、城市商业银行、农村商业银行、外资银行和证券公司等多种类型。虽然一级交易商仅是我国全部金融机构的一小部分，但它们普遍是各类型机构中的佼佼者，也是市场上最活跃的交易群体和资金融通方，在货币政策传导中发挥着重要作用。

公开市场业务一级交易商作为人民银行合格交易对手方的基础群体，可以广泛参与央行公开市场债券正（逆）回购、央行票据发行认购和现券买卖等日常操作。在此基础上，近年来中国人民银行加强对合格交易对手方的统一管理，在创设新的操作工具时，根据该工具的特点和功能定位，从上述一级交易商中选择符合特定条件的部分机构参与操作。例如，2014年中国人民银行在创设“中期借贷便利（MLF）”工具、用于向银行体系投放3个月到1年期的中长期流动性时，选择的合格交易对手方就是公开市场业务一级交易商中宏观审慎评估（MPA）达标情况较好的商业银行。按照统一标准确定合格交易对手方基础范围，再根据调控需要优中选优、分层安排，便于市场理解和央行操作，技术和市场适应成本也比较低，有利于保障央行公平、有效、安全地开展货币政策操作。

考虑到市场环境和货币供应方式的变化，目前对公开市场业务一级交易商的要求已与2004年建立考评机制时明显不同。2018年3月，中国人民银行引入新的公开市场业务一级交易商考评指标体系，设置了“传导货币政策”“发挥市场稳定器作用”“市场活跃度及影响力”“依法合规稳健经营”“流动性管理能力”等七大方面、三个层次共计32项考评指标。其中，“传导货币政策”相关考评指标主要考察一级交易商参与公开市场操作和流动性分层传导情况；“发挥市场稳定器作用”主要考察一级交易商货币市场资金融通的持续性、稳定性和定价合理性等情况；“市场活跃度及影响力”主要考察一级交易商在货币市场、债券市场的认购、交易和做市等情况；“依法合规稳健经营”主要考察一级交易商宏观审慎评估以及监管考核指标达标情况；“流动性管理能力”主要考察一级交易商流动性缺口状况以及对央行资金的依赖程度；“操作实务”和“配合央行操作室有关工作”则考察一级交易商诚信、规范、安全参与公开市场操作等方面的表现。

与原来的指标相比，新的考评指标体系覆盖面明显扩大，有利于全面准确评估金融机构履行公开市场业务一级交易商职责的能力和表现，也反映了央行对一级交易商在宏观审慎评估、分层传导流动性、疏通利率传导机制、熨平市场波动等方面的最新要求。此次调整是对一级交易商制度的优化和完善，体现了中国人民银行按照“高标准、少而精”的原则择优筛选一级交易商的管理理念，有助于督促一级交易商切实履行自身职责，促进货币政策调控目标的实现。

总之，有效筛选和管理合格交易对手方是中央银行货币政策操作的重要环节，中国人民银行将立足我国国情并借鉴国际经验，不断完善相关管理制度，切实保障货币政策有效实施和传导。

二、开展常备借贷便利和中期借贷便利操作

第一季度，中国人民银行综合运用中期借贷便利（MLF）、常备借贷便利（SLF）等货币政策工具，增强央行流动性管理的灵活性和有效性，维护流动性合理稳定。

及时开展常备借贷便利操作。对地方法人金融机构按需足额提供短期流动性支持，发挥常备借贷便利利率作为利率走廊上限的作用，促进货币市场平稳运行。第一季度，累计开展常备借贷便利操作1 069亿元，常备借贷便利期末余额为482亿元。根据执行货币政策需要，上调常备借贷便利利率5个基点，调整后隔夜、7天、1个月利率分别为3.40%、3.55%和3.90%。

每月适时开展中期借贷便利操作。第一季度，累计开展中期借贷便利操作12 235亿元，期限均为1年，中期借贷便利期末余额为49 170亿元，比年初增加3 955亿元。中标利率与上季度末持平，第一季度最后一期操作中标利率为1年期3.25%。

三、灵活使用准备金工具

实施普惠金融定向降准和临时准备金动用安排。普惠金融定向降准于2018年1月25日实施，惠及全部大中型商业银行、近80%的城商行和90%的非县域农商行，释放资金约4 500亿元。全国性商业银行从2018年1月中旬开始陆续使用期限为30天的临时准备金动用安排（CRA），高峰时累计释放临时性流动性

近2万亿元，有效满足了春节前现金投放的需要，银行体系流动性保持合理稳定。

下调部分金融机构存款准备金率以置换中期借贷便利（MLF），着力缓解小微企业融资难、融资贵问题。从2018年4月25日起，中国人民银行对大型商业银行、股份制商业银行、城商行、非县域农商行以及外资银行下调人民币存款准备金率1个百分点。同日，持有未到期MLF的银行按照“先借先还”的原则，用降准释放的资金偿还其所借央行的MLF。操作当日偿还MLF 9 000亿元，净释放增量资金近4 000亿元，大部分增量资金释放给了城商行和非县域农商行。总体看，通过降准置换MLF进一步增加了银行体系资金的稳定性，优化了流动性结构，并适当释放增量资金，有利于引导金融机构加大对小微企业的支持力度，有关落实情况将纳入2018年后三个季度的宏观审慎评估（MPA）进行考核。此次降准释放的资金大部分用于偿还MLF，属于两种流动性调节工具的替代，余下的部分资金与4月中下旬企业缴税形成对冲，银行体系流动性的总量基本没有变化，稳健中性货币政策取向保持不变。

四、继续完善宏观审慎政策框架

总结经验，根据宏观调控需要不断改进和完善MPA。自2018年第一季度评估时起，中国人民银行把资产规模5 000亿元以上金融机构发行的同业存单纳入MPA同业负债占比指标进行考核。同时，对资产规模5 000亿元以下的金融机构发行的同业存单进行监测。自2016年初MPA正式实施以来，中国人民银行积极做好评估工作，引导金融机构加强自我约束和自律管理，促进金融机构稳健经营，增强金融服务实体经济的可持续性，牢牢守住了不发生系统性金融风险的底线。

五、支持扩大国民经济重点领域和薄弱环节信贷投放

积极运用信贷政策支持再贷款、再贴现和抵押补充贷款等工具引导金融机构加大对小微企业、“三农”、扶贫以及棚改、水利等国民经济重点领域和薄弱环节的支持力度。在全国范围推进信贷资产质押和央行内部评级试点，有效解决地方中小金融机构借用再贷款合格抵押品不足问题。2018年3月末，全国支农再贷款余额为2 410亿元，支小再贷款余额为928亿元，扶贫再贷款余额为1 476亿元，再贴现余额为1 894亿元。第一季度，对政策性银行和开发性银行发放抵押补充贷款共3 038亿元，期末余额为29 914亿元。

六、充分发挥窗口指导和信贷政策的结构引导作用

中国人民银行认真贯彻落实党中央、国务院决策部署，将推进供给侧结构性改革与加强信贷政策结构性调整有机结合，做好持续推进经济结构优化、产业结构升级、能源结构转型、民生领域普惠等金融服务，引导金融资源配置到经济社会发展重点领域、重大区域和薄弱环节，满足实体经济领域有效融资需求。

一是做好工业供给侧结构性改革的金融服务。引导金融机构优化对先进制造业、高技术制造业的金融服务，加强产融对接合作，促进产业结构调整和优化升级。稳妥退出钢铁、煤炭等过剩产能领域贷款，通过市场化、法治化方式妥善处置企业债务问题。二是完善对现代服务业等领域的金融服务。加大养老、健康等新消费领域支持力度，继续做好基础设施建设和棚改、地下管廊、铁路、流通、能源等重点产业和领域金融服

务。建立完善绿色金融政策体系，大力发展绿色信贷。三是做好京津冀协同发展、“一带一路”建设、长江经济带发展、西部大开发等国家战略的金融支持工作，推动区域经济协调发展。四是加强改进海洋经济发展金融服务，推动海洋经济向质量效益型转变。五是深入推进金融精准扶贫。推动落实金融支持深度贫困地区脱贫攻坚政策，引导金融资金和服务向深度贫困地区聚集；加强易地扶贫搬迁相关资金筹措、衔接投放和管理服务，保证易地扶贫搬迁工程进度和专款专用；统筹做好金融扶贫信息对接、统计监测和政策效果评估，组织开展金融扶贫领域作风问题专项治理，提升金融扶贫精准度和有效性。六是持续推进农村金融服务。围绕乡村振兴战略开展专题研究，探索涉农金融产品和服务方式创新。推动金融机构进一步做好农村“两权”抵押贷款试点工作，完善配套机制。七是加大对小微企业金融支持力度。优化小微企业融资环境，发挥债券市场功能，拓宽小微企业融资渠道。八是加大创业担保贷款政策实施力度，扩大贷款对象范围，降低贷款申请条件，放宽担保和贴息要求，支持就业重点群体和困难人群创业就业。九是提高文化金融专业化水平，推动完善知识产权质押融资配套机制，继续完善债券市场体制机制，推动文化企业通过发行非金融企业债务融资工具拓宽融资渠道。十是全力做好助学、农民工、民族地区等薄弱环节和弱势群体的金融服务。此外，完善资产证券化市场运行机制，统筹推进资产证券化市场发展。

七、完善人民币汇率市场化形成机制

2018年以来，跨境资本流动和外汇供求基本平衡，汇率预期平稳，前期出台的逆周期宏观审慎资本流动管理政策全部回归中性。人民币汇率以市场供求为基础双向浮动，弹性进一步增强，保持了在合理均衡水平上的基本稳定。第一季度，人民币对美元汇率中间价最高为6.2785元，最低为6.5207元，59个交易日中39个交易日升值、20个交易日贬值，最大单日升值幅度为0.60%（377点），最大单日贬值幅度为0.59%（372点）。人民币对欧元、日元等其他国际主要货币汇率走势分化。3月末，人民币对欧元、日元汇率中间价分别为1欧元兑7.7378元人民币、100日元兑5.9066元人民币，分别较2017年末升值0.83%和贬值2.00%。2005年人民币汇率形成机制改革以来至2018年3月末，人民币对欧元汇率累计升值29.42%，对日元汇率累计升值23.69%。

表8　2018年第一季度银行间外汇即期市场人民币对各币种交易量

单位：亿元人民币

币种	美元	欧元	日元	港元	英镑	澳大利亚元	新西兰元	新加坡元	瑞士法郎	加拿大元	马来西亚林吉特	俄罗斯卢布	南非兰特
交易量	91 895.67	1 784.93	456.36	309.97	40.76	160.94	29.14	7.54	25.64	97.46	8.62	19.64	1.02
币种	韩元	阿联酋迪拉姆	沙特里亚尔	匈牙利福林	波兰兹罗提	丹麦克朗	瑞典克朗	挪威克朗	土耳其里拉	墨西哥比索	泰铢	蒙古图格里克	
交易量	60.90	0.08	0.30	0.10	0.13	2.55	9.16	1.24	0.21	0	1.49	0.08	

数据来源：中国外汇交易中心。

第一季度，银行间外汇市场人民币直接交易成交活跃，流动性明显提升，降低了微观经济主体的汇兑成本，促进了双边贸易和投资。

2018年3月末，在中国人民银行与境外货币当局签署的双边本币互换协议下，境外货币当局动用人民币余额220.72亿元，中国人民银行动用外币余额折合6.01亿美元，对促进双边贸易投资发挥了积极作用。

八、深入推进金融机构改革

全面落实开发性、政策性金融机构改革方案。中国人民银行会同改革工作小组成员单位有序推动建立健全董事会和完善治理结构、划分业务范围等改革举措。国家开发银行新一届董事会、中国进出口银行董事会已成立并有效运转。

着力完善存款保险制度功能。2015年5月1日《存款保险条例》施行以来，制度实施各项工作稳步推进。金融机构存款平稳增长，大、中、小银行存款格局保持稳定。金融机构50万元限额内的客户覆盖率为99.6%，保持稳定。继续做好风险差别费率实施工作，研究完善存款保险风险评价和费率机制，更好地发挥差别费率的风险约束和正向激励作用。加强对各类型投保机构的风险监测与核查，做好风险监测、识别，依法采取风险警示和早期纠正措施。积极与地方政府、监管部门沟通协调，推动风险依法处置。积极开展存款保险宣传和业务培训。做好存款保险保费归集和基金管理工作。

九、深化外汇管理体制改革

提升外汇管理服务实体经济能力。一是深化依法行政和“放管服”改革，持续开展简政放权和法规清理，完善外汇管理“互联网+政务服务”，提高外汇管理公共服务质量和效率。二是支持贸易新业态发展，支持和规范第三方支付机构跨境外汇支付业务、跨境电子商务综合试验区、市场采购与外贸综合服务企业发展。三是支持自贸区建设，实施简化经常项目收结汇、购付汇审核等改革措施，便利自贸区企业，规范保税物流中心管理。

深化重点领域改革。一是稳步推进合格境内机构投资者（QDII）制度实施，针对不同类型机构的业务特征，更好地满足境内市场主体跨境资产配置需求。二是扩大境内商品期货等衍生品市场对外开放，明确原油期货实物交割外汇管理规则，便利境外投资者参与原油期货交易。

维护外汇市场运行秩序。一是完善外汇市场自律机制，发布实施七项展业原则，促进外汇市场高效稳健运行。二是保持对地下钱庄违法犯罪活动及其交易对手的高压打击态势，严厉打击网络炒汇违法犯罪活动，联合多部门合力打击外汇违法违规行为。

第三部分 金融市场运行

2018年第一季度，金融市场整体运行平稳。货币市场利率有所回落，市场交易活跃；债券市场收益率和发行利率总体下行，发行规模同比多增；受政府支持创新驱动等因素影响，创业板指数涨幅较高；股票市场成交量增加，筹资额同比减少；保险业保费收入同比下降，资产增速放缓。

一、金融市场运行概况

（一）货币市场利率有所回落，市场交易活跃

银行体系流动性合理稳定，市场预期趋于稳定，货币市场利率有所回落。3月，同业拆借月加权平均利率为2.74%，比上年12月低17个基点；质押式回购月加权平均利率为2.9%，比上年12月低21个基点。银行业存款类金融机构间利率债质押式回购月加权平均利率为2.65%，比上年12月下降9个基点。Shibor总体有所下行。3月末，隔夜和1周Shibor分别为2.69%和2.92%，分别较上年末下降15个和4个基点；3个月和1年期Shibor分别为4.46%和4.65%，分别较上年末下降45个和11个基点。

银行间回购、拆借交易量同比大幅增长，中资大中型银行为资金的主要净融出方。第一季度，银行间市场债券回购累计成

表9 2018年第一季度金融机构回购、同业拆借资金净融出、净融入情况

单位：亿元

	回购市场		同业拆借	
	2018年第一季度	2017年第一季度	2018年第一季度	2017年第一季度
中资大型银行①	-386 504	-310 592	-65 814	-35 155
中资中型银行②	-215 385	-107 624	-37 281	-30 119
中资小型银行③	132 983	179 656	45 250	24 994
证券业机构④	134 676	78 088	41 784	28 985
保险业机构⑤	9 377	-14 083	82	9
外资银行	18 860	13 255	579	1 779
其他金融机构及产品⑥	305 994	161 299	15 399	9 507

注：①中资大型银行包括中国工商银行、中国农业银行、中国银行、中国建设银行、国家开发银行、交通银行、中国邮政储蓄银行。

②中资中型银行包括政策性银行、招商银行等9家股份制商业银行、北京银行、上海银行、江苏银行。

③中资小型银行包括恒丰银行、浙商银行、渤海银行、其他城市商业银行、农村商业银行和合作银行、民营银行、村镇银行。

④证券业机构包括证券公司、基金公司和期货公司。

⑤保险业机构包括保险公司和企业年金。

⑥其他金融机构及产品包括城市信用社、农村信用社、财务公司、信托投资公司、金融租赁公司、资产管理公司、社保基金、基金、理财产品、信托计划、其他投资产品等，其中部分金融机构和产品未参与同业拆借市场。

⑦负号表示净融出，正号表示净融入。

数据来源：中国外汇交易中心。

交164.7万亿元，日均成交2.7万亿元，同比增长30.8%；同业拆借累计成交30.6万亿元，日均成交5 013亿元，同比增长47.3%。从期限结构看，回购和拆借隔夜品种的成交量分别占各自总量的78.4%和88.7%。交易所债券回购累计成交58.4万亿元，同比下降0.5%。从融资主体结构看，主要呈现以下特点：一是中资大中型银行为资金的融出方，融出量大幅增加。第一季度大中型银行通过回购和拆借净融出资金合计70.5万亿元，同比增长45.8%。二是保险业机构由上年同期的融出转为融入，第一季度净融入9 460亿元。三是其他金融机构及产品、证券业机构净融入资金大幅增长。其他金融机构及产品净融入32.1万亿元，同比增长88.2%；证券业机构净融入17.6万亿元，同比增长64.8%。

同业存单和大额存单业务有序发展。第一季度，银行间市场陆续发行同业存单6 055只，发行总量为5.24万亿元，二级市场交易总量为32.5万亿元，同业存单发行交易全部参照Shibor定价。同业存单发行利率与中长端Shibor的相关性进一步提高。2018年3月，3个月期同业存单发行加权平均利率为4.74%，比3个月Shibor高6个基点。截至3月末，金融机构陆续发行大额存单6 700期，发行总量为2.25万亿元，同比增加6 799亿元。大额存单发行的有序推进，进一步扩大了金融机构负债产品市场化定价范围，有利于培养金融机构的自主定价能力，健全市场化利率形成和传导机制。

利率互换交易活跃。第一季度，人民币利率互换市场达成交易42 464笔，同比增长35.1%；名义本金总额为5.29万亿元，同比增长97.05%。从期限结构来看，1年及1年期以下交易最为活跃，名义本金总额达4.41万亿元，占总量的83.3%。从参考利率来看，人民币利率互换交易的浮动端参考利率主要包括7天回购定盘利率和Shibor，与之挂钩的利率互换交易名义本金占比分别为84.2%和15.2%。

表10　2018年第一季度利率互换交易情况

单位：笔、亿元

	交易笔数	名义本金额
2018年第一季度	42 464	52 905.55
2017年第一季度	31 443	26 848.23

数据来源：中国外汇交易中心。

专栏3　中央银行的利率调控与传导

“十三五”规划提出，要构建目标利率和利率走廊机制，推动货币政策由数量型调控为主向价格型调控为主转变。党的十九大提出，深化利率和汇率市场化改革。近年来，利率市场化改革稳步推进，存贷款利率已基本放开，基准利率体系正在完善，价格型调控机制建设不断推进。

利率市场化取得显著进展。一是探

索建立利率走廊机制，发挥常备借贷便利利率作为利率走廊上限的作用。二是加快市场基准利率体系建设，继续培育以上海银行间同业拆借利率（Shibor）、国债收益率等为代表的金融市场基准利率体系，为金融产品定价提供重要参考。三是在货币政策调控中更加注重价格型信号及其传导，探索实施价格型调控和预期管理。建立公开市场每日操作常态化机制，丰富公开市场操作品种，进一步提高流动性管理的前瞻性和有效性，稳定释放政策信号，合理引导市场预期。四是金融机构利率定价能力不断增强。以前，商业银行贷款内部资金转移定价（FTP）主要基于央行规定的贷款基准利率，金融市场业务FTP主要基于货币和债券市场利率。随着利率市场化推进和银行负债更趋多元化、市场化，商业银行正在逐步构建行内统一的FTP曲线，逐步提高存贷款利率对市场利率变动的敏感度。

利率传导效率有所提升。从2016年下半年以来的情况看，货币市场短期利率向债券利率、贷款利率的传导效率要好于预期，市场主体对利率的变化更为敏感。2016年8月以来，与宏观经济走势和市场供求变化相匹配，货币市场利率上升约50～60个基点，贷款和债券利率相应变化，债券市场收益率上升约100～150个基点，贷款加权平均利率亦上升约50～60个基点。这也为下一步继续推进利率市场化奠定了更好的基础。

也要看到，利率市场化改革还有一些“硬骨头”。目前存贷款基准利率和市场利率“两轨”并存，存在存款“搬家”现象，一定程度上推动银行负债短期化、同业化，资金稳定性下降，成本上升。此外，市场基准利率体系培育、利率调控体系建设、金融机构定价能力培育等也有待进一步推进。

继续稳步推进利率市场化改革。推动利率“两轨”逐步合“一轨”，趋向市场化的方向。健全银行内部转移定价机制。结合国际基准利率改革的经验和教训，进一步完善Shibor等基准利率体系，进一步健全中央银行市场化的利率调控和传导机制。同时，加强对理财产品及其他影子银行的监管，按照“实质重于形式”的原则，统一监管标准，强化资本、流动性和其他审慎约束，消除定价扭曲。

（二）债券市场收益率和发行利率总体下行，发行规模同比多增

国债收益率水平下行明显，曲线呈陡峭化趋势。第一季度，受经济基本面较好、货币市场利率下行等因素影响，国债收益率整体呈下行趋势，短期限品种较中长期品种下行更为明显。3月末，1年期、5年期和10年期收益率分别为3.32%、3.66%和3.74%，较上年末分别下行47个、18个和14个基点；1年期和10年期国债利差为42个基点，较上年末扩大33个基点。债券市场指数小幅上行。中债综合净价指数由上年末的97.97点上升至3月末的98.85点，升幅0.90%；中债综合全价指数由上年末的113.37点上升至3月末的114.66

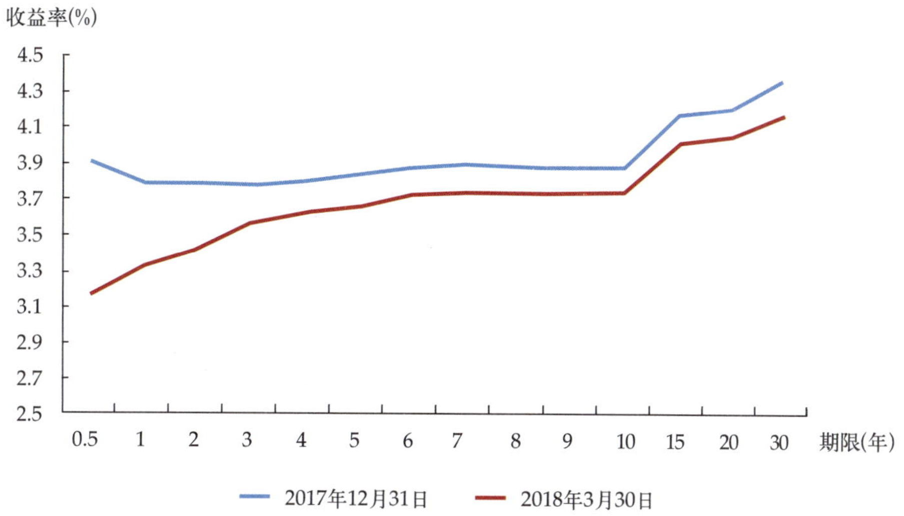

数据来源：中央国债登记结算有限责任公司。

图3　银行间市场国债收益率曲线变化情况

点，升幅1.13%。交易所上证国债指数由上年末的160.85点上升至3月末的162.96点，升幅1.31%。

债券发行利率总体有所回落。3月发行的10年期国债利率为3.85%，比上年12月发行的同期限国债利率高3个基点；国开行发行的7年期金融债利率为4.66%，比上年12月发行的同期限金融债利率下降28个基点；主体评级AAA的企业发行的1年期短期融资券（债券评级A-1）平均利率为5.19%，比上年12月低32个基点；5年期中期票据平均发行利率为5.98%，比上年12月低25个基点。Shibor对债券产品定价继续发挥重要的基准作用。第一季度，发行以Shibor为基准定价的浮动利率债券及同业存单19只，总量为57.7亿元；发行固定利率企业债41只，总量为322亿元，全部参照Shibor定价；发行参照Shibor定价的固定利率短期融资券927.5亿元，占发行总量的83.7%。

银行间债券市场现券交易活跃。第一季度累计成交24.4万亿元，日均成交4 005亿元，同比增长17.8%。从交易主体看，中资小型银行和证券业机构是主要净卖出方，净卖出现券1.4万亿元；其他金融机构及产品是主要净买入方，净买入现券1.6万亿元。从交易品种看，政府债券现券交易累计成交3.1万亿元，占银行间市场现券交易的12.5%；金融债券和公司信用类债券现券交易分别累计成交17.3万亿元和4万亿元，占比为71%和16.4%。交易所债券现券成交1.6万亿元，同比增长33.3%。

债券发行规模同比多增。第一季度累计发行各类债券8.9万亿元，同比增加6.1%，主要是公司信用类债券发行量同比增加较多。3月末，国内各类债券余额76.3万亿元，同比增长14.8%。

表11　2018年第一季度各类债券发行情况

单位：亿元

债券品种	发行额	较上年同期增减
国债	5 199	242
地方政府债券	2 195	-2 550
中央银行票据	0	0
金融债券①	65 000	2 199
其中：国家开发银行及政策性金融债	9 193	877
同业存单	52 423	2 395
公司信用类债券②	15 987	5 033
其中：非金融企业债务融资工具	12 846	4 644
企业债券	1 122	529
公司债	1 877	-282
国际机构债券	212	142
合计	88 593	5 065

注：①金融债券包括国家开发银行金融债、政策性金融债、商业银行普通债、商业银行次级债、商业银行资本混合债、证券公司债券、同业存单等。

②公司信用类债券包括非金融企业债务融资工具、企业债券以及公司债、可转债、可分离债、中小企业私募债等。

数据来源：中国人民银行、中国证券监督管理委员会、中央国债登记结算有限责任公司。

（三）票据承兑和融资余额有所下降，利率小幅震荡

票据承兑业务持续下降。第一季度，企业累计签发商业汇票4.0万亿元，同比下降27.4%；期末商业汇票未到期金额为8.5万亿元，同比下降3.9%。票据承兑余额逐月下降，3月末较年初下降3 278亿元。从行业结构看，企业签发的银行承兑汇票余额仍集中在制造业、批发和零售业；从企业结构看，由中小型企业签发的银行承兑汇票约占三分之二。

票据融资余额下降，票据市场利率小幅上升。第一季度，金融机构累计贴现7.1万亿元，同比下降41.5%；期末贴现余额3.8万亿元，同比下降12.7%。票据融资余额小幅下降，3月末较年初下降560亿元，占各项贷款的比重为3.1%，同比下降0.9个百分点。第一季度银行体系流动性合理稳定，剔除春节季节性因素，在票据市场供求较为均衡的情况下，票据市场利率略有上升。

（四）股票市场指数下跌，成交量增加，筹资额同比减少

受贸易摩擦、国际股市动荡等因素影响，股票市场指数有所波动，总体下跌。3月末，上证综合指数收于3 169点，比上年末下跌4.2%；深证成份指数收于10 869点，比上年末下跌1.6%；受政府支持创新驱动影响，创业板指数收于1 900点，比上年末上涨8.4%。3月末，沪市A股加权平均市盈率从上年末的18.2倍降至17.8倍，深市A股加权平均市盈率从上年末的36.5倍降至33.2倍。

股票市场成交量增加。第一季度，沪、深股市累计成交28.3万亿元，日均成交4 790亿元，同比增长6.9%；创业板累计成交4.3万亿元，同比增长6.8%。3月末，沪、深股市流

通市值为44.5万亿元，同比增长7.4%；创业板流通市值为3.3万亿元，同比增长4.3%。

股票市场筹资额同比减少。第一季度，境内各类企业和金融机构在境内外股票市场上通过发行、增发、配股、权证行权等方式累计筹资2 022亿元，同比下降38.3%，其中A股筹资1 812亿元，同比下降41.7%。

（五）保险业保费收入同比下降，资产增速放缓

保费收入同比减少。第一季度，保险业累计实现保费收入1.4万亿元，同比减少11.2%；累计赔款、给付3 268亿元，同比减少1.1%，其中，财产险赔付同比增长10.6%，人身险赔付同比减少7.2%。

保险业资产增速继续放缓。3月末，保险业总资产17.2万亿元，同比增长6.4%，增速比上年末低4.4个百分点。其中，银行存款同比下降14.5%，投资类资产同比增长13.1%。

（六）外汇掉期交易增长较快

外汇市场交易活跃。第一季度，人民币外汇即期成交1.5万亿美元，同比增长13.7%；人民币外汇掉期交易累计成交金额折合3.5万亿美元，同比增长34.5%，其中隔夜美元掉期成交2万亿美元，占掉期总成交额的56.6%；人民币外汇远期市场累计成交194亿美元，同比减少29.6%。“外币对”累计成交金额折合324亿美元，同比增长30.4%，其中成交最多的产品为美元对欧元，占市场份额比重为40.6%。

外汇市场交易主体进一步扩展。截至3月末，银行间外汇市场共有即期市场会员654家，远期、外汇掉期、货币掉期和期权市场会员各203家、199家、167家和119家，即期市场做市商32家，远掉期市场做市商27家。

（七）黄金价格横盘震荡，交易规模保持增长

黄金价格横盘震荡。第一季度，国际黄金价格最高1 354.95美元/盎司，最低1 307.75美元/盎司，3月末收于1 323.85美元/盎司，较上年年末上涨2.11%。上海黄金交易所AU9999最高价为280.00元/克，最低价为267.55元/克，3月末收于270.56元/克，较上年年末下跌0.89%。

上海黄金交易所总体交易规模保持增长。第一季度，黄金累计成交1.30万吨，同比增长14.07%；成交金额3.56万亿元，同比增长14.45%。白银累计成交20.74万吨，同比下降23.51%；成交金额7 648.49亿元，同比下降30.83%。铂金累计成交9.86吨，同比增长3.35%；成交金额21.10亿元，同比下降4.98%。

表12 2018年3月末主要保险资金运用余额及占比情况

单位：亿元、%

	余额		占资产总额比重	
	2018年3月末	2017年3月末	2018年3月末	2017年3月末
资产总额	172 242	161 815	100.0	100.0
其中：银行存款	20 182	23 605	11.7	14.6
投资	132 451	117 131	76.9	72.4

数据来源：中国银行保险监督管理委员会。

二、金融市场制度建设

（一）推动债券市场发展

一是推动债券市场产品创新。发布中国人民银行公告〔2018〕第3号，对金融机构发行资本补充债券的行为进行了规范，明确了资本补充债券定义、种类和发行申请条件，允许发行无固定期限债券，并鼓励发行具有创新损失吸收机制或触发条件的新型资本补充债券，进一步有效提高银行业金融机构的损失吸收能力。

二是完善绿色金融债券监督管理。发布《中国人民银行关于加强绿色金融债券存续期监督管理有关事宜的通知》（银发〔2018〕29号），进一步加强对存续期绿色金融债券募集资金使用的监督核查、信息披露的监测评价、违规问题的督促整改，确保将绿色金融债券存续期监督管理工作落到实处，推动发行人加大对绿色发展的支持力度。

（二）加快统一资产管理业务监管标准

为贯彻落实党的十九大精神和防范化解重大风险攻坚战的部署，中国人民银行会同有关部门加快推进《关于规范金融机构资产管理业务的指导意见》（以下简称《意见》）的制定出台工作。2018年3月28日，中央全面深化改革委员会第一次会议审议通过了《意见》。经国务院同意，中国人民银行、中国银行保险监督管理委员会、中国证券监督管理委员会、国家外汇管理局于2018年4月27日联合发布了《关于规范金融机构资产管理业务的指导意见》（银发〔2018〕106号）。《意见》坚持严控风险的底线思维，坚持服务实体经济的根本目标，坚持宏观审慎管理与微观审慎监管相结合的监管理念，坚持有的放矢的问题导向，坚持积极稳妥审慎推进的基本思路，全面覆盖、统一规制各类金融机构的资产管理业务，实行公平的市场准入和监管。按照产品类型统一监管标准，从募集方式和投资性质两个维度对资产管理产品进行分类，分别统一投资范围、杠杆约束、信息披露等要求。坚持产品和投资者匹配原则，加强投资者适当性管理，强化金融机构的勤勉尽责和信息披露义务。明确资产管理业务不得承诺保本保收益，坚持公允价值计量原则，打破刚性兑付。严格非标准化债权类资产投资要求，禁止资金池，防范影子银行风险和流动性风险。分类统一负债和分级杠杆要求，消除多层嵌套，抑制通道业务。加强监管协调，强化宏观审慎管理和功能监管。合理设置过渡期，给予金融机构资产管理业务有序整改和转型时间，确保金融市场稳定运行。

（三）加强证券期货业监管制度建设

进一步完善证券监管法规体系。一是证监会发布《关于修改〈中国证券监督管理委员会行政许可实施程序规定〉的决定》，从统一各中介机构监管政策出发，将证券公司、证券服务机构及其从业人员均纳入暂不受理、中止审核措施政策的适用范围，减少挂钩机制政策对非涉案行政许可申请人的影响。二是证监会发布修订后的《证券期货市场诚信监督管理办法》，扩充诚信信息覆盖的主体范围和信息内容范围，建立市场准入环节的诚信承诺、失信信息公示和主要市场主体诚信积分管理制度，强化市场交易活动的自我诚信约束和事后监管。

进一步丰富基金产品。证监会发布《养老目标证券投资基金指引（试行）》，设立专门养老投资的基金产品类别，对养老目标证券投资基金的运作形式、管理人条件等作出原则性规定，有助于推进养老金市场化改革、促进公募基金行业健康长远发展。

进一步完善上市公司股份减持制度。证监会发布《上市公司创业投资基金股东减持股份的特别规定》，明确了关于首发企业中创业投资基金股东的差异化锁定期安排及适用该政策的创业投资基金的具体认定标准，对专注于长期投资和价值投资的创业投资企业在市场化退出方面给予必要的政策支持。

（四）完善保险市场基础性制度建设

修订《保险公司股权管理办法》。保险监管部门进一步规范保险公司股东行为，重点明确保险公司股东准入、股权结构、资本真实性、穿透监管等方面的规定，将单一股东持股比例上限由51%降为1/3，明确投资入股保险公司需使用来源合法的自有资金，将保险公司股东的实际控制人变更纳入备案管理，重点解决隐匿关联关系、隐形股东、违规代持等问题。

发布《保险资金运用管理办法》。保险监管部门进一步规范投资管理人受托管理保险资金的行为，禁止提供通道服务和将受托资金转委托，强化境外投资监管，明确保险资金从事境外投资应符合有关规定，并进一步明确保险资金运用信息披露要求。

发布保险公司资产负债管理监管规则。保险监管部门从定性与定量评估两方面初步建成资产负债管理监管体系。一是从资产负债管理的目标策略、组织架构、人员职责、工作流程、系统模型、绩效考核等方面提出要求，定性判断保险公司资产负债管理能力。二是从期限结构、成本收益和现金流等角度，全面定量评估公司资产负债匹配状况。

第四部分　宏观经济形势

一、世界经济金融形势

2018年以来，全球经济整体延续复苏向好态势，劳动力市场继续改善，通胀总体处于较低水平。美国经济表现较为强劲，欧元区和英国经济复苏势头略有放缓，日本经济形势相对稳定，新兴市场经济体总体经济增长较快，但内部表现继续分化，部分经济体仍面临调整与转型压力。

（一）主要经济体经济形势

主要发达经济体延续复苏态势，受季节性等因素影响，部分经济指标较上年第四季度略有放缓。美国经济仍较为强劲，通胀率有所上升，失业率维持低位。2018年第一季度，美国GDP环比折年率增长2.3%。3月，美国供应管理协会（ISM）制造业PMI为59.3，连续19个月高于荣枯线；密歇根消费者信心指数为101.4，为历史最高水平。通胀水平有所回升，2月、3月核心CPI同比分别上涨1.8%、2.3%。劳动力市场持续趋紧，2017年10月以来失业率始终保持在4.1%，为2001年以来最低水平。受寒冷天气等非预期因素影响，欧元区经济复苏势头有所放缓，就业形势持续向好。第一季度，欧元区制造业PMI持续走低，3月制造业PMI降至一年来最低水平。通胀水平较为温和，核心CPI同比涨幅连续三个月保持在1.0%，整体较上年第四季度小幅回升。2月失业率降至8.5%，为2008年12

表13　主要发达经济体宏观经济金融指标

经济体	指　标	2017年第一季度			2017年第二季度			2017年第三季度			2017年第四季度			2018年第一季度		
		1月	2月	3月	4月	5月	6月	7月	8月	9月	10月	11月	12月	1月	2月	3月
美国	实际GDP增速(环比折年率，%)	1.2			3.1			3.2			2.9			2.3		
	失业率(%)	4.8	4.7	4.5	4.4	4.3	4.4	4.3	4.4	4.2	4.1	4.1	4.1	4.1	4.1	4.1
	CPI(同比，%)	2.5	2.7	2.4	2.2	1.9	1.6	1.7	1.9	2.2	2.0	2.2	2.1	2.1	2.2	2.4
	道琼斯工业平均指数(期末)	19 864	20 812	20 663	20 941	21 009	21 350	21 891	21 948	22 405	23 377	24 272	24 719	26 149	25 029	24 103
欧元区	实际GDP增速(当季同比，%)	2.1			2.4			2.6			2.7			—		
	失业率(%)	9.6	9.5	9.4	9.2	9.2	9.1	9.0	9.0	8.9	8.8	8.7	8.7	8.6	8.5	8.5
	HICP综合物价指数(同比，%)	1.8	2.0	1.5	1.9	1.4	1.3	1.3	1.5	1.5	1.4	1.5	1.4	1.3	1.1	1.4
	EURO STOXX 50(期末)	3 231	3 320	3 501	3 560	3 555	3 442	3 449	3 421	3 595	3 674	3 570	3 504	3 609	3 439	3 361
日本	实际GDP增速(环比折年率，%)	1.5			2.9			2.5			1.6			—		
	失业率(%)	3.0	2.8	2.8	2.9	3.1	2.8	2.8	2.8	2.8	2.7	2.6	2.6	2.4	2.5	2.5
	CPI(同比，%)	0.4	0.3	0.2	0.4	0.4	0.4	0.4	0.7	0.7	0.2	0.6	1.0	1.4	1.5	1.1
	日经225指数(期末)	19 041	19 119	18 909	19 197	19 651	20 033	19 925	19 646	20 356	22 012	22 725	22 765	23 098	22 068	21 454

数据来源：各经济体相关统计部门及中央银行。

月以来最低水平。英国经济增速略有放缓，2017年全年GDP增长1.7%，3月CPI同比增长2.5%，持续超过英格兰银行通胀目标。英国近期与欧盟达成脱欧过渡协议，但脱欧影响仍存在不确定性。日本经济继续温和复苏，截至2017年第四季度，日本经济已经连续八个季度正增长，为近30年来最长纪录。2018年以来，生产端扩张态势有所减弱，通胀预期仍较低迷，企业涨薪动力不足，通胀水平依然处于低位。

新兴市场经济体总体增长较快，内部表现继续分化，部分经济体仍面临调整与转型压力。巴西经济走势较好，2017年第四季度GDP同比增速为2014年第二季度以来最高水平，2018年以来制造业持续扩张，3月份制造业PMI创2011年3月以来最高水平。由于石油等大宗商品价格回升，俄罗斯经济逐步企稳，通胀在得到控制后有所下行。印度经济总体稳定，制造业和服务业景气指数略有回落，通胀压力有所上升，1月份CPI同比增长5.1%，为2016年9月以来高点。南非经济仍较低迷，失业率居高不下，但得益于政府改善投资和经济前景的政策承诺，近期经济有复苏迹象，3月下旬国际评级机构穆迪对南非的投资评级由“负面”提升至“稳定”。在发达经济体货币政策转向正常化的背景下，部分新兴市场经济体面临跨境资本波动等潜在风险，存在调整与转型压力。

（二）国际金融市场概况

国际金融市场波动较上年有所增大。第一季度，美元指数延续上年以来的跌势，主要发达经济体和部分新兴市场经济体货币相对美元出现不同程度升值。受贸易政策带来不确定性等因素影响，美国股市出现较大幅度波动，国际主要股指波动下行。

美元指数继续走弱，日元、欧元和英镑对美元升值，新兴市场经济体汇率升贬不一。截至3月末，美元指数收于89.98，较上年末下降2.51%；日元对美元汇率收于106.26日元/美元，较上年末升值6.03%；欧元对美元汇率收于1.2321美元/欧元，较上年末升值2.71%；英镑对美元汇率收于1.4015美元/英镑，较上年末升值3.72%；新兴市场经济体方面，俄罗斯卢布、巴西雷亚尔、墨西哥比索对美元汇率较上年末分别升值0.94%、0.23%和8.25%，印度卢比、土耳其里拉分别贬值1.97%和4.18%。4月下旬以来，随着美联储加息预期强化，美国10年期国债收益率上行，美元指数持续反弹，至5月8日已重回93上方。

全球货币市场利率继续分化，美元Libor略有上升，Euribor走低。受美联储连续加息等因素影响，伦敦同业拆借市场美元Libor略有上升。截至3月29日，1年期Libor为2.6626%，较上年末上升56个基点；受欧央行持续宽松货币政策等因素影响，欧元区同业拆借利率Euribor继续走低。截至3月29日，1年期Euribor为-0.19%，较上年末下降0.4个基点。

美国、英国等国债收益率有所上行。截至3月末，美国、英国、德国10年期国债收益率分别收于2.744%、1.351%和0.494%，较上年末分别上升33.3个、16.3个和7.0个基点。日本、法国10年期国债收益率分别收于0.046%和0.729%，较上年末分别下降0.4个和5.6个基点。新兴市场经济体方面，俄罗斯、巴西和墨西哥10年期国债收益率较上年末分别下降54.0个、81.5个和39.0个基点。印度和土耳其10年期国债收益率分别上升7.2个和76.0个基点。

主要经济体股市波动加剧。截至3月末，美国道琼斯工业平均指数、德国法兰克福DAX指数、日本日经225指数、欧元区STOXX50指数与英国富时100指数较上年末分别下跌了2.49%、6.35%、5.76%、4.07%和8.21%。新兴市场经济体中，俄罗斯RTS指数与巴西IBOVESPA指数分别上涨8.23%和11.73%，印度孟买SENSEX30指数、土耳其BIST30指数和墨西哥MXX指数分别下跌3.20%、1.40%和6.54%。

国际大宗商品价格总体上行。第一季度，洲际交易所布伦特原油期货当季平均价格同比上涨23.2%，环比上涨9.4%。伦敦金属交易所铜现货当季平均价格同比上涨19.2%，环比上涨2.0%；伦敦金属交易所铝现货当季平均价格同比上涨16.3%，环比上涨2.4%。

（三）主要经济体货币政策

美联储继续推进货币政策正常化，欧央行、英格兰银行和日本银行维持货币宽松力度不变。美联储于3月21日上调联邦基金利率25 个基点至1.50%～1.75%，维持2018年末联邦基金利率预期中位数2.1%不变，但上调2019年与2020年末预期中位数分别至2.9%与3.4%；同时继续缩减资产负债表，3月国债与机构抵押支持证券缩减规模上限分别为120亿美元和80亿美元，4月分别增至180亿美元和120亿美元。在5月2日的议息会议上，美联储决定维持联邦基金利率在1.50%～1.75%的区间不变。欧央行1月25日、3月8日和4月26日均决定维持主要再融资操作利率、边际贷款便利利率和存款便利利率在0%、0.25%、-0.40%的水平不变，维持每月300亿欧元资产购买计划到2018年9月；3月的声明中删除了“如果展望恶化，或金融状况与通货膨胀路径持续调整进展不一致，欧央行理事会随时准备提高QE的规模和/或期限”的表述，并上调2018年GDP增长预测至2.4%，同时维持2019年和2020年GDP增长预期1.9%和1.7%不变。日本银行在1月23日、3月9日和4月27日的议息会议上均决定维持原有负利率与资产购买规模不变，同时继续通过收益率曲线调控政策将10年期国债收益率维持在0附近。英格兰银行在2月7日、3月21日和5月9日的议息会议上均决定维持0.50%的基准利率、100亿英镑的投资级非金融公司债购买计划和4 350亿英镑的资产购买计划不变。

新兴市场经济体货币政策走向继续分化。由于通胀趋于稳定且低于央行目标水平，为继续提振经济，巴西央行2月8日、3月21日两次下调政策利率共50个基点至6.50%，俄罗斯央行于2月9日、3月23日两次宣布降低关键利率各25个基点至7.25%。考虑到经济增长良好且通胀稳定在4%的目标水平附近，印度央行2月6日和4月5日均维持回购利率在6%不变。为应对墨西哥比索汇率贬值、资本外流和国内通胀压力等问题，墨西哥央行于2月8日上调目标利率25个基点至7.50%。为应对汇率急剧贬值和资本外流风险，阿根廷央行于4月27日、5月3日和5月4日三次分别上调基准利率300个、300个和675个基点至40%，同时开始实施资本流动管理措施。

（四）国际经济展望及值得关注的问题

国际货币基金组织（IMF）在2018年4月更新的《世界经济展望》中维持2018年1月对全球经济增速的预测，预计2018年和2019年全球经济均将增长3.9%，其中上调了发达经济体2018年经济增速预测，维持新兴市场经济体和发展中国家2018年预测不变。展望未来，全球经济增长前景总体乐观，但仍面临较多不确定和不稳定性因素，需要关注一些问题和趋势：

一是保护主义、单边主义和反全球化思潮引发全球贸易摩擦升级，成为影响全球经济增长的重要风险。在经济全球化的背景下，各国产业结构和金融体系相互渗透，如果贸易摩擦持续升级，全球较大范围的商品和服务可能都将受到波及，在抑制需求的同时可能推高通胀，拖累经济增长，甚至引发更大的全球宏观经济风险。

二是美联储货币政策不确定性上升，加息节奏存在变数。各方对美国未来通胀预期仍存在分歧，税改政策、基础设施建设计划和贸易摩擦升级等进一步增加了不确定性。考虑到美国已接近充分就业，大规模财政刺激可能推高通胀；若贸易摩擦进一步升级，通胀变化超出预期，都将影响美联储的货币政策正常化步伐。

三是全球金融市场波动的风险隐患上升。在前期主要发达经济体复苏态势良好、全球流动性较为宽松的背景下，资产价格处于历史高位，金融市场脆弱性上升。一旦全球流动性紧缩步伐超出市场预期，可能导致资产价格波动，触发金融周期下行。2018年以来，美国股市多次大幅波动，进而引发全球股市震荡，一定程度上反映出前期宽松货币政策导致的资产估值问题和各国金融市场的相互联动。

四是中长期经济增长仍面临较多结构性挑战。一方面，高杠杆和沉重债务负担可能使未来消费和投资增长承压，加剧贫富差距，增加潜在的经济金融风险。另一方面，人口老龄化、生产率增速放缓、政策不确定性上升等中长期结构性问题犹存，也可能制约经济增长。

此外，地缘政治冲突多点爆发，风险因素和不确定性加速累积，对经济金融的影响加大。与此同时，与金融科技等新技术相伴而生的新风险亦不容忽视，对全球金融监管构成新的挑战。

二、中国宏观经济形势

2018年第一季度，中国经济开局良好，总供求更加平衡，转型升级稳步推进，工业生产总体平稳，第三产业增加值占比继续提高。消费需求对经济增长的拉动作用强劲，民间投资增速回升，贸易顺差收窄。消费价格涨势温和，就业形势总体稳定。初步核算，第一季度实现国内生产总值（GDP）19.88万亿元，按可比价格计算，同比增长6.8%；居民消费价格（CPI）同比上涨2.1%，贸易顺差为3 262亿元人民币。

（一）消费平稳增长，投资增长放缓，贸易顺差收窄

居民收入平稳增长，网上消费增速加快，消费对经济增长贡献上升。第一季度，全国居民人均可支配收入7 815元，同比名义增长8.8%，扣除价格因素实际增长6.6%，农村居民人均可支配收入实际增长6.8%，高于城镇居民1.1个百分点。第一季度中国人民银行城镇储户问卷调查显示，居民消费意愿平稳，倾向于“更多消费”的居民占24.8%，比上年同期提高1个百分点。第一季度最终消费支出对国内生产总值增长的贡献率为77.8%，比上年同期高0.6个百分点。社会消费品零售总额为9.03万亿元，同比增长9.8%。网上零

售增势强劲，第一季度全国网上零售额同比增长35.4%，比上年同期高3.3个百分点。

固定资产投资增长放缓，民间投资增速回升。第一季度固定资产投资（不含农户）10.08万亿元，同比增长7.5%，增速比上年同期回落1.7个百分点。第一季度投资呈现以下几个特征：一是民间投资增速回升，第一季度同比增长8.9%，增速比上年同期高1.2个百分点；二是高技术制造业投资保持较快增长，第一季度同比增长7.9%，增速比全部投资高0.4个百分点；三是基础设施投资增长放缓，第一季度同比增长13.0%，增速比上年同期低10.5个百分点；四是中部、西部地区投资增长较快，第一季度同比分别增长10.2%、9.4%，增速比东部地区分别高4.2个和3.4个百分点。

进出口较快增长，贸易顺差收窄，外贸结构优化。第一季度进出口总额为6.75万亿元人民币，同比增长9.4%。其中，出口3.54万亿元，同比增长7.4%；进口3.21万亿元，同比增长11.7%；贸易顺差3 262亿元，同比收窄21.8%。按美元计价，出口同比增长14%，进口同比增长18.9%；贸易顺差483.9亿美元。外贸结构优化，一般贸易、机电产品贸易、民营企业进出口占比提高，第一季度一般贸易进出口占进出口总值的58.3%，同比提高2个百分点；机电产品出口占出口总值比例同比提高1.3个百分点；民营企业进出口占进出口总值的38.3%，同比提高1.7个百分点。对“一带一路”沿线国家进出口保持快速增长，对俄罗斯、波兰和哈萨克斯坦等国进出口分别增长20.5%、16.6%和16.2%。

外商直接投资继续向高端产业聚集，对外投资行业结构进一步优化。第一季度全国新设立外商投资企业14 340家，同比增长124.7%；实际使用外商直接投资2 275.4亿元人民币，同比增长0.5%。从产业分布看，高技术制造业实际使用外资224.9亿元人民币，同比增长66%；高技术服务业实际使用外资214.7亿元人民币，其中研发与设计服务同比

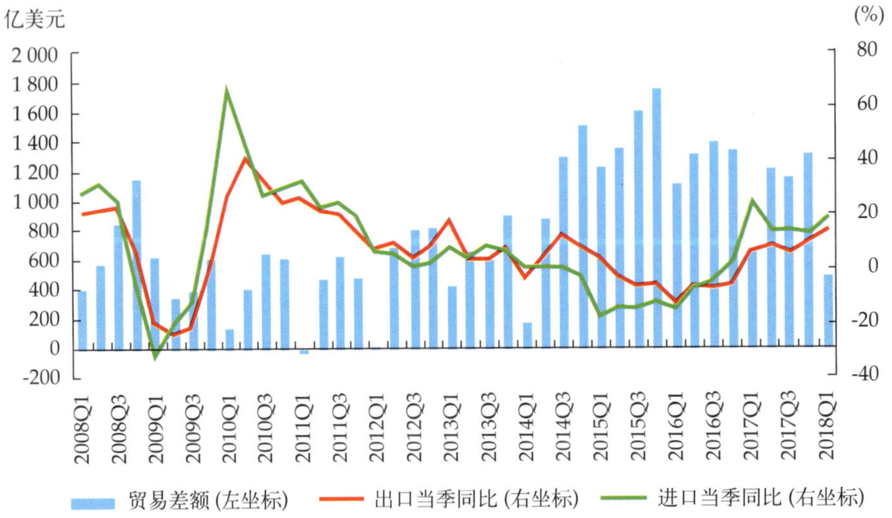

数据来源：中华人民共和国海关总署。

图4　进出口增速与贸易差额

增长25.6%。主要投资来源地中，东盟实际投入外资金额同比增长79.1%，“一带一路”沿线国家同比增长76%。第一季度，境内投资者非金融类对外直接投资255亿美元，同比增长24.1%。对“一带一路”沿线的52个国家直接投资36.1亿美元，同比增长22.4%，占同期总额的14.2%。对外投资行业结构进一步优化，非理性投资得到有效遏制，主要流向租赁和商务服务业、采矿业、制造业以及信息传输、软件和信息技术服务业，占比分别为25.6%、18.2%、15.2%和7.3%；房地产业、体育和娱乐业对外投资没有新增项目。

（二）服务业发展较快，农业生产形势较好，工业生产总体稳定

第三产业增加值占比继续提高。第一季度，三次产业增加值分别为8 904亿元、7.75万亿元和11.24万亿元，同比分别增长3.2%、6.3%和7.5%，占GDP比重分别为4.5%、39%和56.6%。第三产业占比较上年全年提高5个百分点，高于第二产业17.6个百分点。

农业生产形势较好，春耕生产平稳开局。优质小麦等面积有所增加；养殖业生产稳中有升，第一季度，猪牛羊禽肉产量2 316万吨，同比增长1.8%。

工业生产总体稳定，企业盈利状况较好。第一季度，全国规模以上工业增加值同比实际增长6.8%，增速与上年同期持平。高技术产业和装备制造业增加值同比分别增长11.9%和8.8%。企业产销率上升，盈利状况较好。第一季度，规模以上工业企业产销率达到97.9%，比上年同期提高0.3个百分点；实现利润总额1.55万亿元，同比增长11.6%；主营业务收入利润率为6.18%，比上年同期提高0.11个百分点。中国人民银行第一季度5 000户工业企业调查显示，企业盈利指数为56.7%，比上年同期提高6.8个百分点，连续四个季度高于50%。

（三）居民消费价格涨幅有所扩大，生产价格涨幅继续回落

受食品价格涨幅上升拉动，消费价格涨幅有所扩大。第一季度，居民消费价格（CPI）同比上涨2.1%，涨幅比上个季度提高0.3个百分点，各月涨幅分别为1.5%、2.9%和2.1%。食品价格涨幅由负转正，非食品价格涨幅有所回落。第一季度，食品价格同比上涨2.0%，上个季度为同比下降0.6%；非食品价格同比上涨2.2%，涨幅比上个季度低0.2个百分点。消费品价格上涨明显加快，服务价格上涨有所放缓。第一季度，消费品价格同比上涨1.7%，涨幅比上个季度高0.7个百分点；服务价格同比上涨2.9%，涨幅比上个季度低0.2个百分点。

生产价格涨幅继续回落。第一季度，工业生产者出厂价格（PPI）同比上涨3.7%，涨幅比上个季度回落2.1个百分点，各月涨幅分别为4.3%、3.7%和3.1%。其中，生产资料价格同比上涨4.9%，涨幅比上个季度下降2.7个百分点。工业生产者购进价格同比上涨4.4%，涨幅比上个季度回落2.7个百分点。企业商品价格（CGPI）同比上涨3.3%，比上个季度回落5.4个百分点，主要是初级产品、投资品价格涨幅回落幅度较大，分别回落14.8个和6个百分点。

GDP平减指数涨幅有所回落。第一季度，GDP平减指数（按当年价格计算的GDP与按固定价格计算的GDP的比率）同比上涨3.1%，涨幅比上个季度回落1.0个百分点。

（四）财政收支增长较快

财政收入平稳增长，税收增速加快。第一季度，全国财政收入5.05万亿元，同比增长13.6%，增速比上年同期低0.5个百分点。从收入结构看，税收收入4.43万亿元，同比增长17.3%，增速比上年同期高2.6个百分点；非税收入6 214亿元，同比下降7.5%。其中，国内增值税、国内消费税同比分别增长20.1%和28%，企业所得税和个人所得税同比分别增长11.7%和20.7%，进口货物增值税和消费税同比增长15.9%。

财政支出相对平稳，减税降费政策有助于激发企业生产投资活力。第一季度，全国财政支出5.10万亿元，同比增长10.9%。收支相抵，财政支大于收451亿元，比上年同期收窄1 101亿元。从支出结构看，财政支出增长较快的有交通运输支出、农林水支出以及文化体育与传媒支出，同比分别增长28.4%、24.9%和20.5%。近期，国务院推出深化增值税改革等多项减税举措，预计全年将减轻市场主体税负超过4 000亿元，减税力度高于上年，有助于激发企业生产投资活力。

（五）就业形势总体稳定

调查失业率有所下降，就业形势总体稳定。1～3月，全国城镇调查失业率分别为5.0%、5.0%和5.1%，分别比上年同期下降0.2个、0.4个和0.1个百分点。中国人民银行第一季度储户问卷调查显示，居民当期就业感受指数为45.8%，比上季度提高1个百分点，连续七个季度上升。

劳动力市场需求上升。中国人力资源市场信息监测中心统计分析显示，第一季度劳动力市场需求略大于供给，求人倍率约为1.23，比上年同期和上季度分别上升0.1和0.01。与上年同期相比，需求人数增加，求职人数减少。从行业需求看，租赁和商务服务业、科学研究技术服务和地质勘查业、房地产业、信息传输计算机服务和软件业等行业用人需求增长幅度较大。市场对具有技术等级和专业技术职称劳动者的用人需求均大于供给，对高级技能、初级技能劳动者和具有中级专业技术职称劳动者的用人需求有所增长。

（六）国际收支基本平衡

经常账户呈现逆差，外债规模增长较快。根据初步数据，2018年第一季度经常账户逆差282亿美元，主要受季节性因素及货物进口增长较快影响；非储备性质的金融账户顺差545亿美元，跨境资本延续2017年第二季度以来净流入的趋势。截至2018年3月末，外汇储备余额为31 428亿美元。截至2017年末，全口径（含本外币）外债余额为17 106亿美元，较上年末增加2 899亿美元。其中，短期外债余额为10 990亿美元，占外债余额的64%。

（七）行业分析

1. 房地产行业

第一季度，全国商品房销售增速继续放缓，70个大中城市房价环比、同比涨幅均有所回落，房地产开发投资增速提高，房地产贷款增速持续下降。

房价涨幅有所回落。3月，全国70个大中城市中，新建商品住宅价格环比上涨的城市有55个，比上年12月减少2个，平均涨幅较上年12月低0.1个百分点；同比上涨的城市有60个，比上年12月减少1个，平均涨幅较上年12月低0.3个百分点。二手住宅价格环比上涨的城市有59个，比上年12月增加12个；同比上涨的城市有63个，比上年12月减少2个。

商品房销售增速继续放缓。第一季度，全国商品房销售面积为3.0亿平方米，同比增长3.6%，增速较上年全年低4.1个百分点。商品房销售额为2.6万亿元，同比增长10.4%，增速较上年全年低3.3个百分点。其中，商品住宅销售面积和销售额分别占商品房销售面积和销售额的86.8%和84.4%。

房地产开发投资增速提高。第一季度，全国房地产开发投资完成额为2.1万亿元，同比增长10.4%，增速较上年全年高3.4个百分点。其中，住宅开发投资额为1.5万亿元，同比增长13.3%，增速较上年全年高3.9个百分点，占房地产开发投资的比重为69.1%。全国房屋新开工面积为3.5亿平方米，同比上升9.7%，增速较上年全年高2.7个百分点。全国房屋施工面积为64.7亿平方米，同比增长1.5%，增速比上年全年低1.5个百分点。全国房屋竣工面积为2.1亿平方米，同比下降10.1%，降幅较上年全年扩大5.7个百分点。

房地产贷款增速持续下降。截至3月末，全国主要金融机构（含外资）房地产贷款余额为34.1万亿元，同比增长20.3%，增速较上年末低0.6个百分点，房地产贷款余额占各项贷款余额的27.3%。其中，个人住房贷款余额为22.9万亿元，同比增长20%，增速较上年末低2.2个百分点；住房开发贷款余额为6.2万亿元，同比增长31.2%，增速较上年末高4.4个百分点；地产开发贷款余额为1.4万亿元，同比增长2.2%，上年末为同比下降8.0%。

保障房贷款继续快速增长。截至3月末，全国保障性住房开发贷款余额为3.8万亿元，同比增长37.9%，增速较上年末高5.3个百分点；第一季度新增4 478.9亿元，占同期房产开发贷款增量的64.7%，占比较上年全年提高2.9个百分点。此外，利用住房公积金贷款支持保障性住房建设试点工作稳步推进，截至3月末，已有85个城市的373个保障房建设项目通过贷款审批，并按进度发放872.1亿元，收回贷款本金793.1亿元。

2. 现代农业

农业现代化是国家现代化的基础和支撑。人口趋势性增长、城镇化推进和城乡居民消费需求升级不仅要求现代农业提供安全、优质的农产品，还要求农业生产方式低碳化、循环化、绿色化，追求高质量、可持续的绿色发展对现代农业提出了新要求。

近年来，随着强农惠农富农政策力度不断加大，农业现代化建设和绿色农业发展成就显著。农业供给侧结构性改革取得新进展，粮食生产能力跨上新台阶，2017年全国粮食总产量达12 358亿斤。农业科技转化能力持续提升，物质技术装备达到新水平，2017年农业科技进步贡献率达57.5%。农村新产业新业态蓬勃发展，产业格局呈现新变化，2017年规模以上农产品加工企业主营业务收入达到19.4万亿元，同比增长6.5%，电子商务等新型业态蓬勃兴起，发展生态友好型农业逐步成为社会共识。农民收入实现新跨越，至2017年农村居民人均可支配收入增幅已连续八年高于城镇居民收入和国内生产总值增幅。金融支持现代农业力度不断增强，农村金融体系不断健全，金融基础设施建设扎实推进，农村金融服务广度和深度显著提升。截至2017年末，全部金融机构本外币农村（县及县以下）贷款余额为25.1万亿元，同比增长9.3%；农户贷款余额为8.1万亿元，同比增长14.4%；农业贷款余额为3.9万亿元，同比增长5.7%。

我国现代农业发展仍面临不少挑战。第一，农业提质增效面临农业生产成本“地板”与国际农产品价格“天花板”双重挤压，影响产业利润空间、技术投入和持续发展。一方面，我国农业资源环境约束日益趋紧，开发利用难度大。我国人均耕地面积和淡水资源分别仅为世界平均水平的1/3、1/4，而化肥、农药单位面积施用量明显高于世界平均水平，且有效利用率低。另一方面，部分农产品国内外价格倒挂。第二，农业科技研发、成果转化与推广难度较大。农村老龄化、空心化拉低农村劳动力教育水平，加之农业基础设施和物质装备水平较低，农业自主研发能力不强，制约农业科技成果的应用和推广。在高质量绿色发展要求下，实现农业安全与绿色发展间的有效平衡，将是我国现代农业发展在中长期内面临的艰巨任务。

下一步，应继续加大农业科技投入，优化农业科技资源布局，着力完善农业科技创新激励机制，推动科技创新、成果、人才等要素向农业绿色发展领域倾斜。继续推进农业产业结构调整，构建农村一二三产业融合发展体系，积极培育农业绿色发展的经营与服务主体。在WTO等国际框架下健全农业绿色发展的支持政策，加快构建可持续的农业绿色发展金融服务体系。

第五部分　货币政策趋势

一、中国宏观经济展望

展望未来一段时期，经济持续健康发展的有利条件较多。从国际上看，全球经济保持回暖态势。从国内看，中国经济周期性态势好转，经济基本面长期向好的趋势没有改变。中国发展有巨大的潜能，新型城镇化、服务业、高端制造业以及消费升级有很大的发展空间，回旋空间也比较大。经济体制改革持续推进，供给侧结构性改革不断深化，过剩产能继续化解，工业产能利用率回升，总供求更加平衡，新产业成长和传统产业转型升级态势良好，经济结构继续优化。宏观杠杆率增速放缓，金融体系控制内部杠杆取得阶段性成效。货币信贷和社会融资总量保持适度增长，为供给侧结构性改革和高质量发展营造适宜的货币金融环境。在多种因素的共同推动下，2018年第一季度国民经济延续稳中向好发展态势，转型升级稳步推进，经济运行内在稳定性有所提升，质量效益保持较好水平，推动高质量发展取得良好开端。中国人民银行2018年第一季度企业家及银行家问卷调查显示，宏观热度指数、信心指数环比和同比均进一步提高；城镇储户问卷调查显示居民就业预期指数进一步改善。

也要看到，制约经济持续向好的结构性、深层次问题仍然突出，结构调整和改革任重道远，防范化解重大风险的任务仍然艰巨。世界经济政治形势更加错综复杂，部分发达经济体财政政策、贸易政策、货币政策存在不确定性，可能对全球经济、资本流动造成冲击，同时地缘政治风险仍然较大，国际金融市场波动性可能加大。从国内看，当前经济稳中向好有全球经济复苏背景下外需回暖的因素，部分短板领域瓶颈尚未打破，总杠杆水平仍然偏高，企业尤其是国企债务压力依然较大。要增强忧患意识、坚持问题导向，着力解决突出矛盾和问题。要把握中国经济已由高速增长阶段转向高质量发展阶段的本质特征，通过供给侧结构性改革，着力提高供给体系的质量和效益，坚持去产能、去库存、去杠杆、降成本、补短板，更多运用市场化法治化手段化解过剩产能，打好防范化解重大风险、精准脱贫、污染防治三大攻坚战。要稳定大局，推动高质量发展，提高全要素生产率，更加积极主动地推进改革开放。

物价形势总体较为稳定。物价涨幅根本上取决于经济基本面状况和供求的相对变化。全球主要经济体消费价格涨幅略有上行，但仍多在低位运行，国内经济运行总体平稳，部分农产品产能有所扩张，这些都有利于物价保持平稳。当然也要看到，受去产能、环保督察、大宗商品价格回升等叠加影响，部分价格可能上行，2018年消费物价的翘尾因素也比上年高一些，但总体来看通胀压力可控。中国人民银行第一季度城镇储户问卷调查显示，未来物价预期指数较上季度下降了4.7个百分点。对未来可能的不确定变化，亦须继续关注。

专栏4 中国宏观杠杆率的新变化

宏观杠杆率一般用非金融企业部门（以下简称企业部门）、政府部门、住户部门的债务余额与国内生产总值（GDP）之比来衡量。各部门负债一般指通过金融市场或金融机构形成的负债。其中，企业部门债务包括本外币境内贷款、国内公开发行的债券、委托贷款、信托贷款、未贴现的银行承兑汇票、对外债务等。政府部门债务包括中央政府债务和地方政府债务，地方政府债务包括地方政府债券以及清理甄别认定的截至2014年末非政府债券形式的存量政府债务。住户部门债务包括住户部门从金融机构获得的贷款、委托贷款（主要是住房公积金贷款）以及证券公司融资融券等。在具体测算时，还应注意扣除交叉持有的债务，避免重复计算。比如有的测算把政策性金融债、金融部门外债算入了非金融部门债务余额，有的测算把重复计算较多的影子银行整体计为债务，有的测算把政府支持债券和地方融资平台债务同时计入了政府债务和企业债务，这些都会影响宏观杠杆率测算的准确度。

2017年宏观杠杆率趋稳。2017年之前的一段时期，我国宏观杠杆率上升较快，2012～2016年年均提高13.3个百分点。随着供给侧结构性改革深化、经济稳中向好及稳健中性货币政策有效实施，2017年我国宏观杠杆率上升速度明显放缓，全年上升2.4个百分点至248.9%。其中，企业部门杠杆率为163.6%，比上年下降1.4个百分点，是2011年以来首次下降，2012～2016年年均则增长8.8个百分点。政府部门杠杆率为36.3%，比上年下降0.4个百分点，2012～2016年年均则增长1.1个百分点。住户部门杠杆率为49%，比上年高4.1个百分点，增幅比2012～2016年年均增幅略高0.7个百分点。

宏观杠杆率趋稳的主要原因：一是供给侧结构性改革取得明显成效，加之全球经济回暖，我国经济稳中向好，企业利润、财政收入、居民收入均保持较快增长，有助于稳定债务率。2017年，规模以上工业企业利润同比增长21%，增速比上年高12.5个百分点；全国财政收入同比增长7.4%，增速比上年高2.9个百分点；全国人均可支配收入实际增长7.3%，增速比上年高1个百分点，比同期人均GDP增速也高1个百分点。二是稳健中性货币政策及结构性信贷政策效果显现，货币信贷总体保持适度增长。主要受金融体系抑制内部杠杆影响，2017年M2同比增长8.1%，增速较上年回落，在支持经济平稳增长的同时，为稳杠杆创造了适宜的货币金融环境。同时，中国人民银行采取有效措施，着力优化信贷结构。2017年产能过剩行业中长期贷款余额同比下降1.7%，低效融资需求受到明显遏制；房地产贷款余额同比增长20.9%，增速比上年下降6.1个百分点，其中个人住房贷款余额增长22.2%，增速下降14.5个百分点。此外，委托贷款、表外融资等业务在金融去杠杆和规范管理的大背景下，增速明显放缓。三是地方政府融资担保行为进一步规范，平台公司等软约束主体债务增长受到遏制，国有企业债务增速放缓。2017年，国有企业贷款和债券余额与GDP之比较上年上升2.3个百分点，增幅比2012～2016年平均增幅低1.5个百分点。

过去一段时期我国宏观杠杆率增长较快，与我国经济的结构性特征和发展阶段有关。一是储蓄率较高，储蓄主体与投资主体不匹配，权益融资不发达，导致储蓄转化为投资的过程中债务较快增长。这种情况下，如果债务使用效率不高，必然推高杠杆率。二是货币化进程较快，特别是市场经济推进、大规模城镇化、房地产市场发展、外向型经济快速扩大等因素，阶段性地推升了杠杆水平。三是金融深化加快发展，金融监管有待完善，出现了影子银行加杠杆等现象。四是国有企业和平台公司一定程度上承担了政府职能，造成企业部门杠杆率上升较快。

随着我国经济发展进入新阶段，上述推升宏观杠杆率的因素开始出现变化。一是未来一段时期我国经济有望保持稳定增长，我国经济由高速增长阶段转向高质量发展阶段，必然要求提高债务资金的利用效率，有助于带动杠杆率下行。二是我国商品和要素领域的货币化程度已经较高，伴随人口老龄化步伐加快，货币化进程也将趋于放缓，在杠杆率上会有所显现。三是金融监管加强，金融市场不断完善，对影子银行导致杠杆率上升的状况有所抑制。四是地方政府债务约束硬化，政府融资担保行为规范。五是供给侧结构性改革进一步推进，加之市场化法治化债转股深入实施等，都将有利于宏观杠杆率企稳甚至下降。在上述因素的共同作用下，未来我国宏观杠杆率有望进一步趋稳，并逐步实现结构性去杠杆。

二、下一阶段主要政策思路

下一阶段，中国人民银行将按照党中央和国务院的决策部署，以习近平新时代中国特色社会主义思想为指导，按照统筹推进“五位一体”总体布局的要求，坚持稳中求进工作总基调，坚持新发展理念，紧扣我国经济社会主要矛盾变化，紧紧围绕服务实体经济、防控金融风险、深化金融改革三项任务，创新和完善金融宏观调控，保持政策的连续性和稳定性，实施好稳健中性的货币政策，注重引导预期，加强政策协同，加快建设现代化经济体系，为供给侧结构性改革和高质量发展营造中性适度的货币金融环境。健全货币政策和宏观审慎政策双支柱调控框架，深化利率和汇率市场化改革。打好防范化解重大金融风险攻坚战，大力推进金融改革开放发展，促进金融更好为实体经济服务。

一是保持货币政策的稳健中性，管住货币供给总闸门。综合运用价、量工具和宏观审慎政策加强预调微调，保持货币信贷和社会融资规模合理增长，把握好稳增长、调结构、防风险之间的平衡。一方面，要掌控好流动性尺度，助力去杠杆和防范化解金融风险；另一方面，要综合考虑宏观经济运行变化，加强政策协调，灵活运用多种货币政策工具组合，合理安排工具搭配和操作节奏，维护流动性合理稳定。要进一步加强宏观审慎管理，完善宏观审慎评估，拟于2019年第一季度评估时将资产规模5 000亿元以下金融机构发行的同业存单纳入MPA考核。

二是促进结构优化，支持经济结构调整和转型升级。继续优化流动性的投向和结构，强化信贷政策的定向作用，做好金融支持供给侧结构性改革的工作。做好推进制造业转型升级、基础设施及铁路等重点行业和领域转型调整的金融服务，加大对养老、教育、健康等新消费领域，以及创业创新、科技、文化、海洋经济、战略性新兴产业等国民经济重点领域的金融支持力度。统筹做好京津冀、“一带一路”、西部大开发等国家重大战略金融服务，将农村金融服务的重心转移到乡村振兴战略上来，围绕一二三产业融合发展和高质量发展强化农村金融服务。加大金融精准扶贫工作力度，聚焦深度贫困地区金融服务。完善信贷政策导向效果评估，引导金融机构加大对薄弱环节的信贷支持。创新金融产品和服务，深入开展小微企业应收账款融资专项行动，推动知识产权质押融资业务开展。

三是进一步深化利率市场化和人民币汇率形成机制改革，提高金融资源配置效率，完善金融调控机制。进一步督促金融机构健全内控制度，增强自主合理定价能力和风险管理水平，从提高金融市场深度入手继续培育市场基准利率和完善国债收益率曲线，不断健全市场化的利率形成机制。探索利率走廊机制，增强利率调控能力，进一步疏通央行政策利率向金融市场及实体经济的传导。加强对金融机构非理性定价行为的监督管理，发挥好市场利率定价自律机制的引导作用，采取有效方式激励约束利率定价行为，强化行业自律和风险防范，维护公平定价秩序。深化汇率市场化改革，完善以市场供求为基础、参考一篮子货币进行调节、有管理的浮动汇率制度，加大市场决定汇率的力度，增强人民币汇率双向浮动弹性，保持人民币汇率在合理均衡水平上的基本稳定。加快发展外汇市场，坚持金融服务实体经济的原则，为基于实需原则的进出口企业提供汇率风险管理服务。支持人民币在跨境贸易和投资中的使用。密切关注国际形势变化对资本流动的影响，完善针对跨境资本流动的宏观审慎政策。

四是完善金融市场体系，切实发挥好金融市场在稳增长、调结构、促改革和防风险方面的作用。坚持金融服务实体经济原则，推动债券市场产品创新和制度建设，加强绿色金融债券存续期监督管理，健全债券违约风险防范和处置机制。充分发挥金融市场支持绿色融资的功能，加强绿色金融支持实体经济转型的能力。有序稳步推动债券市场双向开放，继续支持境外各类主体在境内人民币市场发行债券融资及境内机构赴境外发行债券，同时推动境外主体投资境内债券市场。继续推进债券二级市场发展，完善做市商考评等市场化评价体系建设，优化交易、清算、结算相关安排，进一步提升债券市场流动性，并推动完善会计、审计、税收等方面的配套政策，创造更加友好、便利的投资环境。进一步统筹推进证券化工作，推动证券化市场规范化发展。建立金融市场基础设施的统筹管理框架，进一步加强市场基础设施建设，确保金融市场在不断深化对外开放背景下安全高效运行和整体稳定。

五是深化金融机构改革，通过增加供给和竞争改善金融服务。持续深化大型商业银行和其他大型金融企业改革，完善公司治理，规范股东大会、董事会、监事会与管理层关系，完善经营授权制度，形成有效的决策、执行、制衡机制，提高经营管理水平和风险控制能力。继续推动农业银行“三农金融事业部”深化管理体制和运行机制改革，采取有效措施进一步激发县事业部活力，不断提高服务县域经济的能力和水平。推动全面落实开发性金融机构、政策性银行改革方案，抓紧做好健全治理结构、业务范围划分、完善风险补偿机制等后续工作，通过深化改革加快建立符合中国特色、能更好地为当前经济发展服务、可持续运营的开发性和政策性金融机构及其政策环境。

六是打好防范化解重大金融风险攻坚战。坚持底线思维，坚持稳中求进，抓住主要矛盾，在国务院金融稳定发展委员会的牵头抓总下，充分发挥国务院金融稳定发展委员会办公室作用，加强部门间协调配合，明确时间表、路线图、优先序，集中力量，优先处理可能影响经济社会稳定和引发系统性风险的问题。抓紧补齐监管制度短板，有效控制宏观杠杆率和重点领域风险，积极化解影子银行风险，稳妥处置各类金融机构风险，全面清理整顿金融秩序，守住不发生系统性风险的底线，坚决打赢防范化解重大金融风险攻坚战。

PART 1

Money and Credit Analysis

During Q1 of 2018, liquidity in the banking sector was stable at an appropriate level. Money, credit, and all-system financing aggregates grew moderately. Lending structures continued to improve, interest rates were generally stable, and RMB exchange rates were becoming more flexible.

I. Monetary aggregates grew steadily

The growth of M2 was generally stable. At end-March, outstanding M2 stood at RMB174.0 trillion, up 8.2 percent year on year and representing an acceleration of 0.1 percentage point from end-2017. Outstanding M1 stood at RMB52.4 trillion, up 7.1 percent year on year and representing a deceleration of 4.7 percentage points from end-2017. Outstanding M0 reached RMB7.3 trillion, up 6.0 percent year on year. On a net basis, during Q1 the PBC injected RMB204.7 billion of cash into the system, an increase of RMB174.6 billion year on year.

Due to the coordinated and effective implementation of a prudent and neutral monetary policy and financial regulation policy, M2 growth has stabilized. This will help control leverage within the financial system, reduce funds that circulate within the financial system through embedded structures, and stabilize leverage in the overall economy, supporting the battle to prevent and mitigate major risks. With the deepening of financial markets and development of financial innovations, the money supply will be subject to increasingly complicated factors. As a result, the measurability and controllability of M2 and its relevance to the real economy have all been weakening. Revising the scope of the

Figure 1 Growth of Money Supply

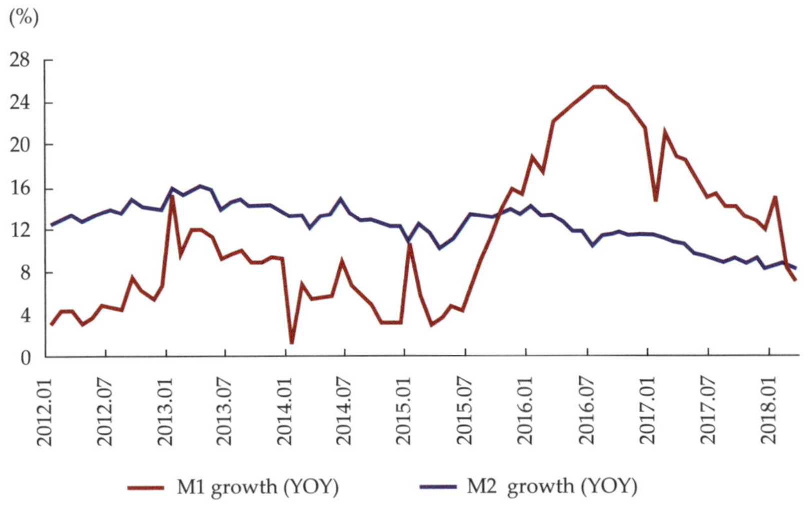

Source: The People's Bank of China.

M2 indicator does not fundamentally resolve the declining effectiveness of the quantitative indicators. In light of the requirement for high-quality development, it is necessary to follow the laws of economic and financial development and to transform the method of macroeconomic management by gradually shifting from quantity-based indicators to interest rates and other price-based indicators.

At end-March, base money stood at RMB32.1 trillion, representing a decrease of RMB52.1 billion from the beginning of the year and a decline of RMB607.1 billion year on year. The money multiplier was 5.41. The overall excess reserve ratio of financial institutions was 1.3 percent and the overall excess reserve ratio of rural credit cooperatives was 9.4 percent.

II. The share of RMB term deposits in financial institutions increased

The growth of deposits slowed down slightly. At end-March, outstanding deposits in domestic and foreign currencies in all financial institutions posted RMB174.4 trillion, up 8.4 percent year on year and representing a deceleration of 0.4 percentage point from end-2017. This marked an increase of RMB5.2 trillion from the beginning of the year, which was RMB279.9 billion less year on year. Outstanding RMB deposits registered RMB169.2 trillion, up 8.7 percent year on year and a deceleration of 0.3 percentage point from end-2017. This represented an increase of RMB5.1 trillion from the beginning of the year, which was RMB7.7 billion more year on year. Outstanding deposits in foreign currencies stood at USD836.8 billion, an increase of USD45.9 billion from the beginning of the year, which was USD13.3 billion less year on year.

The share of term deposits increased. In Q1 of 2018, term deposits accounted for 122.8 percent of new deposits by households and non-financial enterprises, up 40.1 percentage points year on year. Broken down by sectors, deposits by households and non-banking financial institutions registered a year-on-year acceleration of RMB310.9 billion and RMB1.4 trillion, respectively, whereas deposits by non-financial enterprises recorded a year-on-year deceleration of RMB1.4 trillion.

Table 1 Structure of RMB Deposits in Q1 2018

Unit: RMB100 million, %

	Deposits at end-March	YOY growth	New deposit in the year	YOY acceleration
RMB deposits	1,691,816	8.7	50,640	77
Households	686,804	7.8	42,735	3,109
Non-financial enterprises	529,321	5.1	–12,071	–14,338
Government	310,348	11.8	5,328	–1,568
Non-banking financial institutions	155,163	20.8	14,934	13,781
Overseas	10,180	9.3	-287	-907

Source: The People's Bank of China.

III. Lending by financial institutions grew rapidly

Lending grew rapidly, providing strong support for the real economy. At end-March, outstanding loans in domestic and foreign currencies of all financial institutions posted RMB130.5 trillion, up by 11.9 percent year on year and a deceleration of 0.2 percentage point from end-2017. This marked an increase of RMB4.9 trillion from the beginning of the year and represented a year-on-year acceleration of RMB309.7 billion. At end-March, outstanding RMB loans registered RMB125.0 trillion, up 12.8 percent year on year and an acceleration of 0.1 percentage point from end-2017. This marked an increase of RMB4.9 trillion from the beginning of the year, which represented a year-on-year acceleration of RMB633.9 billion. Due to a strong demand for loans as well as a change from quasi-credits to loans, compared with the same period of the last year more loans were extended this year.

The share of new medium- and long-term RMB loans declined. Compared with the beginning of the year, medium- and long-term RMB loans increased by RMB3.7 trillion, representing a deceleration of RMB389.2 billion year on year and accounting for 77.0 percent of the total new loans, down 20.8 percentage points year on year. Medium- and long-term loans to industries with excessive capacity continued to slow down. Broken down by sectors, growth of RMB loans to the household sector had declined to 20.0 percent by end-March, which was 1.4 percentage points lower than that at end-2017. In particular, growth of mortgage loans continued to moderate. At end-March, outstanding mortgage loans were growing by 20.0 percent year on year, marking a decline for the thirteenth consecutive month. Compared with the beginning of the year, mortgage loans increased by RMB994.4 billion, representing a deceleration of RMB173.0 billion year on year and accounting for 20.5 percent of the total new loans, down 7.2 percentage points year on year. Other loans to the household sector increased by RMB758.7 billion compared with the beginning of the year, representing an acceleration of RMB79.1 billion year on year. Loans to non-financial enterprises and government departments and organizations increased by RMB3.1 trillion from the

Table 2 Structure of RMB Loans in Q1 2018

Unit: RMB100 million, %

	Outstanding amount at end-March	YOY growth	Increase from the beginning of the year	YOY acceleration
RMB loans to	1,249,814	12.8	48,552	6,339
Households	422,733	20.0	17,531	-939
Non-financial enterprises, government departments, and organizations	816,154	9.6	30,947	4,376
Non-banking financial institutions	6,217	-7.6	-141	2,672
Overseas	4,710	8.1	216	232

Source: The People's Bank of China.

Table 3 New RMB Loans by Financial Institutions in Q1 2018

Unit: RMB100 million

	New loans	YOY acceleration
Chinese-funded large-sized banks[1]	19,447	2,872
Chinese-funded small- and medium-sized banks[2]	26,808	3,727
Small-sized rural financial institutions[3]	6,696	324
Foreign-funded financial institutions	726	173

Notes: 1. Chinese-funded large-sized banks refer to banks with total assets (both in domestic and foreign currencies) of RMB2 trillion or more (according to the amount of total assets in both domestic and foreign currencies at end-2008).
2. Chinese-funded small- and medium-sized banks refer to banks with total assets (both in domestic and foreign currencies) of less than RMB2 trillion (according to the amount of total assets in both domestic and foreign currencies at end-2008).
3. Small-sized rural financial institutions include rural commercial banks, rural cooperative banks, and rural credit cooperatives.
Source: The People's Bank of China.

beginning of the year, representing an acceleration of RMB437.6 billion year on year. Broken down by type of institution, domestic small- and medium-sized banks registered stronger lending growth year on year.

Growth of loans in foreign currencies slowed down. At end-March, outstanding foreign-currency loans of all financial institutions stood at USD870.4 billion, up 4.0 percent year on year and decelerating by 2.6 percentage points since end-2017. This represented an increase of USD32.4 billion from the beginning of the year and a deceleration of USD18.6 billion year on year. In terms of loan use, short-term loans to non-financial enterprises and government departments and organizations increased by USD7.7 billion from the beginning of the year, a deceleration of USD3.9 billion year on year; external loans increased by USD25.1 billion from the beginning of the year, a deceleration of USD14.6 billion year on year.

IV. All-system financing aggregates grew at a reasonable pace

All-system financing aggregates grew at a reasonable pace, and some off-balance-sheet financing returned to the balance sheet due to stricter regulations. According to preliminary statistics, outstanding all-system financing aggregates reached RMB179.93 trillion at end-March, up 10.5 percent year on year and exceeding nominal GDP growth. In Q1, incremental all-system financing aggregates reached RMB5.58 trillion, down by RMB1.33 trillion year on year. Incremental all-system financing aggregates were characterized by the following: First, growth of RMB loans to the real economy registered a year-on-year acceleration. In Q1, RMB loans by financial institutions to the real economy increased by RMB4.85 trillion, an acceleration of RMB343.8 billion compared to the same period of the last year, and accounting for 86.9 percent of the incremental all-system financing aggregates,

21.7 percentage points higher than that of the same period of the last year. Second, growth of trust loans and undiscounted bankers' acceptance bills registered a year-on-year deceleration, whereas growth of entrusted loans registered a considerable year-on-year acceleration. In Q1, trust loans increased by RMB75.8 billion, representing a deceleration of RMB659.1 billion year on year; undiscounted bankers' acceptance bills increased by RMB122.1 billion, representing a deceleration of RMB558.1 billion; and entrusted loans decreased by RMB331.4 billion, representing a deceleration of RMB966.1 billion. Third, corporate debt financing registered a year-on-year acceleration and equity financing registered a year-on-year deceleration. In Q1, corporate debt financing registered RMB537.1 billion, a year-on-year increase of RMB687.7 billion, and equity financing by non-financial enterprises recorded RMB128.3 billion, a year-on-year decrease of RMB131.3 billion.

V. Interest rates on loans offered by financial institutions stabilized and rose moderately

Due to the stable and positive economic performance and strong demand for credit, the interest rates on loans offered by financial institutions stabilized and rose moderately, with interest rates on loans to enterprises rising by a smaller margin. In March, the weighted average interest rate on loans offered to non-financial enterprises and other sectors was 5.96 percent, an increase of 0.22 percentage point compared with that in December 2017. In particular, the weighted average interest rate on ordinary loans posted 6.01 percent, up 0.21 percentage point from December 2017; the weighted average bill financing rate posted 5.58 percent, up 0.35 percentage point from December 2017. Interest rates on mortgage loans edged up, with the weighted average interest rate posting 5.42 percent in March, up 0.16 percentage point from December 2017.

Table 4 Stocks of All-system Financing Aggregates at end-March 2018

Unit: RMB1 trillion, %

	All-system financing aggregates[1]	Of which:						
		RMB loans	Foreign-currency denominated loans (RMB equivalent)	Entrusted loans	Trust loans	Undiscounted bankers' acceptances	Enterprise bonds	Financing by non-financial institutions via the domestic stock markets
End-March 2018[2]	179.93	123.86	2.46	13.63	8.62	4.56	18.86	6.78
YOY change	10.5	12.9	-8.6	-1.4	22.9	-0.4	5.7	12.3

Notes: 1. Stocks of all-system financing aggregates refer to the total outstanding volume of financing provided by the financial system to the real economy (the non-financial corporate sectors and the household sectors in the domestic market) at the end of a certain period of time.

2. Data for the current period are preliminary. Stocks are based on the book value or the face value. The year-on-year change is annualized and based on comparable data.

Sources: The People's Bank of China, China Banking and Insurance Regulatory Commission, China Securities Regulatory Commission, China Central Depository & Clearing Co., Ltd., National Association of Financial Market Institutional Investors, and so forth.

Table 5 Increments in All-system Financing Aggregates in Q1 2018

Unit: RMB100 million

	Incremental all-system financing aggregates[1]	Of which:						
		RMB loans	Foreign-currency denominated loans (RMB equivalent)	Entrusted loans	Trust loans	Undiscounted bankers' acceptances	Enterprise bonds	Financing by non-financial institutions via the domestic stock markets
Q1, 2018[2]	55,765	48,474	492	-3,314	758	1,221	5,371	1,283
YOY change	-13,299	3,438	-290	-9,661	-6,591	-5,581	6,877	-1,313

Notes: 1. An increment in all-system financing aggregates refers to the total volume of financing provided by the financial system to the real economy (the non-financial corporate sectors and the household sectors in the domestic market) during a certain period of time.
2. Data for the current period are preliminary.
Sources: The People's Bank of China, China Banking and Insurance Regulatory Commission, China Securities Regulatory Commission, China Central Depository & Clearing Co., Ltd., National Association of Financial Market Institutional Investors, and so forth.

Broken down by floating range, the share of loans with interest rates above the benchmark rate increased moderately, whereas the share of loans with interest rates below or at the benchmark rate decreased moderately. In March, the share of loans with interest rates higher than the benchmark rate was 74.35 percent, up 9.94 percentage points from December 2017; the share of loans with interest rates at the benchmark rate was 16.04 percent, down 5.27 percentage points from December 2017; and the share of loans with interest rates lower than the benchmark rate was 9.61 percent, down by 4.67 percentage points from December 2017.

Against the background of interest-rate fluctuations in international financial markets and changes in the supply and demand of foreign currencies in the domestic market, the interest rates for foreign-currency deposits and loans went up. In March, the weighted average interest rates for large-value USD demand deposits and deposits with maturities within 3 months registered 0.30 percent and 1.92 percent, respectively, up 0.10 percentage point and 0.22 percentage point from December 2017. The weighted average interest rates for USD loans with maturities within 3 months and with maturities between 3 months (including 3 months) and 6 months posted 3.17 percent and 3.42 percent, respectively, up 0.50 percentage point and 0.43 percentage point, respectively, from December 2017.

Table 6 Shares of Loans with Rates Below, At, or Above the Benchmark Rate, January through March 2018

Unit: %

Month	Lower than the benchmark	At the benchmark	Higher than the benchmark					
			Subtotal	(1.0,1.1]	(1.1,1.3]	(1.3,1.5]	(1.5,2.0]	Above 2.0
January	11.89	20.31	67.80	16.45	19.67	12.32	12.11	7.26
February	12.50	18.83	68.67	15.98	18.66	12.88	12.65	8.50
March	9.61	16.04	74.35	15.86	21.29	14.00	14.53	8.68

Source: The People's Bank of China.

Table 7 Average Interest Rates of Large-value Deposits and Loans Denominated in US Dollar, January through March 2018

Unit: %

Month	Large-value deposits						Loans				
	Demand deposits	Within 3 months	3-6 months (including 3 months)	6-12 months (including 6 months)	1 year	More than 1 year	Within 3 months	3-6 months (including 3 months)	6-12 months (including 6 months)	1 year	More than 1 year
January	0.19	1.79	2.37	2.61	2.77	2.87	2.72	3.10	2.84	3.04	4.48
February	0.18	1.82	2.39	2.70	2.97	2.81	2.79	3.28	2.95	3.21	4.11
March	0.30	1.92	2.70	3.09	3.28	3.33	3.17	3.42	3.21	3.73	4.23

Source: The People's Bank of China.

VI. The RMB exchange rate was more flexible in terms of two-way fluctuations

The flexibility of the RMB exchange rate against the USD strengthened further and with stronger two-way fluctuations. Exchange-rate expectations remained well anchored. In Q1, as the USD weakened most of the major currencies appreciated against the USD, and the RMB exchange rate strengthened against the USD while remaining stable against a basket of currencies. At end-March 2018, the CFETS RMB exchange-rate index closed at 96.73, up 1.98 percent from end-2017; the RMB exchange-rate index, based on the Bank for International Settlements (BIS) basket and the SDR basket, closed at 97.79 and 99.31, respectively. According to calculations by the BIS, the NEER and REER of the RMB depreciated by 3.54 percent and 3.45 percent, respectively, in Q1. At end-March 2018, the central parity of the RMB against the USD was 6.2881, an appreciation of 3.91 percent from the end of 2017. Since April, the RMB has weakened. As of May 11, the central parity of the RMB against the USD posted 6.3524, a depreciation of 1.01 percent from end-March and an appreciation of 2.86 percent from the end of 2017. In Q1, the volatility rate of the central parity of the RMB against the USD was 4.05 percent, close to the level of some Asian currencies. Due to greater flexibility in the RMB exchange rate, market expectations differed and the exchange rate played an automatic stabilizer role.

VII. Cross-border RMB businesses saw stable development

In Q1, cross-border receipts and payments in RMB totaled RMB3.15 trillion, up 87.1 percent year on year. In particular, RMB receipts registered RMB1.65 trillion, up 113 percent year on year; RMB payments registered RMB 1.5 trillion, up 65.4 percent year on year. RMB cross-border receipts and payments under the current account posted RMB1.06 trillion, up 6.5 percent year on year. In particular, settlements of trade in goods registered RMB797.05 billion, whereas settlements of trade in services and other items registered RMB261.93 billion. RMB cross-border receipts and payments under the capital account posted RMB2.09 trillion, up 203 percent year on year.

Figure 2 Monthly RMB Payments and Receipts under the Current Account

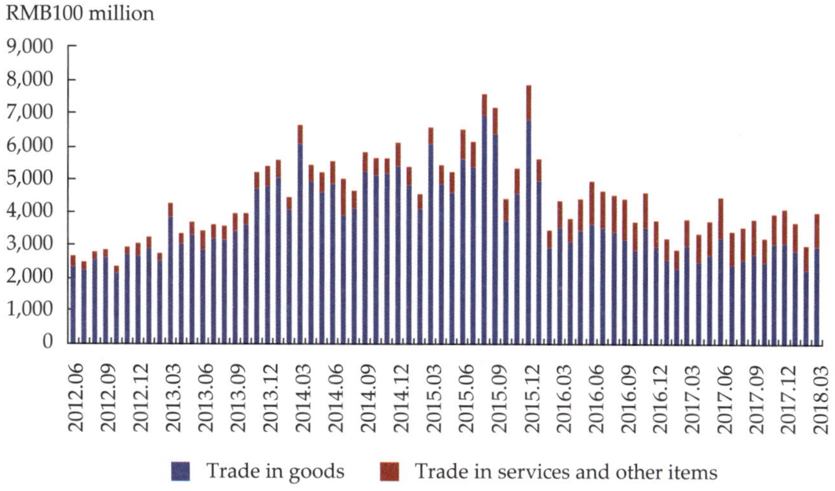

Source: The People's Bank of China.

Box 1 New Developments in RMB Internationalization

According to the decisions and arrangements of the Central Committee of the Communist Party of China (CPC) and the State Council, on the basis of market decisions, since 2009 the People's Bank of China (PBC), together with other relevant ministries, has established and improved a policy framework and infrastructure for cross-border and international use of the RMB, with a focus on facilitating and liberalizing trade and investment. International use of the RMB has expanded steadily. On October 1, 2016, the RMB was officially included in the SDR basket of the International Monetary Fund (IMF), representing a milestone in the process of RMB internationalization. Since the beginning of 2018, RMB internationalization has made new progress, supported by further improvements in policies and infrastructure for RMB cross-border use.

1. International use of the RMB has risen steadily

The role of the RMB as a payment currency has continuously strengthened. According to SWIFT statistics, by the end of January 2018 the RMB ranked as the fifth largest payment currency in the world, with a market share of 1.66 percent. By the end of March 2018, over 349,000 companies and 386 banks had conducted RMB cross-border businesses and foreign banks from 137 countries and regions had opened 5,028 current accounts in China.

The role of the RMB as an investment and financing currency continued to deepen. By the end of February 2018, 652 foreign institutions had gained access to China's inter-bank bond market, with a total registered investment of RMB2.09 trillion; the outstanding domestic RMB financial assets, including stocks, bonds, and loans and deposits held by foreign entities, had reached RMB4.47 trillion, an increase of 39.6 percent year on year. By the end of March, the total registered or approved amount of panda bonds had reached RMB624.01 billion and their total issuance reached RMB245.7 billion.

The role of the as a reserve currency is emerging. For the first time, the IMF released information on RMB reserves. In Q4 of 2017, RMB reserves held by reporting countries to the currency composition of official foreign-exchange reserves (COFER) stood at USD 112.8 billion, up 4.5 percent quarter on quarter. According to incomplete statistics, over 60 foreign banks and monetary authorities have included the RMB in their official foreign-exchange reserves.

2. Policies on the cross-border use of the RMB have improved continuously

Policies have been introduced to facilitate trade and investment. In January 2018, the PBC issued the Notice on Further Improving RMB Cross-border Business Policies to Facilitate Trade and Investment (PBC Document [2018] No. 3, hereinafter referred to as the Notice), stipulating that enterprises can use the RMB to settle cross-border transactions that can be settled in foreign exchange according to the law. The Notice allows RMB settlements by individuals for other items under the current account, facilitates direct investments in RMB by foreign investors, introduces RMB cross-border settlements of transactions for carbon-emission rights, and makes it easier for enterprises to transfer home RMB funds raised by issuing stocks and bonds abroad. Implementation of the Notice will further facilitate trade and investment, enhance the capacity of financial institutions to serve the real economy and the Belt and Road Initiative, and bring the opening-up to a new level.

Crude oil futures denominated and settled in RMB were officially launched. The Announcement on Issues Related to the Management of Cross-border RMB Settlements for Domestic Transactions of Crude Oil Futures (PBC Announcement [2015] No. 19) was issued in July 2015. On March 26, 2018, crude oil futures denominated and settled in RMB were officially listed on Shanghai International Energy Exchange. This will promote the RMB's role as an account unit and a settlement currency for commodities and will facilitate use of the RMB in international trade.

3. The underlying infrastructure continued to improve

Efforts have been made to improve overseas RMB clearing arrangements. In January 2018, the PBC and the Taibei Branch of Bank of China renewed the Agreement on the Clearing of RMB Businesses. In February, the PBC designated JP Morgan Chase Bank as the second RMB clearing bank in the U.S. By the end of March 2018, the PBC had established RMB clearing arrangements in 23 countries and regions, including Asia, Europe, America, Oceania, and Africa. This will better tap into the role of RMB clearing banks and make it easier for foreign entities to hold and use RMB.

Phase 2 of the RMB Cross-border Inter-bank Payment System (CIPS) was officially launched. On March 26, 2018, Phase 2 of the RMB CIPS was launched for trial operation, and ten Chinese and foreign banks (direct participants) simultaneously came online On May 2, the Phase 2 of the CIPS was fully launched. The operating hours of the Phase 2 of the CIPS have been further extended, basically covering all time zones and providing support for RMB payments and financial-market businesses. By the end of March 2018, there were 31 direct participants and 695 indirect participants.

Going forward, guided by the principle of market-driven development and the goal of serving the real economy and facilitating trade and investment, the PBC will continue to improve the policy framework for RMB cross-border businesses and will enhance the necessary infrastructure in response to the growing international use of the RMB.

PART 2 Monetary Policy Operations

In Q1 of 2018 the Chinese economy set the stage for a good start as its economic structure continued to be optimized. Under the leadership of the Central Committee of the Communist Party of China (CPC) and the State Council, the PBC is committed to implementing a new development philosophy and to strongly promoting high-quality development in response to the principal contradictions in Chinese society and the changes in its economic development. In particular, in fostering an appropriate monetary and financial environment for supply-side structural reforms and high-quality development, the PBC continued to implement a prudent and neutral monetary policy, balanced economic growth and structural adjustments, improved the transmission mechanism for monetary policy, maintained a reasonable and stable level of liquidity, improved the regulatory framework underpinned by monetary and macro-prudential policies, promoted the opening-up and reform of the financial sector, and took steady and systematic steps to defuse all kinds of risks in the financial sector.

I. Conducting Open Market Operations (OMOs) in a flexible manner

As a number of interwoven temporary and seasonal factors affected liquidity in the banking system in Q1, the PBC enhanced pre-emptive adjustments and fine-tunings and conducted OMOs with a combination of tools and maturities in line with the requirements for a prudent and neutral monetary policy, which helped to keep liquidity in the banking system at a reasonable and stable level and to keep money-market interest rates stable.

A new tool was introduced to smooth seasonal liquidity fluctuations. The PBC appropriately injected liquidity into the market ahead of the Spring Festival as necessary via a new tool, called the Contingent Reserve Allowance (CRA), as well as via various other policy tools, such as the Targeted Reserve Requirement Ratio (RRR) cuts for inclusive financing, the Medium-term Lending Facility (MLF), and repos. These moves smoothed out liquidity volatility caused by factors such as the heavy demand for cash by households and firms before the Spring Festival, while meeting the various liquidity needs of financial institutions. After the Spring Festival, given the fact that the maturities of the CRA and the repos were largely in line with the pace of cash returning to the banking system, aggregate liquidity remained at a neutral and appropriate level. Meanwhile, in coping with short-term liquidity fluctuations due to factors such as regulatory reviews and policy expectations, the PBC conducted MLF and repo operations whenever appropriate to raise the proportion of cross-seasonal funding, which helped to stabilize money-market interest rates during the quarter-end dates.

Price levers were used in a timely and appropriate manner. On March 22, the bid rate for 7-day repos rose by 5 basis points in line with market conditions, and subsequently rates for repos with other maturities and MLFs also went up by a similar margin. The modest OMO rate increase, which was widely expected by the market, reflected changes in funding supply and demand and was a normal market response to the Fed's further rate hike on March 21. Money-market rates have been higher than OMO rates since 2017, and although the spread has narrowed since 2018, the interest- rate differential is still noteworthy. Therefore, the increase in the OMO rates might further help to narrow the spread and enhance the transmission of the OMO rates to the money-market rates. It may also guide market entities to form rational interest-rate expectations, curb irrational financing activities, and play a role in stabilizing the macro-economic leverage ratio.

Box 2 Eligible Counterparties of Central Banks

Eligible counterparties of a central bank are market institutions that are selected and appointed by a central bank according to certain criteria and that can directly trade with a central bank in its monetary-policy operations.

In light of international experience, the selection criteria for eligible counterparties vary substantially from country to country. In the U.S., primary dealers in OMOs serve as major counterparties of the Fed. The selection criteria are relatively stringent, including requirements on the institutions' activity levels, market performance, financial condition, regulatory compliance, operational capacity, internal controls, and ability to provide market information and to conduct policy evaluations. As a result, there are currently only 23 primary dealers, which are either a commercial bank or a securities institution. In contrast, the counterparties of the Eurosystem (including the ECB and the national central banks) encompass a broad range of institutions because all institutions in the euro area meeting the minimum reserve requirements are eligible to participate in Eurosystem OMOs based on standard tenders. Nonetheless, in conducting fine-tuning operations and transactions, such as foreign-exchange swaps, the ECB or each national central bank will narrow down the range of counterparties by making additional requirements as necessary. In general, the selection criteria for eligible counterparties applied by central banks are tailored to country circumstances, are intended to support the formulation and implementation of monetary policy, and are flexibly adjusted based on the goals of macro regulation at different development stages.

The PBC established the primary-dealer system in OMOs in 1998, when only a few selective financial institutions in good standing, referred to as "primary dealers in open market operations," became eligible counterparties of the PBC to participate in OMOs and to support the transmission of monetary policy. In 2004, the PBC established an appraisal system for primary dealers, by which it launched an index system to annually evaluate primary dealers based on "survival of the fittest" characteristics, requiring them to demonstrate their ability and intention to carry out their duties. Since then, the number of primary dealers has stabilized at around 50. Currently, the number stands at 48, but the list includes development financial institutions, policy banks, large state-owned commercial banks, joint-stock commercial banks, city commercial banks, rural commercial banks, foreign-funded commercial banks, and securities firms. Although small in number, primary dealers have a generally good reputation and standing among their own type of institution, while they play a significant role in the transmission of monetary policy as they are the most active market participants in trading and financing activities.

As eligible counterparties of the PBC, primary dealers in OMOs may participate in a wide range of central-bank daily operations, such as (reverse) repos, subscriptions for the issuance of central-bank bills, and spot bond trading. Meanwhile, as the PBC has in recent years introduced new operational tools, it has also strengthened unified management for eligible counterparties by selecting a subset of the above-mentioned primary dealers in OMOs, subject to certain criteria based on the instrument's features and functions, to participate in related operations. For instance, when introducing the MLF to inject medium and long-term (from 3 months to 1 year) liquidity into the banking system in 2014, the PBC restricted the eligibility of counterparties in MLF operations to commercial banks among the primary dealers in OMOs that did better in macro-prudential assessments (MPA). In sum, the PBC first determines the range of eligible counterparties based on common standards and then selects a subset that best fits the requirements with respect to specific types of operations in light of the macro regulations. This is easy for the market to understand and for the PBC to operate, and doing so also helps keep technical and market adjustment costs comparatively low, thereby ensuring fair, effective, and safe monetary-policy operations.

Given the changes in the market environment and money supply, the current requirements for primary dealers in OMOs are quite different from those in 2004 when the appraisal system was established. In March 2018, the PBC introduced a new index system for the appraisal system, which includes 32 indicators in seven categories at three levels. Specifically, indicators regarding their transmission of monetary policy mainly evaluate the primary-dealers' participation in OMOs and their ability to ease structural liquidity shortages; indicators regarding their role as stabilizers for the market primarily evaluate the consistency, stability, and pricing ability in their financing activities on the money market; indicators regarding their levels of market activity and influence assess the primary-dealers' activities, such as subscriptions, transactions, and market-making on the money and bond markets; indicators regarding their prudent operations in accordance with the laws and regulations take into account their performance in the MPA and other regulatory and supervisory assessments; indicators regarding their liquidity management ability look into the liquidity gap of the primary dealers and their reliance on central-bank funding; finally, indicators regarding their relevant work on operations and support to the OMO Division evaluate whether the primary dealers participate in OMOs with integrity and in a safe and standard manner.

Compared with the original indicators, the coverage of the new appraisal index system is substantially broader, which is beneficial to evaluate the ability and performance of the financial institutions to comprehensively and accurately fulfill their roles as primary dealers in OMOs. Additionally, it reflects the new requirements put forth by the PBC for primary dealers in respects such as the macro prudential assessment, providing liquidity across the market, improving the interest-rate transmission mechanism, and smoothing out market fluctuations. Moreover, the change is an upgrade and improvement to the primary-dealer system, whereby the PBC applies the principle of "high standards, fewer but better" to the selection of primary dealers. This should help motivate the primary dealers to carry out their duties and to promote the achievement of the monetary-policy goals.

In conclusion, the effective selection and management of primary dealers are key steps in the central-banks' monetary-policy operations. Given this, the PBC will continue to improve the relevant management system based on China's own situation and draw on international experiences, thereby ensuring the effective implementation and transmission of monetary policy.

II. Conducting Standing Lending Facility (SLF) and Medium-term Lending Facility (MLF) operations

In Q1, the PBC employed a combination of monetary-policy instruments, such as the MLF and the SLF, to enhance the flexibility and effectiveness of liquidity management and to maintain liquidity at a proper and stable level.

SLFs were conducted promptly. To promote smooth operations of the money market, the PBC injected short-term liquidity to locally-incorporated financial institutions through SLFs to fully meet their demands, while using the SLF rates as the ceiling of the interest-rate corridor. In Q1, the PBC conducted a total of RMB106.9 billion SLF operations, with outstanding SLFs of RMB48.2 billion at end-March. Additionally, the PBC raised the SLF rates by 5 basis points for monetary-policy implementation, bringing the overnight, 7-day, and 1-month SLF interest rates to 3.40 percent, 3.55 percent, and 3.90 percent, respectively.

MLFs were conducted on a monthly basis as necessary. In Q1, the PBC conducted a total of RMB1,223.5 billion MLF operations, all with maturities of 1 year. The outstanding volume of MLFs posted RMB4,917.0 billion at end-March, an increase of RMB395.5 billion from the beginning of the year. The bid rate remained unchanged from the end of the last quarter, with the 1-year rate in the final operation at 3.25 percent.

III. Using tools for managing reserves in a flexible manner

Targeted RRR cuts for inclusive financing and the CRA were employed. Targeted RRR cuts for inclusive financing, which became effective on January 25, 2018, released RMB 450 billion in liquidity and covered all of the large and medium-sized commercial banks, nearly 80 percent of the city commercial banks, and 90 percent of the non-county rural commercial banks. In addition, since mid-January 2018 national commercial banks have been allowed to use the CRA for a period of 30 days; at its peak a total of nearly RMB2 trillion in temporary liquidity was released. The move effectively satisfied the demand for cash ahead of the Spring Festival and therefore liquidity in the banking system remained at a reasonable and stable level.

RRRs were lowered for some financial institutions to replace the MLF loans, which helped ease the problem of small and micro businesses finding it difficult and expensive to access financing. The PBC reduced the RRRs of large commercial banks, joint stock commercial banks, city commercial banks, non-county rural commercial banks, and foreign-funded commercial banks by one percentage point on April 25, 2018. Banks with outstanding MLF loans could then use the newly-released funds to repay on the same day their respective MLF loans on a "first borrow, first repay" basis. As a result, about RMB900 billion of MLF loans was repaid on that day, and an additional RMB 400 billion was released, most of which went to city commercial banks and non-county rural commercial banks. In general, the reduction of RRRs to replace the outstanding MLFs has further reinforced fund stability in the banking system and has optimized the liquidity structure, while releasing an appropriate amount of additional funds. Moreover, it has helped guide financial institutions to strengthen support for small and micro businesses. The PBC will assess implementation by the relevant financial institutions in the macro-prudential assessment (MPA) for the remaining three quarters of 2018. Nonetheless, as most of the released funds were used to repay MLF loans as a substitution for the two liquidity adjustment instruments and part of the remaining mitigated the liquidity impact of the corporate tax payment in the latter half of April, aggregate liquidity in the banking system has largely remained unchanged and the monetary-policy position is still prudent and neutral.

IV. Further improving the framework for macro-prudential policies

The MPA was further improved in view of the need for macro regulation. Starting from Q1 2018, the PBC began to include inter-bank certificates of deposit issued by commercial banks with assets above RMB500 billion in the MPA indicator of the inter-bank liability ratio and its assessment, while monitoring the inter-bank certificates of deposit issued by commercial banks with assets below RMB 500 billion. Since the MPA was officially implemented in early 2016, the PBC has actively conducted assessment work, guided financial institutions to strengthen self-restraint and self-discipline, promoted the healthy operation of financial institutions and the sustainability of financial services to the real economy, and it has forestalled systemic financial risks.

V. Stronger credit support to key areas and weak sectors in the economy

Credit policy was used to enhance the effectiveness of central-bank lending, central-bank discounts, Pledged Supplementary Lending (PSL), and other policy instruments to guide financial institutions to increase support for key fields and weak links in the economy, such as small and micro businesses, agriculture, rural areas and rural households, poverty alleviation, renovation of shanty towns, and hydraulic projects. The PBC expanded nationwide the pilot program for credit-asset pledges and central-bank internal ratings in order to effectively address the problem of insufficient eligible collateral for local small and medium-sized financial institutions when using central-bank lending. At end-March 2018, outstanding central-bank loans for agriculture, small businesses, and poverty alleviation posted RMB241.0 billion, RMB92.8 billion, and RMB147.6 billion, respectively, and outstanding central-bank discounts stood at RMB189.4 billion. The PSLs provided to policy and development banks in Q1 posted RMB303.8 billion, while the amount outstanding registered RMB2,991.4 billion at end-March.

VI. Window guidance and credit policies for structural guidance

In implementing the overall arrangements of the CPC Central Committee and the State Council, the PBC combined promotion of supply-side structural reforms and structural adjustments of credit policies to promote optimization of the economic structure and the upgrading of the industrial structure, transformation of the energy mix, financial inclusiveness, and the people's livelihood, and to guide financial resources to key fields for economic and social development, priority areas, and weak links so as to meet the effective financing needs of the real economy.

First, financial services for industrial supply-side structural reforms were enhanced. In promoting industrial restructuring and upgrading, the PBC encouraged banking institutions to improve their financial services for advanced and hi-tech manufacturing industries and to strengthen the interactions between finance and industry. The PBC also guided financial institutions to cut loans to industries suffering from overcapacity, such as iron, steel and coal, and to deal with corporate debt issues properly by using approaches consistent with market principles and rule of law. Second, efforts were made to improve financial services for modern services. The PBC strengthened financial support for elderly care, health, and other new forms of consumption, while continuing to provide financial services to key areas and industries, such as infrastructure construction and projects to rebuild rundown urban areas, underground utility tunnels, railways, logistics, and energy. It also established and improved the green financial system while vigorously developing green lending. Third, efforts were made to promote coordinated regional development through financial support for major national strategic areas, such as the coordinated development of Beijing, Tianjin, and Hebei, the Belt and Road Initiative, development of the Yangtze Economic Belt, and the Western China Development Drive. Fourth, financial services for the maritime economy were improved to help shift the growth model of the maritime economy to one that emphasizes quality and efficiency. Fifth, intensive efforts were made to provide financial support for targeted poverty reduction and alleviation. The PBC promoted financial support for poverty alleviation in deeply impoverished areas and encouraged financial institutions to provide funds and services to these areas. It also strengthened fund-raising, related transfer payments, and management for the relocation of residents in poverty-stricken areas so as to ensure smooth implementation of the relocations. In addition, the PBC took comprehensive measures, including information-sharing, statistical surveillance, and policy evaluations of financial measures for targeted poverty reduction, as well as targeted measures against official misconduct in the field of poverty alleviation, to improve the precision and efficiency of targeted poverty alleviation. Sixth, consistent efforts were made to improve rural financial services. The PBC conducted research on a rural revitalization strategy to explore innovative financial products and services for the rural areas. Meanwhile, it supported financial institutions to make further progress in the pilot program of collateralized loans with operational rights for contracted farming land and rural housing property, while improving the supporting mechanisms. Seventh, financial support was enhanced for the development of small and micro businesses. The PBC intensified efforts to improve the financing environment for small and micro businesses and to broaden their financing channels in ways such as expanding the role of the bond market. Eighth, efforts were strengthened to promote implementation of guaranteed loans for start-ups by broadening the scope of loan borrowers, relaxing the application criteria, lowering the requirements for collateral and interest subsidies, and providing support to people having difficulty in starting a business or finding a job. Ninth, efforts were made to raise the professional level of financial services for culture. The PBC improved the supporting mechanisms for intellectual property pledged financing and continued to improve the bond market, while also encouraging cultural enterprises to expand their financing channels via non-financial corporate debt financing instruments. Tenth, full support was given to improve financial services for weak links and vulnerable groups, such as students from impoverished families, migrant workers, and ethnic minority regions. Furthermore, efforts were made to improve the credit-asset securitization program for the development of the asset-securitization market.

VII. Improving the market-based RMB exchange-rate regime

Since 2018, with cross-border capital flows

and demand and supply on the foreign-exchange market basically balanced and exchange-rate expectations stable, the counter-cyclical macro-prudential management policies of capital flows introduced earlier all returned to neutral levels. The RMB exchange rate experienced two-way fluctuations based on market supply and demand with greater flexibility and it continued to be generally stable at an adaptive and equilibrium level. In Q1, the highest and lowest central parities of the RMB against the USD were RMB6.2785 and RMB6.5207 per dollar, respectively. During the 59 trading days, the RMB appreciated on 39 days and depreciated on 20 days. The biggest intra-day appreciation and depreciation were 0.60 percent (377 bps) and 0.59 percent (372 bps), respectively. Meanwhile, the movement of the RMB against the euro, the Japanese yen, and other major currencies diverged. At end-March, the central parities of the RMB against the euro and the Japanese yen stood at RMB7.7378 per euro and RMB5.9066 per 100 yen, representing an appreciation of 0.83 percent and a depreciation of 2.00 percent from the end of 2017, respectively. During the period between 2005, when the RMB exchange-rate regime reform was unveiled, and end-March 2018, the RMB appreciated by a cumulative 29.42 percent against the euro and 23.69 percent against the yen.

In Q1, direct RMB trading was buoyant on the inter-bank foreign-exchange market, with an obvious increase in liquidity, which lowered the conversion costs for market participants and facilitated bilateral trade and investment.

At end-March, under the bilateral currency swap agreements between the PBC and foreign monetary authorities, the latter utilized a total of RMB22.072 billion and the former used the equivalent of USD0.601 billion of foreign currency. These operations played a positive role in promoting bilateral trade and investment.

VIII. Deepening the reform of financial institutions

The reform plan for development and policy financial institutions has been fully implemented. The PBC, together with members of the reform working group, systematically advanced the reform through measures such as establishing and improving the role of the board of directors and the governance structure and clarifying the

Table 8 Trading Volume of the RMB Against Other Currencies in the Inter-bank Foreign-Exchange Spot Market in Q1 2018

Unit: RMB100 million

Currency	USD	EUR	JPY	HKD	GBP	AUD	NZD	SGD	CHF	CAD	MYR	RUB	ZAR
Trading volume	91,895.67	1,784.93	456.36	309.97	40.76	160.94	29.14	7.54	25.64	97.46	8.62	19.64	1.02
Currency	KRW	AED	SAR	HUF	PLN	DKK	SEK	NOK	TRY	MXN	THB	MNT	
Trading volume	60.90	0.08	0.30	0.10	0.13	2.55	9.16	1.24	0.21	0.00	1.49	0.08	

Source: China Foreign Exchange Trade System.

business scope of the relevant banks. In particular, new boards of directors for the CDB and for the China EximBank were established and have operated effectively.

The deposit insurance scheme was improved. Since implementation of the *Regulations on Deposit Insurance* of May 1, 2015, relevant work has proceeded smoothly. Deposits in financial institutions have grown steadily, while the structure of deposits in large, medium-sized, and small banks has remained stable. The insurance limit of RMB500,000 covers 99.6 percent of all depositors and has remained stable. The PBC has continued to implement a risk-based differentiated premium-rate arrangement and has explored ways to improve risk insurance assessments and the premium-rate mechanism so that the differentiated premium-rate arrangement will provide positive incentives and will limit risks. Additionally, the PBC made efforts to monitor and identify risks by strengthening risk monitoring and reviewing of all types of insured institutions, thereby providing risk warnings and carrying out early corrections. The PBC also actively communicated and coordinated with local governments and supervisory bodies to promote risk resolution in accordance with the rules and regulations. Finally, the PBC enhanced public training about deposit insurance and continued regular premium collections and fund management.

IX. Deepening reform of the foreign-exchange administration

Improvements were made in foreign-exchange management to better serve the real economy. First, efforts were made to better exercise law-based governance and to deepen reforms so as to streamline administration, delegate powers, and improve regulations and services. The PBC has consistently taken steps to streamline administration, modify or abolish outdated regulations, and improve the Internet Plus Government Services model as well as the quality and efficiency of foreign-exchange management. Second, efforts have been made to support new forms and models. of trade. The PBC supported the development of cross-border foreign-exchange payments by third-party payment institutions, comprehensive experimental zones for cross-border e-commerce, private-sector procurement, and enterprises that provide comprehensive foreign-trade services, while regulating their related activities. Third, efforts were made to advance the development of free trade zones. The PBC put forward a host of reform measures to simplify the review process for foreign-exchange purchases and settlements under the current account, which facilitated business for enterprises and contributed to standardizing management of the Bonded Logistics Centers.

Reforms in key areas deepened. First, reforms to the Qualified Domestic Institutional Investor (QDII) scheme were advanced steadily, as the PBC worked out specific arrangements in the QDII scheme that fit the different institutions based on their business type so as to better meet the demands of domestic investors to allocate their assets globally. Second, domestic derivatives markets, such as the commodity futures market, were further opened. In particular, the PBC put forward rules for foreign-exchange management of physical deliveries of crude oil futures, thereby facilitating the participation of overseas investors in these transactions.

Efforts were made to maintain orderly development of the foreign-exchange market. First, the foreign-exchange market self-disciplinary mechanism was improved. In particular, the PBC promulgated seven basic principles for banking businesses to promote the efficient and stable functioning of the foreign-exchange market. Second, the PBC took serious measures to combat illegal and criminal activities related to foreign exchange, such as "underground banks" and online foreign-currency speculation, while it cooperated with the relevant departments to crack down on foreign-exchange irregularities based on the laws and regulations.

PART 3 Financial Market Analysis

In Q1 2018, the financial market as a whole operated smoothly. Money-market interest rates declined modestly and transactions were active. Bond yields and issuance interest rates generally declined, but the volume of bond issuances increased year on year. Influenced by factors such as the government's support for innovation-driven development, the Growth Enterprise Index experienced a large rally. The volume of trading on the stock market grew, while the amount of equity financing fell year on year. The premium income in the insurance industry fell year on year, and the growth of its assets slowed down.

I. Financial market analysis

1. Money-market interest rates declined, but market transactions were active

Liquidity in the banking system was at a reasonable and stable level, market expectations stabilized, and money-market interest rates declined moderately. In March, the weighted average interest rate of inter-bank lending and pledged repos posted 2.74 percent and 2.9 percent, respectively, down 17 basis points and 21 basis points, respectively, from December 2017. The weighted average interest rate of repos between deposit-taking institutions with rate securities as pledges posted 2.65 percent, down 9 basis points from December 2017. The Shibor rates generally moved down. At end-March, the overnight and 7-day Shibor posted 2.69 percent and 2.92 percent, respectively, down 15 basis points and 4 basis points respectively from end-2017. The 3-month and 1-year Shibor posted 4.46 percent and 4.65 percent, respectively, down 45 basis points and 11 basis points respectively from end-2017.

The volume of repo transactions and lending on the inter-bank market surged year on year, with Chinese-funded large banks as major net lenders. In Q1, the cumulative volume of bond repos reached RMB164.7 trillion on the inter-bank market, representing a daily average of RMB2.7 trillion and an increase of 30.8 percent year on year. The cumulative volume of inter-bank lending reached RMB30.6 trillion, with a daily average of RMB501.3 billion and an increase of 47.3 percent year on year. In terms of the maturity structure, overnight repos and overnight lending accounted for 78.4 percent and 88.7 percent, respectively, of the turnover in bond repos and inter-bank lending. The volume of bond repos on the stock exchanges decreased 0.5 percent year on year to RMB58.4 trillion. In terms of financing among financial institutions, the flow of funds displayed the following characteristics. First, Chinese-funded large banks and fund providers saw a large increase in their net funding. In Q1, net lending by Chinese-funded large banks totaled RMB70.5 trillion through repos and inter-bank lending, up 45.8 percent year on year. Second, insurance firms changed from net lenders in the corresponding period of last year to net borrowers in the period of this year, with their net borrowing amounting to RMB946 billion in Q1. Third, there was a large increase in the net borrowing of other financial institutions, vehicles, and securities companies. In particular, net borrowing by other financial institutions and vehicles totaled RMB32.1 trillion, up 88.2 percent year on year. Net borrowing by securities institutions posted RMB17.6 trillion, up 64.8 percent year on year.

The inter-bank CD and CD businesses saw orderly development. In Q1, a total of 6,055 inter-bank CDs were issued on the inter-bank market, raising RMB5.24 trillion. The trading volume on the secondary market totaled RMB32.5 trillion. Issuances and trading were all priced based on the Shibor. The correlation between the issuance interest rates and the medium- and long-end Shibor was further enhanced. In March 2018, the average weighted issuance interest rate of 3-month inter-bank CDs was 4.74 percent, 6 basis points higher than that of the 3-month Shibor. At end-March, a total of 6,700 CDs was issued by financial institutions, raising RMB2.25 trillion, an increase of RMB 679.9 billion year on year. Orderly development of the CD businesses has helped further expand the scope of market-priced liability products, build the pricing capability of financial institutions, and improve the formation and transmission mechanisms for market-based interest rates.

Interest-rate swap trading was brisk. In Q1, 42,464 deals were reached on the RMB

Table 9 Fund Flows among Financial Institutions in Q1 2018

Unit: RMB100 million

	Repos		Inter-bank lending	
	Q1 2018	Q1 2017	Q1 2018	Q1 2017
Chinese-funded large banks[1]	–386,504	–310,592	–65,814	–35,155
Chinese-funded medium-sized banks[2]	–215,385	–107,624	–37,281	–30,119
Chinese-funded small-sized banks[3]	132,983	179,656	45,250	24,994
Securities institutions[4]	134,676	78,088	41,874	28,985
Insurance institutions[5]	9,377	-14,083	82	9
Foreign-funded banks	18,860	13,255	579	1,779
Other financial institutions and vehicles[6]	305,994	161,299	15,399	9,507

Notes: 1. Chinese-funded large banks include Industrial and Commercial Bank of China, Agricultural Bank of China, Bank of China, China Construction Bank, China Development Bank, Bank of Communications, and the Postal Savings Bank of China.
2. Chinese-funded medium-sized banks refer to the policy banks, China Merchants Bank and other eight joint-equity commercial banks, Bank of Beijing, Bank of Shanghai, and Bank of Jiangsu.
3. Chinese-funded small-sized banks refer to Hengfeng Bank, China Zheshang Bank, China Bohai Bank, other city commercial banks, rural commercial banks, rural cooperative banks, private banks and village and township banks.
4. Securities institutions include securities firms and fund management and futures companies.
5. Insurance institutions include insurance firms and corporate annuities.
6. Other financial institutions and vehicles include urban credit cooperatives, rural credit cooperatives, finance companies, trust and investment companies, financial leasing companies, asset-management companies, social-security funds, mutual funds, wealth management products, trust plans, and other investment vehicles. Some of these financial institutions and vehicles do not participate in the inter-bank lending market.
7. A negative sign indicates net lending and a positive sign indicates net borrowing.
Source: China Foreign Exchange Trade System.

interest-rate swap market, an increase of 35.1 percent year on year, with the volume of the notional principal totaling RMB5.29 trillion, an increase of 97.05 percent year on year. In terms of the maturity structure, contracts with maturities of up to one year traded most briskly and the volume of their aggregate notional principal posted RMB 4.41 trillion, accounting for 83.3 percent of the total. In terms of the reference rates, the 7-day fixed repo rate and the Shibor were the two major floating reference rates for RMB interest-rate swap transactions. The notional principal of the interest-rate swaps with the two reference rates as benchmarks accounted for 84.2 percent and 15.2 percent of the total, respectively.

Table 10 Transactions of Interest-Rate Swaps in Q1 2018

	Transactions (lots)	Amount of the notional principal (RMB100 million)
Q1 2018	42,464	52,905.55
Q1 2017	31,443	26,848.23

Source: China Foreign Exchange Trade System.

Box 3 Central-Bank Interest-Rate Adjustments and Transmission

The 13th Five-Year Plan includes a plan to build a targeted interest rate and an interest-rate corridor mechanism, and to promote the shift from quantitative- to price-based adjustments. The 19th National Congress of the CPC stated that the market-based interest-rate and the exchange-rate regime reform should be deepened. In recent years, the market-based interest-rate reform has been steadily furthered, with the deposit and loan interest rates basically liberalized. The benchmark interest-rate system and the price-based adjustment mechanism have been improved.

The market-based interest-rate regime has made notable progress. First, efforts have been made to establish an interest-rate corridor mechanism and to tap the SLF as the ceiling of the interest-rate corridor. Second, the benchmark interest-rate system has been improved. The Shanghai Inter-bank Offered Rate (Shibor) and the government bond yield have become important reference rates in the pricing of financial products, forming a financial-market benchmark interest-rate system. Third, the PBC has increased its focus on price signals and their transmission in monetary-policy conduct and has explored price-based adjustments and expectation management. The PBC has established a regular mechanism of daily open-market operations and has diversified the operational products to implement more forward-looking and effective liquidity management, to release consistent policy signals, and to guide market expectations. Fourth, financial institutions have built their interest-rate pricing capability. In the past, the fund transfer price (FTP) within a commercial bank was mainly based on the benchmark loan interest rates released by the PBC, and the FTP of financial-market businesses was based on money- and bond-market interest rates. With advances in the market-based interest-rate reforms and more diversified and market-based bank liabilities, commercial banks are improving their unified internal FTP curves and offering deposit and loan interest rates that are more sensitive to market interest-rate movements.

The transmission of interest rates has been more efficient. Since the latter half of 2016, the transmission of the short-term money-market rate to the bond and loan interest rates have outperformed expectations, and market participants have become more sensitive to interest-rate movements. Since August 2016, money-market interest rates rose about 50 to 60 basis points, consistent with macroeconomic trends and changes in market supply and demand; subsequently, the interest rates of loans and bonds rallied, with bond yields up about 100 to 150 basis points and the weighted average loan interest rate up about 50 to 60 basis points. This has established a better foundation for furthering the market-based interest-rate reform.

Nevertheless, the market-based interest-rate reform has some "hard nuts to crack." The dual track of the benchmark and market-based interest rates, and the phenomenon of deposit "transfers" have, to some extent, shortened the maturity of bank liabilities, increased the share of inter-bank liability lending, reduced fund stability, and pushed up funding costs. In the future, further progress is needed to improve the market-based benchmark interest-rate system, the interest-rate adjustment system, and the pricing capability of financial institutions.

The market-based interest-rate reform will continue. The PBC will promote a convergence of the "dual track" into a more market-based "one track" interest-rate system. Efforts will be made to improve the banks' FTP mechanism. Based on the experience and lessons of the benchmark interest-rate reform in other countries, the PBC will further improve the benchmark interest-rate system, such as the Shibor and the market-based interest-rate adjustment and transmission mechanism. Meanwhile, it will strengthen regulation of wealth-management products and other types of shadow- banking activities. In terms of the principle of "substance over formality," the PBC will unify regulatory standards, strengthen prudential requirements on capital, liquidity, and other factors, and eliminate pricing distortions.

2. Bond yields and issuance rates generally declined, whereas the issuance volume increased year on year

Government bond yields declined notably and the yield curve steepened. In Q1, due to the fairly good economic fundamentals and the decline in the money-market interest rate, government bond yields generally fell, with short-term bond yields declining more notably than long-term bond yields. At end-March, the yield of 1-year, 5-year, and 10-year government bonds posted 3.32 percent, 3.66 percent, and 3.74 percent, respectively, down 47 basis points, 18 basis points, and

14 basis points, respectively, from the end of 2017. The spread between 1-year and 10-year government bonds expanded by 33 basis points from that at end-2017 to reach 42 basis points. The bond indices rose slightly. The China Bond Composite Index (net price) rose from 97.97 points at the end of 2017 to 98.85 points at end-March 2018, an increase of 0.9 percent. The China Bond Composite Index (full price) rose from 113.37 points at the end of the previous year to 114.66 points at end-March, registering an increase of 1.13 percent. The Shanghai Securities Exchange T-Bond Index increased from 160.85 points at the end of the previous year to 162.96 points at end-March, an increase of 1.31 percent.

In general, the bond coupon rates declined somewhat. The rate of 10-year government bonds issued in March was 3.85 percent, an increase of 3 basis points from those of the same maturity issued in December 2017. The rate of 7-year financial bonds issued by China Development Bank was 4.66 percent, a fall of 28 basis points from those of the same maturity issued in December 2017. The average rate of 1-year short-term financing bills (rated A-1) issued by AAA-rated enterprises was 5.19 percent, 32 basis points lower than those of the same maturity issued in December 2017. The average coupon rate of 5-year medium-term notes was 5.98 percent, an increase of 25 basis points from December 2017. The Shibor continued to serve as an important benchmark rate for bond pricing. In Q1, a total of 19 floating-rate bonds and inter-bank certificates of deposit were issued based on the Shibor, with a gross issuance volume of RMB5.77 billion. A total of 41 fixed-rate enterprise bonds were issued, with a gross issuance volume of RMB32.2 billion all based on the Shibor. A total of RMB92.75 billion of fixed-rate short-term financing bills were issued based on the Shibor, accounting for 83.7 percent of all fixed-rate short-term financing bills.

Figure 3 Yield Curves of Government Securities on the Inter-bank Market

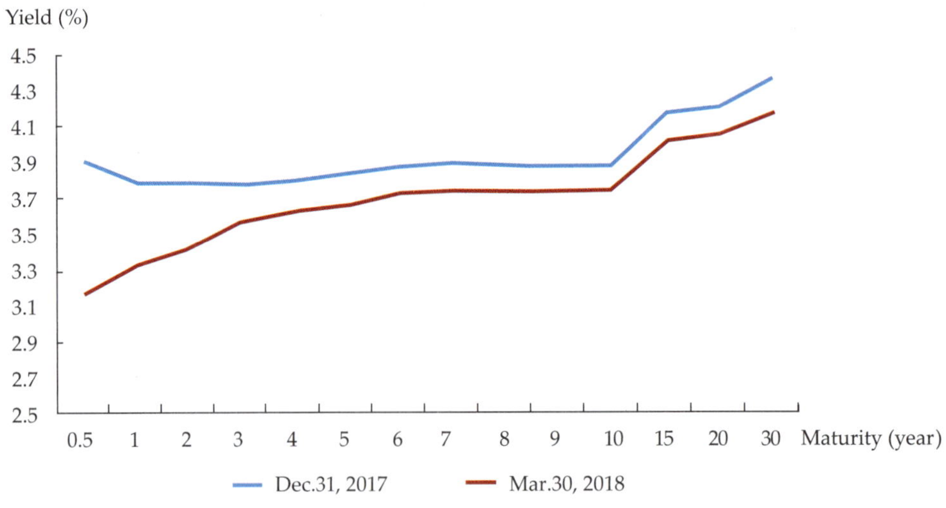

Source: China Central Depository & Clearing Co., Ltd..

Table 11 Bond Issuances in Q1 2018

Unit: RMB100 million

Type of bond	Issuances	YOY change
Government securities	5,199	242
Local government bonds	2,195	–2,550
Central bank bills	0	0
Financial bonds[1]	65,000	2,199
Of which: Financial bonds issued by China Development Bank and policy financial bonds	9,193	877
Inter-bank certificates of deposit	52,423	2,395
Corporate debenture bonds[2]	15,987	5,033
Of which: Debt-financing instruments of non-financial enterprises	12,846	4,644
Enterprise bonds	1,122	529
Corporate bonds	1,877	–282
Bonds issued by international institutions	212	142
Total	88,593	5,065

Notes: 1. Including financial bonds issued by China Development Bank, policy financial bonds, ordinary bonds, subordinated bonds and hybrid bonds issued by commercial banks, bonds issued by securities firms, inter-bank certificates of deposit, and so forth.

2. Including debt-financing instruments issued by non-financial enterprises, enterprise bonds, corporate bonds, convertible bonds, bonds with detachable warrants, privately-placed SME bonds, and so forth.

Sources: The People's Bank of China, China Securities Regulatory Commission, and China Central Depository & Clearing Co., Ltd..

Spot bond trading on the inter-bank market was active. In Q1, the cumulative volume of spot bond trading posted RMB24.4 trillion, representing a daily average of RMB400.5 billion or an increase of 17.8 percent year on year. In terms of the trading entities, Chinese-funded small- and medium-sized banks and securities institutions were net bond sellers, with net sales totaling RMB1.4 trillion; other financial institutions and vehicles were net bond buyers, with net purchases totaling RMB1.6 trillion. With respect to the products, a total of RMB3.1 trillion of spot government bonds were traded, accounting for 12.5 percent of the total spot transactions on the inter-bank market. The volume of spot trading of financial bonds and corporate debenture bonds was RMB17.3 trillion and RMB4 trillion, respectively, accounting for 71 percent and 16.4 percent, respectively. Separately, the volume of spot bond transactions on the stock exchanges totaled RMB1.6 trillion, an increase of 33.3 percent year on year.

The volume of bond issuances increased year on year. In Q1, a total of RMB8.9 trillion of bonds was issued, an increase of 6.1 percent year on year. This was mainly due to the large increase in the issuance of corporate debenture bonds compared with the corresponding period of the previous year. At end-March, the total volume of outstanding bonds posted RMB76.3 trillion, an increase of 14.8 percent year on year.

3. The volume of bill acceptances and bill financing declined moderately and interest rates fluctuated

The bill acceptance business contracted further. In Q1, commercial bills issued by enterprises totaled RMB 4.0 trillion, a decrease of 27.4 percent year on year. At end-March, outstanding commercial bills posted RMB8.5 trillion, a decline of 3.9 percent year on year. The outstanding volume of bill acceptances declined month after month, and at end-March their outstanding volume had fallen RMB327.8 billion from the beginning of 2018. In terms of issuers, outstanding bankers' acceptances were mainly issued by enterprises in the manufacturing, wholesale, and retail industries, with small- and medium-sized enterprises issuing about two-thirds of the total.

The outstanding volume of bill financing declined, whereas bill market interest rates rose slightly. In Q1, financial institutions discounted a total of RMB7.1 trillion of commercial bills, a decline of 41.5 percent year on year. At end-March, the outstanding balance of bill discounts stood at RMB3.8 trillion, down 12.7 percent year on year. The balance of outstanding bill financing fell moderately and by end-March the balance had decreased by RMB56 billion from the beginning of 2018. The share of outstanding bill financing in total outstanding loans was 3.1 percent, a decrease of 0.9 percentage point year on year. In Q1, liquidity in the banking system was adequate and stable. Excluding the Spring Festival seasonal factor, as supply and demand of the bill market was fairly balanced, the bill market interest rates rose slightly.

4. The stock indices fell, the trading volume increased, and the amount of equity financing declined year on year

Impacted by factors such as trade frictions and volatility in international stock markets, stock indices fluctuated moderately, and as a whole decreased. At end-March, Shanghai Stock Exchange Composite Index closed at 3,169 points, down 4.2 percent from end-2017. Shenzhen Stock Exchange Component Index closed at 10,869 points, down 1.6 percent from end-2017. Buoyed by the government's support for innovation-driven development, Growth Enterprise Board (GEM Board) Index (ChiNext Price Index) closed at 1,900 points, up 8.4 percent from end-2017. At end-March, the weighted average P/E ratio of A-shares on Shanghai Stock Exchange fell from 18.2 times at end-2017 to 17.8 times, whereas that on Shenzhen Stock Exchange decreased from 36.5 times at end-2017 to 33.2 times.

Turnover on the stock markets increased. In Q1, the combined turnover of Shanghai and Shenzhen Stock Exchanges reached RMB 28.3 trillion and the average daily turnover was RMB479.0 billion, an increase of 6.9 percent year on year. Turnover on the GEM Board totaled RMB4.3 trillion, an increase of 6.8 percent year on year. At end-March, the combined market capitalization of Shanghai and Shenzhen Stock Exchanges posted RMB44.5 trillion, an increase of 7.4 percent year on year. The market capitalization of tradable shares on the GEM Board posted RMB3.3 trillion, an increase of 4.3 percent year on year.

The amount of equity financing declined year on year. In Q1, domestic enterprises and financial institutions raised a total of RMB202.2 billion by way of IPOs, additional offerings, rights issuances, and warrant exercises on the domestic and overseas stock markets, a decrease of 38.3 percent year on year. Among this total, RMB181.2 billion was raised on the A-share market, down 41.7 percent year on year.

5. Premium income in the insurance sector declined year on year and asset growth moderated

Premium income declined year on year. In Q1, total premium income in the insurance sector amounted to RMB1.4 trillion, a year-on-year decrease of 11.2 percent. Claim and benefit payments totaled RMB326.8 billion, a year-on-year decline of 1.1 percent. Specifically, total property insurance claim and benefit payments increased 10.6 percent year on year, and total life-insurance claim and benefit payments decreased 7.2 percent.

Growth of insurance assets further moderated. At end-March, total assets in the insurance industry posted RMB17.2 trillion, up 6.4 percent year on year and a deceleration of 4.4 percentage points from end-2017. Among this total, outstanding bank deposits decreased 14.5 percent year on year, whereas investment-linked assets increased 13.1 percent year on year.

6. Swap transactions on the foreign-exchange market witnessed fairly fast growth

Trading on the foreign-exchange market was brisk. In Q1, turnover of spot RMB/foreign-exchange transactions totaled USD 1.5 trillion, an increase of 13.7 percent year on year. Turnover of RMB/foreign-exchange swap transactions totaled USD 3.5 trillion, an increase of 34.5 percent year on year. Specifically, overnight RMB/USD swap transactions posted USD2 trillion, accounting for 56.6 percent of the total swap turnovers. Turnovers on the RMB/foreign-exchange forward market totaled USD19.4 billion, a decrease of 29.6 percent year on year. Turnovers of foreign-currency pair transactions totaled USD32.4 billion, an increase of 30.4 percent year on year. In particular, the EUR/USD pair registered the largest trading volume, accounting for 40.6 percent of the total.

Participants on the foreign-exchange market increased further. At end-March, there were 654 members on the foreign-exchange spot market, 203 members on the foreign-exchange forward market, 199 members on the foreign-

Table 12 Use of Insurance Funds at End-March 2018

Unit: RMB100 million, %

	Outstanding balance		As a share of total assets	
	End-March 2018	End-March 2017	End-March 2018	End-March 2017
Total assets	172,242	161,815	100.0	100.0
Of which: Bank deposits	20,182	23,605	11.7	14.6
Investments	132,451	117,131	76.9	72.4

Source: China Banking and Insurance Regulatory Commission.

exchange swap market, 167 members on the currency-swap market, and 119 members on the foreign-exchange options market. There were 32 market-makers on the spot market and 27 market-makers on the forward and swap markets.

7. Gold prices fluctuated and trading volume further expanded

Gold prices fluctuated within a moderate range. In Q1, international gold prices peaked at USD1,354.95 per ounce and hit a trough of USD1,307.75 per ounce, closing at USD1,323.85 per ounce at end-March, representing an increase of 2.11 percent from end-2017. The peak and trough prices of gold (AU9999) on Shanghai Gold Exchange were RMB280.00 per gram and RMB267.55 per gram, respectively. At end-March, the AU9999 on Shanghai Gold Exchange closed at RMB270.56 per gram, a decrease of 0.89 percent from end-2017.

The trading volume on Shanghai Gold Exchange grew continuously. In Q1, the volume of gold trading on Shanghai Gold Exchange was 13,000 tons, an increase of 14.07 percent year on year, and the turnover posted RMB3.56 trillion, an increase of 14.45 percent year on year. The trading volume of silver was 207,400 tons, a fall of 23.51 percent year on year, and the turnover posted RMB764.849 billion, a decrease of 30.83 percent year on year. The trading volume of platinum was 98,600 tons, an increase of 3.35 percent year on year, and the turnover posted RMB2.11 billion, a decline of 4.98 percent year on year.

II. Progress in financial market institutional arrangements

1.Developments in the inter-bank bond market

First, product innovations in the inter-bank bond market were promoted. PBC Public Notice [2018] No. 3 was issued, which regulated the capital supplemental bond issuance of financial institutions, clarified the definition and classification of such bonds and the issuance application requirements, and allowed the issuance of capital supplemental bonds with no fixed maturity. It also encouraged the issuance of new types of bonds with innovative loss-absorbing capacity or with triggering conditions to effectively enhance the loss-absorbing capacity of banking institutions.

Second, regulation of green bonds was improved. The PBC issued *Notice on Strengthening Regulation throughout the Duration of Green Bonds* (PBC Document [2018] No.29). It further strengthened supervision and inspection of the use of funds raised through the duration of green bonds, monitoring and assessment of information disclosures, and rectification of the existing problems, to enforce regulation throughout the duration of green bonds and to make sure the issuers will step up their support for green development.

2. Unification of regulatory standards for the asset-management business was accelerated

In order to implement the spirit of the 19th National Congress of the CPC and the arrangement to fight the uphill battle of preventing and resolving major risks, in collaboration with the relevant departments, the PBC accelerated promulgation of the *Guidelines on Regulating the Asset Management Business of Financial Institutions* (hereafter referred to as the *Guidelines*). On March 28, 2018, the first meeting of the CPC Committee on Comprehensively Deepening Reforms deliberated on and endorsed the Guidelines. With the approval of the State Council, the PBC, together with China Banking and Insurance Regulatory Commission (CBIRC), China Securities Regulatory Commission (CSRC), and the State Administration of Foreign Exchange (SAFE), on April 27, 2018 issued the *Guidelines on Regulating the Asset Management Business of Financial Institutions* (PBC Document [2018] No.106). The *Guidelines* follow the principle of bottom-line thinking in strictly controlling risks, aim to achieve the fundamental objective of serving the real economy and implementing the regulatory philosophy of combining macro prudential management with micro prudential regulation, adopt an objective-driven problem-solving orientation and a basic approach of covering and regulating the asset-management business of all kinds of financial institutions with a uniform set of standards, and implement fair market access and supervision. They unify regulatory standards based on product types, classify asset-management products from the perspectives of the fund-raising mode and the investment nature, and provide for unified requirements on the investment scope, leverage constraints, and information disclosures for each type of product. They adhere to the principle of matching products with investors, strengthen the suitability investor management, and intensify the responsibility of financial institutions to perform their duties and to disclose information. They make it clear that financial institutions cannot promise to guarantee the principal and returns of asset-management businesses, adhere to the principle of fair value measurement, and effectively end the practice of implicit repayment guarantees. They impose strict investment requirements on nonstandard credit assets and ban fund-pooling to prevent shadow-banking and liquidity risks. They classify and unify the requirements on liability and leverage for the tranches, eliminate multi-layered nesting, and constrain the channel business. They step up regulatory coordination, macro-prudential management, and functional regulation. By establishing a reasonable transitional period, there is time for financial institutions to orderly rectify and transform the asset-management business of financial institutions to make sure that financial markets function smoothly.

3. Strengthening the regulatory rules for securities and futures

Efforts were made to further improve the rules and regulations for securities supervision. First, the CSRC released the *Decision on Revising the Procedural Rules for Implementing CSRC Administrative Licenses*, which aims to harmonize regulatory policies for different intermediary institutions by including securities companies, securities-services institutions, and their employees into the scope of applicability of the policies for suspending applications for CSRC administrative licenses and reviews of such applications when these parties are under investigation so as to reduce the impact of the linking policy on applications from parties that are not being investigated. Second, the CSRC released the amended *Administrative Rules on Regulation of Integrity in the Securities and Futures Markets*, which covers a wider range of institutions and a larger scope of information to be reviewed. It established mechanisms that require an integrity commitment by market participants when applying for market access, disclosure of failures by market participants to maintain integrity, and establishment of a mechanism of integrity scores for key institutions. It also enhanced self-discipline and ex post supervision to promote integrity in market transactions.

More mutual fund products were provided. In the *Interim Guidelines on Selected Securities Investment Funds with Pension Funds*, the CSRC established a new category of fund products that are specifically designed for pension investments, provides principles for the operation of such investment funds and the qualifications for the fund managers, which will promote market-based pension reforms and support sound long-term development of the public funds industry.

Rules on the sale of shares of listed companies were further improved. The CSRC issued the *Special Rules on Reducing Equity Holdings by Venture Investment Fund Shareholders in Listed Companies*, clarifying the differentiated lock-up periods for venture investment fund shareholders in IPO companies and the specific qualifications for such venture investment funds in an effort to provide policy support for market-based exits by venture investors who have focused on long-term investments and value investments.

4. Improving fundamental institutional arrangements in the insurance market

The *Administrative Rules on Equity Management in Insurance Companies* were revised. With this revision, the insurance regulator further standardized the behavior of shareholders in insurance companies, focusing on clarifying the regulations on qualifications of the shareholders of insurance companies, the ownership structure, the authenticity of capital, and the penetration of supervision. The revised document lowers the upper limit of the shareholding ratio of a single shareholder from 51 percent to one-third and it specifies that investments in insurance companies must be financed by the investors' own funds that are from legitimate sources. In addition, changes in the actual controller of the shareholders of insurance companies must be recorded with regulators, focusing on solving the problems of concealed connections, hidden shareholders, illegal entrustment shareholding, and so forth.

The *Administrative Rules on the Use of Insurance Funds* were released. The insurance regulator further regulated the entrusted management of insurance funds by investment managers, banned channel businesses and re-entrustment of the trusted funds, strengthened supervision of overseas investments, and imposed conditions on overseas investments with insurance funds.

Information disclosures on how insurance funds are used were also strengthened.

Rules on supervising asset/liability management in insurance companies were released. This asset liability supervision system is based on qualitative and quantitative assessments. First, in line with the need for asset/liability management, the insurance regulator has developed requirements for the purpose and methods, organizational structure, responsibilities of staff members, work flows, systems and models, as well as performance evaluations, so as to review insurance companies' capacity to manage their assets and liabilities in a qualitative way. Second, a comprehensive and quantitative evaluation of how insurance companies match their assets with liabilities is required by looking into the maturity structure, cost efficiency, and cash flows.

PART 4 Macroeconomic Overview

I. Global economic and financial developments

Since the beginning of 2018, the global economy has continued its recovery with positive developments. The labor market continued to strengthen and inflation remained subdued. Growth remained strong in the U.S., the recovery moderated in the euro area and the UK, and the Japanese economy grew steadily. The emerging market economies grew relatively rapidly, but performance continued to diverge with some economies still facing economic restructuring and transformation pressures.

1. Economic developments in the major economies

The major advanced economies continued their recovery, but some economic indicators underperformed slightly compared with Q4 2017 due to seasonal factors. The U.S. saw solid gains in its economic recovery, inflation went up somewhat, and the jobless rate remained at low levels. The annualized quarter-on-quarter GDP growth was 2.3 percent in Q1 2018. In March, the Purchasing Managers' Index (PMI) generated by the Institute for Supply Management was 59.3, above 50 for 19 consecutive months; and the University of Michigan's Consumer Sentiment Index was 101.4, a record high. Inflation went up slightly, as the core Consumer Price Index (CPI) rose 1.8 percent and 2.3 percent in February and March, respectively. The labor market continued to be tight, as the jobless rate remained at 4.1 percent since October 2017, the lowest level since 2001. In the euro area, due to unexpectedly cold weather, the economic recovery moderated, but the job market continued to become stronger. In Q1, the euro area manufacturing PMI continued to fall, hitting a 12-month low in March. Inflation remained subdued, as year-on-year growth of the core Harmonized Index of Consumer Prices (HICP) was above 1 percent for three consecutive months, with the overall price level slightly higher than that in Q4 2017. The unemployment rate fell to 8.5 percent in February, the lowest level since December 2008. Growth in the UK moderated somewhat. GDP growth posted 1.7 percent in 2017, and the CPI rose 2.5 percent year on year in March of this year, consistently higher than the target set by the Bank of England (BOE). The UK has recently reached a Brexit transition deal with the European Union, but uncertainties still remain. The Japanese economy continued its moderate recovery. As of Q4 2017, GDP had grown for eight consecutive quarters, the longest growth streak in nearly 30 years. Since the beginning of 2018, expansion on the production side has moderated slightly, inflation expectations have remained subdued, and employers have been reluctant to raise wages, causing inflation to remain at low levels.

Overall growth in the emerging market economies was relatively rapid, though performance continued to diverge as some of the emerging market economies still faced restructuring and transformation pressures. Brazil saw positive growth developments, as the year-on-year growth of GDP in Q4 2017 hit its highest growth since Q2 2014. Manufacturing continued to expand since the start of 2018, with the PMI in March hitting a new high since March 2011. Due to a rebound in the prices of commodities such as oil, Russia's economy gradually stabilized and inflation declined after being controlled. The Indian economy remained generally stable. Sentiment in the manufacturing and service sectors weakened slightly, and inflationary pressures went up a bit, as the CPI grew 5.1 percent year on year in January, a record high since September 2016. Growth in South Africa remained anemic amid a stubbornly high unemployment rate, but lately South Africa has shown signs of recovery on the back of government policy commitment to improve investment and economic prospects. In late March, Moody's, the credit-rating agency, affirmed South Africa's investment-grade credit rating and revised its credit outlook from negative to stable. Against the backdrop of policy normalization in the advanced economies, a number of emerging market economies may face potential risks, such as volatile cross-border capital flows. Economic restructuring and transformation pressures continued.

2. Developments in global financial markets

Volatility increased in global financial markets as compared with the last year. In Q1, the USD Index continued its losing streak, depreciating against the currencies of the major advanced economies and some emerging market economies to varying degrees. Uncertainties arising from trade policies triggered large swings in the U.S.

Table 13 Macroeconomic and Financial Indicators in the Major Advanced Economies

Economy	Indicator	2017Q1			2017Q2			2017Q3			2017Q4			2018Q1		
		Jan.	Feb.	Mar.	Apr.	May	Jun.	Jul.	Aug.	Sept.	Oct.	Nov.	Dec.	Jan.	Feb.	Mar.
United States	Real GDP growth rate (annualized quarterly rate, YOY, %)	1.2			3.1			3.2			2.9			2`3		
	Unemployment rate (%)	4.8	4.7	4.5	4.4	4.3	4.4	4.3	4.4	4.2	4.1	4.1	4.1	4.1	4.1	.4.1
	CPI (YOY, %)	2.5	2.7	2.4	2.2	1.9	1.6	1.7	1.9	2.2	2.0	2.2	2.1	2.1	2.2	2.4
	DJ Industrial Average(closing number)	19,864	20,812	20,663	20,941	21,009	21,350	21,891	21,948	22,405	23,377	24,272	24,719	26,149	25,029	24,103
Euro Area	Real GDP growth rate (YOY, %)	2.1			2.4			2.8			2.7			—		
	Unemployment rate (%)	9.6	9.5	9.4	9.2	9.2	9.1	9.0	9.0	8.9	8.8	8.7	8.7	8.6	8.5	8.5
	HICP (YOY, %)	1.8	2.0	1.5	1.9	1.4	1.3	1.3	1.5	1.5	1.4	1.5	1.4	1.3	1.1	1.4
	EURO STOXX 50 (closing number)	3,231	3,320	3,501	3,560	3,555	3,442	3,449	3,421	3,595	3,674	3,570	3,504	3,609	3,439	3,361
Japan	Real GDP growth rate (annualized quarterly rate, YOY, %)	1.5			2.9			2.5			1.6			—		
	Unemployment rate (%)	3.0	2.8	2.8	2.9	3.1	2.8	2.8	2.8	2.8	2.7	2.6	2.6	2.4	2.5	2.5
	Core CPI (YOY, %)	0.4	0.3	0.2	0.4	0.4	0.4	0.4	0.7	0.7	0.2	0.6	1.0	1.4	1.5	1.1
	NIKKEI 225(closing number)	19,041	19,119	18,909	19,197	19,651	20,033	19,925	19,646	20,356	22,012	22,725	22,765	23,098	22,068	21,454

Sources: Statistical bureaus and central banks of the relevant economies.

stock market. Major global stock indices dropped amid fluctuations.

The USD Index continued to weaken, as the euro, the British pound, and the Japanese yen appreciated against the dollar, whereas exchange-rate movements in the emerging market economies were mixed. As of end-March, the USD Index closed at 89.98, losing 2.51 percent from end-2017. The Japanese yen was at 106.26 yen per USD, strengthening 6.03 percent from the end of the last year. The exchange rate of the euro against the USD closed at USD1.2321 per euro, appreciating 2.71 percent compared with end-2017. The British pound stood at USD1.4015 per pound, appreciating 3.72 percent compared with the end of the last year. Among the emerging market currencies, compared with end-2017, the Russian ruble, the Brazilian real, and the Mexican peso appreciated by 0.94 percent, 0.23 percent, and 8.25 percent, respectively, against the USD, whereas the Indian rupee and the Turkish lira depreciated by 1.97 percent and 4.18 percent, respectively, against the USD. Since late April, as expectations of interest-rate hikes by the Fed were heightened, the yield of 10-year U.S. Treasuries went up, and the USD Index continued to rebound, exceeding 93 by May 8.

Global money-market rates continued to diverge. The USD Libor went up slightly, whereas the Euribor moved downwards. Due to interest-rate hikes by the Fed, the USD Libor rose slightly. As of March 29, the 1-year USD Libor was 2.6626 percent, an increase of 56 basis points (bps) compared to the end of the last year. The Euribor declined further, as the European Central Bank (ECB) continued its accommodative monetary policy. As of March 29, the 1-year Euribor registered –0.19 percent, a decrease of 0.4 bp from end-2017.

The yields of government bonds in the U.S. and the UK increased somewhat. As of end-March, the yields of 10-year U.S. Treasuries and UK and German government bonds closed at 2.744 percent, 1.351 percent, and 0.494 percent, up 33.3 bps, 16.3 bps, and 7 bps, respectively, compared with the end of 2017. The yields of 10-year Japanese and French government bonds closed at 0.046 percent and 0.729 percent, retreating 0.4 bp and 5.6 bps, respectively, from end-2017. Among the emerging market economies, the yields of 10-year Russian, Brazilian, and Mexican government bonds lost 54 bps, 81.5 bps, and 39 bps, respectively, compared with the end of the last year, whereas the yields of 10-year Indian and Turkish government bonds went up 7.2 bps and 76 bps, respectively.

Stock-market volatility increased in the major economies. As of end-March, the U.S. Dow Jones Industrial Average, the German DAX, the Japanese Nikkei 225, the euro area's STOXX 50, and the UK FTSE 100 tumbled 2.49 percent, 6.35 percent, 5.76 percent, 4.07 percent, and 8.21 percent, respectively, over the end of 2017. Among the emerging market economies, the stock indices in Russia and Brazil gained 8.23 percent and 11.73 percent respectively, while those in India, Turkey, and Mexico dropped 3.2 percent, 1.4 percent, and 6.54 percent, respectively.

International commodity prices saw a broad-based gain. In Q1, the average price of Brent crude oil futures on the Intercontinental Exchange jumped 23.2 percent year on year and 9.4 percent quarter on quarter. The average spot price of copper and aluminum on London Metal Exchange added 19.2 percent and 16.3 percent year on year, rising 2.0 percent and 2.4 percent quarter on quarter, respectively.

3. Monetary policies in the major economies

The U.S. Fed continued its monetary-policy normalization, whereas the ECB, BOE, and BOJ maintained their monetary easing. On March 21, the Fed raised the federal funds rate by 25 bps to the 1.50~1.75 percent range, kept the median rate forecast at 2.1 percent for end-2018, but revised it up to 2.9 percent and 3.4 percent, respectively, for end-2019 and end-2020 as it continued to unwind. The decreasing cap for Treasury securities was increased from USD12 billion in March to USD18 billion in April, and that for agency debt and mortgage-backed securities (MBS) increased from USD8 billion to USD12 billion. At the interest-rate meeting on May 2, the Fed decided to keep the fed rate unchanged at between 1.5 percent and 1.75 percent. On January 25, March 8, and April 26, the ECB decided to keep the interest rates on the main refinancing operations (MROs), the marginal lending facility, and the deposit facility unchanged at 0 percent, 0.25 percent, and –0.40 percent respectively. It will maintain its monthly asset-purchase program of EUR30 billion until September 2018. In its March statement, the ECB deleted its previous language, which was should economic prospects worsen or if financial conditions cannot warrant continuous inflation adjustments, the ECB stands ready to scale up asset purchases and if necessary extend them, and it revised up the GDP growth forecast for 2018 to 2.4 percent, while keeping the forecasts for 2019 and 2020 unchanged at 1.9 percent and 1.7 percent, respectively. On January 23, March 9, and April 27, the BOJ decided to continue with its negative interest rate, maintain the size of asset purchases, and keep the yield of 10-year government bonds near zero through yield curve controls. On February 7, March 21, and May 9, the BOE decided to keep the benchmark rate on hold at 0.50 percent and to maintain the scale of sterling non-financial investment-grade corporate bond purchases at GBP10 billion and that of UK government bond purchases at GBP435 billion.

The emerging market economies continued to adopt different monetary-policy stances. Given the stabilizing and lower-than-target inflation and in an attempt to boost economic growth, the Central Bank of Brazil cut its policy rate twice, on February 8 and March 21, by a total of 50 bps to 6.5 percent, and the Central Bank of the Russian Federation lowered its key rate on February 9 and March 23, each time by 25 bps, to 7.25 percent. In view of the upbeat economic performance and with inflation anchored around the target of 4 percent, the Reserve Bank of India on February 6 and April 5 kept the repo rate on hold at 6 percent. To address the peso depreciation, capital outflows, and inflationary pressures, the Banco de Mexico raised the overnight interest-rate target on February 8 by 25 bps to 7.5 percent. As a countermeasure against the risks of a huge exchange-rate depreciation and capital outflows, the Central Bank of Argentina increased the policy interest rate on April 27, May 3, and May 4 by 300 bps, 300 bps, and 675 bps to 40 percent, along with capital flow management measures.

4. The global economic outlook and key risks

In its updated April 2018 *World Economic Outlook*, the International Monetary Fund (IMF) maintained its January forecast for global economic growth, which is 3.9 percent for both 2018 and 2019. In particular, the 2018 growth forecast for the advanced economies was revised upwards, while that for the emerging market and developing economies remained unchanged. Looking ahead, despite broadly positive prospects for the global economy, a number of uncertainties and destabilizing factors still require attention.

First, protectionism, unilateralism, and de-globalization have escalated global trade frictions, becoming a major risk to global economic growth. As global industrial structures and financial systems have become interconnected under economic globalization, the escalation of trade frictions will take a toll on trade in goods and services in most parts of the world. This may constrain demand and push up inflation, which will weigh down on growth or even pose greater macroeconomic risks.

Second, uncertainties about the Fed's monetary policies have grown, including the pace of the rate hikes. No consensus has been reached regarding the future development of inflation expectations in the U.S. Tax reforms, infrastructure development plans, and escalating trade frictions have all added to the uncertainties. Given that the U.S. is close to full employment, the massive fiscal stimulus may stoke inflation. Further escalations of trade frictions and unexpected inflation developments will both affect the pace of policy normalization by the Fed.

Third, risks from global financial-market volatility have heightened. The upbeat recovery in the major advanced economies and the eased liquidity conditions have pushed up asset prices to historical highs, along with increasing financial vulnerabilities. Once the tightening of global liquidity is faster than market expectations, this may cause swings in asset prices and trigger a contraction phase in the financial cycle. Since the start of 2018, bouts of stock-market swings in the U.S. have sent repercussions across global equity markets. This partly reflects the problem of asset valuation under the previous accommodative monetary policies and the interconnectedness of global financial markets.

Fourth, medium and long-term growth still faces a number of structural challenges. On the one hand, high leverage ratios and heavy debt burdens may put a drag on consumption and investment growth, aggravate income disparities, and add to potential economic and financial risks. On the other hand, medium and long-term structural problems persist, such as an aging population, slower productivity gains, and higher policy uncertainties, all of which may also constrain economic growth.

In addition, geopolitical tensions have

occurred in numerous places, and risk factors and uncertainties have been growing at a rapid pace, exerting a greater impact on the global economy and financial markets. In addition, risks from new technologies such as Fintech should not be neglected as they may pose additional challenges to global financial regulation and supervision.

II. Macroeconomic developments in China

In the first quarter of 2018, the Chinese economy registered a good start as aggregate supply and demand became more balanced due to support from steady progress in economic upgrading, stable overall industrial production, and further expansion in the share of value-added from tertiary industry. Consumption remained a strong growth driver and private-investment growth recovered while the trade surplus narrowed. Consumer prices rose at a moderate pace and employment was generally stable. Preliminary estimates showed that GDP recorded RMB19.88 trillion in the first quarter, up 6.8 percent year on year in comparable terms. The CPI went up 2.1 percent year on year. The trade surplus was RMB326.2 billion.

1. Consumption growth was stable, investment growth moderated, while the trade surplus narrowed

Consumption contributed more to economic growth as household income grew steadily and online consumption spending accelerated. In the first quarter, per capita disposable income registered RMB7,815, up 8.8 percent on a year-on-year basis, or 6.6 percent in real terms. The per capita disposable income of rural residents grew 6.8 percent in real terms, outpacing that of urban residents by 1.1 percentage points. According to the Q1 Urban Depositors' Survey conducted by the People's Bank of China, willingness to consume was stable, with 24.8 percent of consumers inclined to consume more, which was 1.0 percentage point higher year on year. Final consumption expenditures contributed 77.8 percent to GDP growth in the first quarter, up by 0.6 percentage point year on year. Retail sales grew by 9.8 percent year on year to RMB9.03 trillion. Online retail sales recorded a strong expansion of 35.4 percent in the first quarter, up by 3.3 percentage points over growth during the same period of the last year.

Fixed-asset investment growth slowed down notwithstanding a recovery in private-investment growth. In the first quarter, fixed-asset investments (excluding those by rural households) reached RMB10.08 trillion, up 7.5 percent year on year, which was 1.7 percentage points lower than that during the same period of the last year. A number of the following patterns were evident. First, private-investment growth had recovered, with quarterly growth of 8.9 percent year on year, which was 1.2 percentage points higher than that during the same period of the last year. Second, investment in high-tech manufacturing continued its strong growth, expanding at 7.9 percent, leading overall investment growth by 0.4 percentage point. Third, infrastructure investment growth was weaker as quarterly growth moderated to 13.0 percent year on year, a deceleration of

10.5 percentage points from growth during the first quarter in 2017. Fourth, investment growth in the central and western regions strengthened, with the quarterly year-on-year rate at 10.2 percent and 9.4 percent, respectively, outpacing investment in the eastern region by 4.2 percentage points and 3.4 percentage points, respectively.

Imports and exports grew rapidly and the trade surplus narrowed as the external trade structure continued to improve. Quarterly imports and exports reached RMB6.75 trillion, up 9.4 percent year on year. Among this, exports expanded 7.4 percent year on year to RMB3.54 trillion, and imports grew 11.7 percent year on year to RMB3.21 trillion, narrowing the trade surplus at RMB326.2 billion, which was down 21.8 percent year on year. In USD terms, the first quarter saw year-on-year growth of 14.0 percent in exports and 18.9 percent in imports, with a trade surplus at USD48.39 billion. The external trade structure was improved, supported by an expansion in general trade, trade in machinery and electronics, as well as in external trade by private companies. General trade contributed 58.3 percent to total exports and imports during the first quarter, an increase of 2.0 percentage points year on year. Exports of machinery and electronics went up by 1.3 percentage points as a share of total exports. Exports and imports by private companies constituted 38.3 percent of total exports and imports, representing a year-on-year increase of 1.7 percentage points. Imports from and exports to countries covered by the Belt and Road Initiative continued to grow at a strong pace. In particular, imports from and exports to Russia, Poland, and Kazakhstan grew 20.5 percent, 16.6 percent, and 16.2 percent, respectively.

Foreign direct investments (FDI) continued to flow into high-end industries, while outbound investments improved further in

Figure 4 Import and Export Growth and the Trade Balance

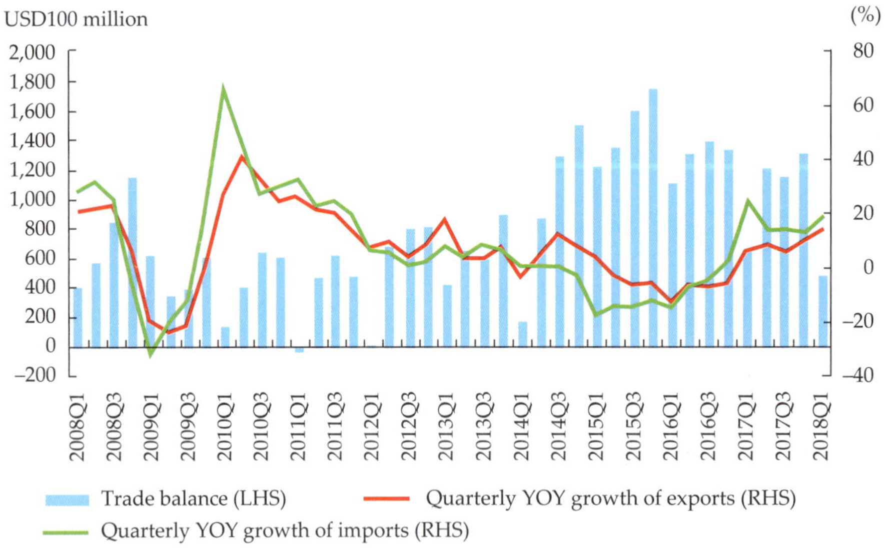

Source: General Administration of Customs.

terms of the composition of the destination industries. During the first quarter, the number of newly established foreign-funded companies increased 124.7 percent year on year to 14,340, with actually utilized FDI rising 0.5 percent to RMB227.54 billion. Broken down by industries, actually utilized FDI in high-tech manufacturing grew 66 percent to RMB22.49 billion, and that in high-tech services recorded RMB21.47 billion, including a year-on-year increase of 25.6 percent in R&D and design. In terms of key FDI sources, actually utilized FDI from the ASEAN countries grew 79.1 percent year on year, and that from countries covered by the Belt and Road Initiative expanded 76 percent. Non-financial outbound direct investments registered USD25.5 billion in the first three months, up 24.1 percent year on year. Outbound direct investments to 52 countries covered by the Belt and Road Initiative grew 22.4 percent year on year to USD3.61 billion, accounting for 14.2 percent of the total outbound direct investments in the first quarter. The sectoral structure of outbound investments was further optimized as irrational outward investment activities were effectively constrained, with outbound investments focusing on leasing/commercial services, mining, manufacturing, and information transfers/software/information technology services, accounting for 25.6 percent, 18.2 percent, 15.2 percent, and 7.3 percent of the total, respectively. There were no new outbound investments in overseas real estate, sports, or the entertainment industries.

2. Services registered strong growth, agricultural production was sound, and industrial production was generally stable

Tertiary industry continues to expand in terms of its share of value-added. During the first quarter, the value-added of the primary, secondary, and tertiary industries recorded RMB0.8904 trillion, RMB7.75 trillion, and RMB11.24 trillion, respectively, up 3.2 percent, 6.3 percent, and 7.5 percent year on year. Their shares of GDP were 4.5 percent, 39.0 percent, and 56.6 percent as the share of tertiary industry further increased by 5.0 percentage points compared with that in 2017 and exceeded the share of secondary industry by 17.6 percentage points.

Agricultural production was sound with a good start for the spring agricultural activities. Farmland for growing quality wheat and other crops increased. Animal husbandry and aquaculture production expanded steadily, with the quarterly output of pork, beef, mutton, and poultry increasing 1.8 percent year on year to 23.16 million tons.

Industrial production was steady and corporate profits were relatively good. During the first three months, the value-added of statistically large industrial firms (SLIFs) increased by 6.8 percent year on year in real terms, which was the same as that during the same period of the last year. The value-added in high-tech manufacturing and equipment manufacturing expanded 11.9 percent and 8.8 percent, respectively. The sales-to-output ratio improved, leading to relatively good profits. For the SLIFs, the ratio reached 97.9 percent in the first quarter, up 0.3 percentage point year on year, and profits went up 11.6 percent year on year to RMB1.55 trillion. The SLIFs also saw the profit margins for their main business lines improve to 6.18 percent, up 0.11 percentage point over that for the first quarter of 2017. According to the Q1 Entrepreneurs' Survey of 5,000 Industrial Enterprises conducted by the People's Bank of China, the Corporate Performance Index posted 56.7 percent, up 6.8 percentage points year on year, exceeding 50 percent for the fourth consecutive quarter.

3. Consumer price growth edged up, whereas while producer price growth continued to decline

Consumer prices rose at a stronger pace driven by higher food price inflation. In the first quarter, the CPI rose 2.1 percent year on year, up 0.3 percentage point from that in the previous quarter, with monthly CPI growth at 1.5 percent, 2.9 percent, and 2.1 percent. Food price inflation turn positive from its previous negative figures, although non-food price inflation moderated. Food prices went up by 2.0 percent year on year, compared to a decline of 0.6 percent in the fourth quarter of 2017. Non-food prices moved up by 2.2 percent year on year, which was 0.2 percentage point lower than that in the last quarter of 2017. The prices of consumer goods rose at a remarkably stronger pace, while price rises for services moderated. Prices of consumer goods were up 1.7 percent year on year, which was 0.7 percentage point higher than that in the previous quarter. Prices for services moved up by 2.9 percent, representing a quarter-on-quarter deceleration of 0.2 percentage point.

Growth of producer prices continued to moderate. The PPI rose 3.7 percent in the first quarter, representing a quarter-on-quarter deceleration of 2.1 percentage points, with monthly PPI growth at 4.3 percent, 3.7 percent, and 3.1 percent, respectively. In particular, the price of capital goods rose 4.9 percent, which was 2.7 percentage points lower than that in the previous quarter. The Purchasing Price Index for Industrial Products (PPIIP) went up 4.4 percent year on year, down by 2.7 percentage points from growth in the previous quarter. The Corporate Goods Price Index (CGPI) rose 3.3 percent year on year, which was lower than that in the fourth quarter of 2017 by 5.4 percentage points. The moderation was largely driven by a strong deceleration in price rises of primary goods and investment goods, which were down by 14.8 percentage points and 6.0 percentage points, respectively, from their growth in the previous quarter.

The GDP deflator increased at a slower pace. During the first quarter, the GDP deflator (as the ratio of GDP at current prices to GDP at constant prices) rose 3.1 percent year on year, which was 1.0 percentage point lower than that in the previous quarter.

4. Fiscal revenue and expenditures grew rapidly

Fiscal revenue grew steadily and tax revenue grew at an accelerated pace. In Q1 of 2018, total fiscal revenue reached RMB5.05 trillion, up by 13.6 percent year on year, but 0.5

percentage point lower than growth during the same period of the last year. In terms of the revenue structure, tax revenue registered RMB4.43 trillion, up 17.3 percent year on year and an acceleration of 2.6 percentage points from the same period of the last year; non-tax revenue declined by 7.5 percent year on year to RMB621.4 billion. In particular, the domestic value-added tax, domestic consumption tax, corporate income tax, personal income tax, and import value-added and consumption tax were up by 20.1 percent, 28 percent, 11.7 percent, 20.7 percent, and 15.9 percent year on year, respectively.

Fiscal expenditures were relatively stable, and the tax- and fee-reduction measures will stimulate corporate production and investment. In Q1 of 2018, fiscal expenditures increased by 10.9 percent year on year to reach RMB5.10 trillion. The fiscal deficit registered RMB45.1 billion, down by RMB110.1 billion year on year. In terms of the expenditure structure, expenditures on transportation, agriculture/forestry/water conservancy, and culture/sports/media were the major items experiencing rapid growth, up 28.4 percent, 24.9 percent, and 20.5 percent, respectively, year on year. Recently, the State Council has issued many tax-reduction measures, such as a further value-added tax reform. It is estimated that the tax-reduction measures will save market participants over RMB400 billion in 2018, which is more than that during last year. The tax-reduction measures will encourage firms to produce and invest.

5. Employment was generally stable

The surveyed unemployment rate declined and the employment market was generally firm. In the first three months of 2018, the surveyed unemployment rates in urban areas were 5.0 percent, 5.0 percent, and 5.1 percent, respectively, down 0.2, 0.4, and 0.1 percentage point year on year. According to the Urban Depositors' Survey conducted by the PBC, the Employment Experience Index registered 45.8 percent during Q1 of 2018, up by 1 percentage point quarter on quarter, marking the seventh consecutive increase quarter on quarter.

Labor demand increased. According to statistical analyses by China Human Resources Market Information Monitoring Center, in Q1 of 2018 labor demand slightly exceeded supply and the ratio of job vacancies to job seekers was 1.23, which was 0.1 higher year on year and 0.01 higher quarter on quarter. Compared with the same period of the last year, labor demand during Q1 of 2018 increased, whereas job seekers declined. Broken down by industries, leasing and commercial services, the scientific research, technological services, and geologic exploration industries, real estate, and the information transmission, computer services, and software industries recorded large increases in labor demand. Demand for labor with technical or professional skills exceeded supply. Demand for labor with advanced skills, basic skills, and medium professional skills all increased.

6. The balance of payments was generally balanced

The current account registered a deficit and

the external debt increased rapidly. According to preliminary statistics, in Q1 of 2018 the current account deficit reached USD28.2 billion, mainly due to seasonal factors and the rapid growth of imports of good. The non-reserve financial account registered a surplus of USD54.5 billion, continuing the trend of capital inflows since Q2 of 2017. At end-March, total foreign-exchange reserves stood at USD3.1428 trillion. As of end-2017, the total outstanding external debt in both domestic and foreign currencies registered USD1.7106 trillion, up by USD289.9 billion from the end of the previous year. Among this, the outstanding short-term external debt registered USD1.099 trillion, accounting for 64 percent of the total external debt.

7. Analysis by sectors

(1) The real-estate sector

In Q1 of 2018, the growth of housing sales continued to slow down. Both the month-on-month and year-on-year increases in housing prices in 70 large and medium-sized cities declined. The growth of real-estate investments accelerated, whereas the growth of real-estate loans continued to decline.

The appreciation of housing prices moderated. In March, the prices of newly-built housing recorded month-on-month growth in 55 out of 70 large and medium-sized cities, 2 cities fewer than that in December 2017, and average growth was down by 0.1 percentage point from that in December 2017; the prices of newly-built residential housing rose year on year in 60 cities, 1 city less compared with that in December 2017, and the average growth was 0.3 percentage point lower than that in December 2017. The price of second-hand residential housing increased month on month in 59 cities, 12 cities more than that in December 2017; the price of second-hand residential housing increased year on year in 63 cities, 2 cities fewer than that in December 2017.

Growth of housing sales continue to slow down. In Q1, the total floor area of sold units posted 300 million square meters, up by 3.6 percent year on year, which was 4.1 percentage points lower than the growth in 2017. Housing sales reached RMB2.6 trillion, up by 10.4 percent year on year, which was 3.3 percentage points lower than the growth in 2017. In particular, residential housing accounted for 86.8 percent of the total sold floor area and 84.4 percent of total housing sales respectively.

Growth of real-estate investments picked up. In Q1, real-estate investments throughout the country registered RMB2.1 trillion, up 10.4 percent year on year, which was 3.4 percentage points more than their growth in 2017. Specifically, investments in residential housing, which accounted for 69.1 percent of real-estate investments, reached RMB1.5 trillion, up 13.3 percent year on year and representing an acceleration of 3.9 percentage points from 2017. The floor area of newly-started real-estate projects gained 9.7 percent year on year to reach 350 million square meters, which was 2.7 percentage points higher than that in 2017. The floor area of real-estate projects under construction grew by 1.5 percent year on year to reach 6.47 billion square meters, a deceleration of 1.5

percentage points from 2017. The floor area of completed real-estate projects declined by 10.1 percent year on year to 210 million square meters, dropping 5.7 percentage points more than the decline in 2017.
Growth of real-estate loans continued to slow down. At end-March, outstanding real-estate lending by major financial institutions (including foreign financial institutions) stood at RMB34.1 trillion, up 20.3 percent year on year and a deceleration of 0.6 percentage point from end-2017. Outstanding real-estate loans accounted for 27.3 percent of total lending. Among this, outstanding personal mortgages rose by 20 percent year on year to RMB22.9 trillion, which was 2.2 percentage points lower than the growth at end-2017; outstanding housing-development loans increased by 31.2 percent year on year to RMB6.2 trillion, an acceleration of 4.4 percentage points from end-2017; outstanding land-development loans registered RMB 1.4 trillion, up 2.2 percent year on year as compared with the year-on-year decline of 8.0 percent at end-2017.

Loans for welfare housing continued to grow rapidly. At end-March, outstanding loans for the development of welfare housing stood at RMB3.8 trillion, up 37.9 percent year on year and an acceleration of 5.3 percentage points from end-2017. In Q1, loans for the development of welfare housing grew by RMB 447.89 billion, accounting for 64.7 percent of the total new real-estate development loans, which was 2.9 percentage points higher than that in 2017. In addition, the pilot lending program financed by housing provident funds to support the construction of welfare housing proceeded steadily. By end-March, loans for 373 welfare-housing projects in 85 cities had been approved, RMB87.21 billion had been disbursed based on the progress of the project, and RMB79.31 billion in the loan principal had been repaid.

(2) Modern agriculture

The modernization of agriculture is the foundation and pillar for the modernization of China. Population growth, urbanization, and upgrading of consumption demand by urban residents require not only safe and quality agricultural products but also a low-carbon, recyclable, and green agricultural-production model. The pursuit of high-quality and sustainable green development has raised new requirements for modern agriculture.

In recent years, with increasing policy support for the benefit of farmers, the modernization of agriculture and the development of green agriculture have made remarkable achievements. The supply-side structural reforms in agriculture have made new progress, and the capacity of grain production has been enhanced. In 2017, grain production totaled 1.2358 trillion kilograms. The capacity to translate agricultural science and technology into production has improved continuously as technical equipment has reached a new level. In 2017, the contribution ratio of scientific and technological progress to agriculture was 57.5 percent. New industries and business models have thrived in the rural areas, bringing structural changes to the agricultural sector. In 2017, the key business revenue of agricultural processing firms over a certain threshold size amounted to RMB19.4 trillion, up 6.5 percent year on year. New business models such as e-commerce have boomed, and eco-friendly agriculture has gradually become a public favorite. Personal income in the rural areas has made new breakthroughs. By 2017, growth of per capita disposable income in rural areas had exceeded the income growth of urban citizens as well as GDP growth for eight consecutive years. Financial support to modern agriculture has continued to strengthen. With a more comprehensive rural financial system and steady improvement in financial infrastructure, the coverage and quality of rural financial services have improved notably. At end-2017, total outstanding loans of all financial institutions to rural areas (at or below the county level) stood at RMB25.1 trillion, up by 9.3 percent year on year; loans to rural households reached RMB8.1 trillion, up by 14.4 percent; and loans to agricultural firms increased 5.7 percent to reach RMB3.9 trillion.

Nonetheless, China still faces many challenges to promote modern agriculture. First, in pursuit of better quality and higher efficiency, agriculture suffers from a dual squeeze from the "floor" of production costs and the "ceiling" generated by international agricultural prices. Its profits, technology inputs, and sustainable development are all affected by the above factors. On the one hand, due to the increasingly tight constraints of environmental protection, it is difficult to develop and use agricultural resources. Per capita arable land and fresh water in China are only one-third and one-fourth, respectively, of the world's average. Meanwhile, the amount of fertilizers and pesticides applied per unit area is much higher than the world's average, and the effective utilization rate is low. On the other hand, first, the prices abroad of some agricultural products are lower than the prices at home. Second, it is difficult to translate scientific and technological progress into agricultural production or to spread their applications. The aging population and the rural hollowing out have dragged down the educational level of the labor force in the rural areas. Such factors, combined with poor rural infrastructure, inferior physical equipment, and a weak independent R&D capacity, have hampered the application and spread of scientific and technological progress in agriculture. In light of the requirements for high-quality and green development, it is a huge task to strike the right balance between sound and green development of modern agriculture for the medium- and long-term in China.

For the next step, China should increase its technology inputs in agriculture, improve the distribution of technological resources in rural regions, and enhance the incentive mechanism for technological innovations to focus on the green development of agriculture. Meanwhile, China should continue to promote agricultural structural adjustments, encourage the integrated development of the primary, secondary, and tertiary industries in the rural regions, and cultivate entities to serve the green development of agriculture. With enhanced policy support to green agriculture under the international framework such as the WTO, China will accelerate the construction of a sustainable financial-service system to promote green agriculture.

PART 5 Monetary Policy Stance to be Adopted during the Next Stage

I. Outlook for the Chinese economy

During the next period, several favorable factors will support sustained and sound growth of the Chinese economy. The global economic recovery will continue. The Chinese economy is experiencing a cyclical upturn, with favorable long-term momentum in the fundamentals remaining unchanged. The economy has a huge growth potential, with much room for development in new urbanization, services, advanced manufacturing, and consumption upgrading. There is also fairly large room for policy maneuvers. Reform of the economic system has been furthered, and the supply-side structural reforms have been deepened. The removal of excess capacity has continued, utilization of industrial capacity has rebounded, and aggregate supply and demand have become more balanced. New industries have expanded rapidly, traditional industries have made strong progress in upgrading, and the economic structure has improved further. Growth of the macro leverage ratio has decelerated. The financial system has made notable progress in controlling internal leveraging. The reasonable growth of money, credit, and all-system financing aggregates has provided a proper monetary and financial environment for supply-side structural reforms and high-quality development. Supported by numerous factors, the economy continued its sound development momentum in Q1 of 2018, with steadily advancing transformation and upgrading, strengthened economic resilience, better quality, and higher efficiency. The PBC's Quarterly Survey of Entrepreneurs and Bankers in Q1 of 2018 reveals that the macro-economic indicator, confidence indicator, and other indicators rose both quarter on quarter and year on year. The Survey of Urban Depositors shows that employment expectations of households have also improved.

Nevertheless, it is worth noting that structural and deep-rooted problems that weigh on sustained economic growth remain acute, the structural adjustments and reforms still have a long way to go, and the task of preventing and resolving major financial risks is still arduous. Externally, the global economic and political situation is even more complicated, and there are uncertainties regarding fiscal policies, trade policies, and monetary policies in some advanced economies, which might cause shock waves on the global economy and on capital flows. Meanwhile, with geopolitical risks remaining elevated, volatilities in international financial markets might increase. On the domestic front, the recent upturn is, to a certain extent, driven by the boom in the external environment as a result of the global recovery, but bottlenecks in certain weak-point areas remain, overall leveraging is still elevated, and the debt burden of enterprises, especially state-owned enterprises, remains heavy. It is a must to be ready to protect against risks, focus on problem-solving, and address the most acute problems. It is necessary to understand that the economy has essentially moved from a high-growth phase to a period of high-quality development, and thus efforts must be made to advance supply-side structural reforms, improve the quality and efficiency of the supply system, continue measures designed to remove excess capacity in a market-oriented and law-biding manner, reduce inventories, leveraging, and costs, shore up weak points, and win the three difficult battles of resolving major risks, implementing targeted poverty reduction, and furthering pollution prevention and treatment. Efforts are needed to maintain overall stability, promote high-quality development, improve total factor productivity, and advance the reform and opening-up in a more proactive manner.

Prices are generally stable. The pace of price hikes is determined by the fundamentals and the relative changes in supply and demand. Globally, inflation in the major economies has gone up slightly, albeit still at a subdued level. Domestically, the steadily growing economy and the increased production of some agricultural products will help keep price levels stable. Nevertheless, due to various factors such as the removal of excess capacity, environmental protection inspections, the rebounding of commodity prices, and slightly greater tail effects in 2018, some price indices might grow, but in general inflationary pressures will remain well anchored. According to the Q1 Urban Depositors' Survey conducted by the PBC, the Future Price Expectation Index dropped by 4.7 percentage points from the previous quarter. It is necessary to continue to monitor potential uncertainties in the future.

Box 4 Latest Developments in China's Macro Leverage Ratio

The macro leverage ratio is usually measured by the ratio of the combined outstanding debt of the non-financial corporate sector (the corporate sector), the government sector, and the household sector to the gross domestic product (GDP). The debt of the three sectors is usually incurred through financial markets or financial institutions. Specifically, corporate debt includes domestic borrowing denominated in domestic and foreign currencies, bonds publicly placed on onshore markets, entrusted and trust loans, undiscounted bankers' acceptances, and external borrowing; government debt is the combined borrowing of the central and local governments, with the latter including local government bonds and the stock of non-bond local government debt at end-2014 identified as a result of sorting; household debt includes loans and entrusted loans (mainly housing provident fund loans) from financial institutions, and margin financing from securities companies. In the measurements of debt, the amount of cross-holding debt should be removed to avoid repeated inclusion. For example, in some cases, policy financial bonds and external borrowing in the financial sector were included in the outstanding debt of the non-financial sector while in other cases, shadow-banking, which was already repeatedly included in various sectors' borrowing, was treated in aggregate as debt. There were also cases where government-sponsored bonds and borrowing by local government financing platforms were simultaneously included in both government and corporate debt. All these would affect the accuracy of the measurement of the macro leverage ratio.

The macro leverage ratio stabilized in 2017. Before 2017, the macro leverage ratio experienced a period of rapid growth, up an average of 13.3 percentage points between 2012 and 2016. With the deepening of the supply-side structural reforms, the stable and strong momentum of macroeconomic performance, and the effective implementation of a sound and neutral monetary policy, the growth of the macro leverage ratio moderated notably in 2017, up 2.4 percentage points to 248.9 percent. In particular, the leverage ratio of the corporate sector was 163.6 percent, down 1.4 percentage points year on year, the first reduction since 2011, after increasing an average of 8.8 percentage points annually between 2012 and 2016. The leverage ratio of the government sector was 36.3 percent, down 0.4 percentage point year on year, in contrast to the average annual 1.1 percentage-point growth between 2012 and 2016. The leverage ratio of the household sector was 49 percent, up 4.1 percentage points year on year, an decrease of 0.7 percentage point from the average annual growth between 2012 and 2016.

A number of important factors contributed to the stabilization of the macro leverage ratio. The first is the notable progress in the supply-side structural reforms. Moreover, with the fairly strong growth of the world economy, China's performance was strengthening, leading to relatively rapid increases in corporate profits, fiscal revenue, and household income, which helped stabilize the leverage ratio. In 2017, statistically large enterprises reported year-on-year growth in profits at 21 percent, an acceleration of 12.5 percentage points from last year; fiscal revenue increased 7.4 percent year on year, an acceleration of 2.9 percentage points from the last year; per capita disposable income was up 7.3 percent, an acceleration of 1 percentage point and outperforming GDP growth by 1 percentage point. The second factor is the effect of the sound and neutral monetary policy and the structural credit policy, and the subsequent reasonable growth of money and credit overall. Affected by the efforts to contain internal leveraging in the financial system, growth of broad money M2 increased by 8.1 percent year on year, decelerating from the previous year, creating a proper monetary and financial environment for stabilizing the leverage ratio while supporting steady economic growth. Moreover, the PBC adopted effective measures to optimize the credit structure. In 2017, the outstanding medium- to long-term loans in sectors with excess capacity were down 1.7 percent year on year, the inefficient financing demand were contained; outstanding real-estate loans were up 20.9 percent year on year, a deceleration of 6.1 percentage points from the previous year, specifically, outstanding home mortgage loans were up 22.2 percent year on year, a deceleration of 14.5 percentage points. Against the background of financial deleveraging and enhanced financial regulation, growth of trust loans, off-balance-sheet financing and other businesses decelerated significantly. A third factor is that the conduct of local government financing guarantees faced stricter regulation, borrowing by local government financing platforms and other entities with soft financial constraints were suppressed, and the growth of SOE debts moderated. In 2017, the combined SOE debt and outstanding bonds to GDP ratio was up 2.3 percentage points year on year, decelerating 1.5 percentage points from the average annual growth between 2012 and 2016.

The rapid growth of the macro leverage ratio during the previous period can be attributed to structural features and the stage of development of the Chinese economy. The first feature is the high savings ratio, the mismatch between those who saved and those who invested, and the underdevelopment of equity financing, which led to a surge in debt during the process of savings being turned into investments. Against this background, a lack of efficiency in debt use would inevitably push up the leverage ratio. The second feature is the rapid monetization leading to a period of rapid leverage expansion, especially in light of the progress in the market economy, the massive urbanization, the development of the real-estate market, and the higher growth of the export-oriented economy. The third feature is shadow-banking pushing up leveraging in the context of the deepening of rapid financing and the slow catch-up in financial regulation. The fourth feature is SOE and local government financing platforms undertaking some government functions, thus rapidly pushing up leveraging in the corporate sector.

The above-mentioned factors contributing to a higher leverage have begun to change as the Chinese economy has entered a new stage. First, stable growth can be expected in the period to come. The shift from a high growth rate to high-quality development will be supported by higher efficiency in the use of debt-financed funds and this will help to bring down the leverage ratio. Second, monetization in goods and factors markets is already quite high. With aging of the population picking up pace, the subsequent slowdown in the monetization process will be reflected in the leverage ratio. Third, as a result of stricter regulation and financial-market improvements, shadow-banking driving up the leverage ratio will be curbed. Fourth, constraints on local government debt are being strengthened and government financing guarantee behavior is being regulated. Fifth, further progress in the supply-side structural reforms and implementation of a market-based, rule-based debt-equity swap will contribute to the stabilization and reduction of the macro leverage ratio. With the above factors working together, the macro leverage ratio is expected to further stabilize and gradual structural deleveraging will be realized.

II. Monetary policy during the next stage

Going forward, the PBC will act in accordance with the decisions and overall arrangements of the CPC Central Committee and the State Council, follow the guidance of Xi Jinping's Thought on Socialism with Chinese Characteristics for a New Era and the overall requirements for the five-sphere integrated plan, continue to adhere to the guiding principles of seeking progress while maintaining stability and to the new vision for development, fully grasp the evolution of the principal contradiction in the economy and society, focus on the three tasks of serving the real economy, guarding against financial risks, and deepening the financial reforms, adopt innovative approaches to and improve financial macro-management, maintain policy consistency and stability, implement a sound and neutral monetary policy, attach importance to expectation management, enhance policy coordination, accelerate the building of a modern economy, and build a neutral and proper monetary and financial environment for supply-side structural reforms and high-quality development. The PBC will improve the two-pillar framework underpinned by the monetary and macro-prudential policies and will deepen the market-based interest-rate and exchange-rate regime reforms. The battle of forestalling and defusing major financial risks will be fought and won. Measures will be taken to promote financial-sector reforms and opening-up and to improve financial services for the real economy.

First, the sound and neutral monetary policy will continue, and money supply will be properly managed. A combination of price- and quantity-based instruments and macro-prudential policies will be adopted to enhance preemptive adjustments and fine-tunings to keep the growth of money, credit, and total financing within a reasonable range and to strike a balance between stable growth, deleveraging, and risk prevention. On the one hand, liquidity will be properly managed to facilitate deleveraging and financial risks management. On the other hand, with full consideration of changes in economic performance, measures will be taken to step up policy coordination. A variety of monetary-policy instruments will be flexibly used through well-paced operations to maintain stable liquidity at a reasonable volume. Macro-prudential assessments will be improved, and beginning from Q1 of 2019 inter-bank certificates of deposit issued by financial institutions whose assets are less than RMB500 billion will be included in the MPA evaluations.

Second, measures will be adopted to facilitate structural optimization to support economic structural adjustments, transformation, and upgrading. In a bid to provide more efficient financial services to the supply-side structural reforms, continued efforts will be made to optimize the direction and structure of liquidity and to reinforce the role of credit policy in providing guidance. Financial services will be provided to support the transformation and upgrading of priority industries, such as the manufacturing sector, infrastructure, and railways. The role of the financial sector will be tapped to provide stronger support for newly-emerging consumption sectors, such as elderly care, education, and healthcare, as well as key sectors in the national economy, including entrepreneurship and innovation, science and technology, the cultural industry, the maritime economy, and the emerging strategic industries. Financial services will be improved for the coordinated development of Beijing, Tianjin, and Hebei, the Belt and Road Initiative, and development of the western regions. The focus of agro-linked financial services will be to support the strategy of rural rejuvenation, the integrated development of the primary, secondary, and tertiary industries, and to improve efficiency. The financial-sector mechanism for targeted poverty alleviation will be improved and financial services for seriously impoverished areas will be reinforced. Efforts will be made to evaluate the outcome of credit policies and to guide financial institutions to increase credit support to weak links in the economy. Innovations in financial products and services will be encouraged. Ad hoc campaigns to provide financing against accounts receivables of micro and small enterprises will be carried out. Efforts will be made to promote financing pledged with intellectual property rights.

Third, the market-based interest-rate reform and the RMB exchange-rate regime reform will be furthered to improve the efficiency of financial resource allocations and to improve the financial management system. Financial institutions will be urged to strengthen their internal control systems and to improve their capability for independent and rational pricing and risk management. In order to deepen the financial market, measures will continue to be adopted to develop market-based benchmark rates, to improve the yield curves of government securities, and to continuously improve the market-based interest-rate pricing mechanism. The PBC will explore the interest-rate corridor mechanism, enhance the central-bank's capacity to make interest-rate adjustments and to further improve the transmission of central-bank policy rates to the financial market and the real economy. Oversight of the irrational pricing behavior of financial institutions will be strengthened. The important role of the market interest-rate self-disciplinary mechanism will be tapped. Effective approaches will be adopted to regulate interest-rate pricing, while industry self-discipline and risk prevention will be reinforced to maintain order for fair pricing. The market-based RMB exchange-rate regime will be deepened to improve the managed floating exchange-rate regime based on market supply and demand and with reference to a basket of currencies, to allow the market to play a greater role in determining the exchange rate, to enhance two-way flexibility in the RMB exchange rate, and to keep the RMB exchange rate basically stable at an adaptive and equilibrium level. Development of the foreign-exchange market will be accelerated to provide exchange-rate risk management services based on actual needs in accordance with the principle that finance should serve the real economy. Measures will be adopted to support the use of RMB in cross-border trade and investments. The PBC will closely monitor the impact of international developments on capital flows and will improve macro-prudential management of cross-border capital flows.

Fourth, the financial-market system will be improved to enhance the role of the financial market in stabilizing economic growth, facilitating structural adjustments, promoting reforms, and preventing risks. In accordance with the principle that the financial sector must serve the real economy, product innovations will be facilitated to deepen and broaden the bond market, supervision over green financing bonds will be strengthened throughout their duration, and the mechanism to prevent and resolve default risks will be improved. Fully tapping the role of financial markets, green financing will be in a better position to support the economic transformation. A two-way opening of the bond market will be facilitated by encouraging various overseas institutions to issue bonds on the onshore RMB market and for domestic institutions to place bonds in offshore markets, and to promote overseas institutions to invest in the onshore bond market. Development of the secondary bond market will be facilitated through improvements in the market-maker assessment system and in the institutional arrangements for trading, clearing, and settlement, in order to have a more liquid bond market. Supporting policies on accounting, audits, and taxes will be improved to create a more friendly and convenient investment environment. Further coordination is needed to promote securitization and the well-regulated development of the securitization market. A coordinated management framework of the financial-market infrastructure will be established to improve market infrastructure and to provide the institutional underpinning for the efficient functioning and overall stability of the financial market as the opening-up deepens further.

Fifth, the reform of financial institutions will be deepened and financial services will be improved by increasing supply and enhancing competition. Reform of large commercial banks and other large financial institutions will be further deepened by improving corporate governance, regulating the relationship among the shareholders' meeting, the board of directors, the board of supervisors, and management, improving the operation authorization system, establishing an effective system for decision making, execution, and checks and balances, and improving the quality of operations and management and risk-control capacity. Further reforms of the management and operational mechanisms of the Agricultural and Rural Financial Service Division of the Agricultural Bank of China will be promoted, and effective measures will be taken to revitalize the County Service Division to improve its capacity to serve the real economy at the county level. The reform program for development and policy financial institutions will be implemented in a comprehensive manner. Efforts will be made to rapidly complete the follow-up tasks for improving the governance structure, specifying the scope of businesses, improving risk compensation mechanisms, and deepening the reforms in order to nurture development and policy financial institutions with Chinese characteristics that provide services for economic development and operate on a sustainable basis.

Sixth, measures will be taken to strengthen risk prevention and management in key fields. Thinking about the worst-case scenario and with a view to seeking progress amidst stability, the PBC will grasp the principal contradictions, follow the leadership of the Financial Stability and Development Committee under the State Council, earnestly fulfill its role in the committee's office, and work together with the relevant departments to work out a timeline and roadmap to prioritize issues that might impact economic and social stability and trigger systemic risks. Efforts will made to overcome regulatory shortcomings, effectively control the macro leverage ratio and risks in key areas, address risks stemming from shadow-banking, and earnestly handle risks pertaining to various financial institutions. The PBC will also continue to pursue comprehensive policy measures to defend the bottom line in preventing systemic financial risks and to win the battle of preventing and mitigating major financial risks.

附录一　2018年第一季度中国货币政策大事记

1月4日，中国人民银行与中国银行台北分行续签《关于人民币业务的清算协议》。

1月5日，中国人民银行印发《关于进一步完善人民币跨境业务政策促进贸易投资便利化的通知》（银发〔2018〕3号），明确凡依法可使用外汇结算的跨境交易，企业都可以使用人民币结算。

1月11日，全国性商业银行开始陆续使用期限为30天的临时准备金动用安排（CRA）。

1月19日，中国人民银行、国家海洋局、国家发展改革委、工业和信息化部、财政部、银监会、证监会、保监会联合印发《关于改进和加强海洋经济发展金融服务的指导意见》（银发〔2018〕7号），统筹优化金融资产，改进和加强海洋经济发展金融服务，推动海洋经济向质量效益型转变。

1月23日，中国人民银行向全国人大财经委员会汇报2017年货币政策执行情况。

1月25日，普惠金融定向降准全面实施。

2月5日，中国人民银行印发《关于开展金融扶贫领域作风问题专项治理的通知》（银发〔2018〕30号），计划用一年左右时间，集中解决金融扶贫领域存在的各项问题，强化金融扶贫工作合力，确保金融助推脱贫攻坚取得实效。

2月5日，中国人民银行印发《关于加强绿色金融债券存续期监督管理有关事宜的通知》（银发〔2018〕29号），进一步完善绿色金融债券存续期监督管理，提升信息披露透明度。

2月9日，中国人民银行授权美国摩根大通银行担任美国人民币业务清算行。

2月14日，发布《2017年第四季度中国货币政策执行报告》。

2月27日，印发中国人民银行公告〔2018〕第3号，规范银行业金融机构发行资本补充债券的行为，切实提高银行业金融机构资本的损失吸收能力。

3月26日，人民币跨境支付系统（CIPS）二期投产试运行。

3月26日，以人民币计价结算的原油期货在上海国际能源交易中心挂牌交易。

3月28日，中国人民银行牵头制定的《关于规范金融机构资产管理业务的指导意见》和《关于加强非金融企业投资金融机构监管的指导意见》经中央全面深化改革委员会第一次会议审议通过。

3月30日，中国人民银行发布《公开市场业务公告》〔2018〕第2号，调整完善公开市场业务一级交易商考评指标体系。

3月30日，中国人民银行与澳大利亚储备银行续签规模为2 000亿元人民币/400亿澳大利亚元的双边本币互换协议。

Appendix 1 Highlights of China's Monetary Policies in the First Quarter of 2018

On January 4, the PBC renewed the Agreement on RMB Clearing Business with the Bank of China (Taipei) Company, Ltd..

On January 5, the PBC issued the *Notice on Further Improving RMB Cross-border Business Policies to Facilitate Trade and Investment* (PBC Document [2018] No. 3) to clarify that enterprises may settle any cross-border transactions in RMB that can be legally settled in foreign exchange.

Beginning from January 11, national commercial banks can now use the 30-day Contingent Reserve Allowance (CRA).

On January 19, the PBC, the State Oceanic Administration (SOA), the National Development and Reform Commission (NDRC), the Ministry of Industry and Information Technology (MIIT), the Ministry of Finance (MOF), China Banking Regulatory Commission (CBRC), China Securities Regulatory Commission (CSRC), and China Insurance Regulatory Commission (CIRC) jointly issued the *Guiding Opinions on Improving and Strengthening Financial Services for the Development of the Marine Economy* (PBC Document [2018] No. 7) in order to coordinate and optimize financial assets as well as to improve financial services to increase the quality and efficiency of the oceanic economy.

On January 23, the PBC reported to the Financial and Economic Affairs Committee of the National People's Congress on the conduct of monetary policy in 2017.

On January 25, the policy of a targeted reduction in the requirement reserve ratio (RRR) for financial inclusion began to be fully implemented.

On February 5, the PBC issued the *Notice on Changing the Work Style in the Field of Financial Support for Poverty Alleviation* (PBC Document [2018] No. 30) in order to solve the various problems in financial-sector support for poverty reduction and to consolidate all parties' efforts in the financial sector for the purpose of ensuring concrete results in reducing poverty.

On February 5, the PBC issued the *Notice on Strengthening Regulation throughout the Duration of Green Bonds* (PBC Document [2018] No. 29) to further improve supervision and management of the duration of green financial bonds and to enhance the transparency of information disclosures.

On February 9, the PBC authorized JP Morgan Chase & Co. as the RMB clearing bank in the United States.

On February 14, the *China Monetary Policy Report Q4, 2017* was released.

On February 27, PBC Public Notice [2018] No. 3 was issued to regulate the issuance of capital supplement bonds by banking financial institutions and to effectively improve the capital loss absorption capacity of banking financial institutions.

On March 26, Phase 2 of the RMB Cross-border Interbank Payment System (CIPS) began operations.

On March 26, crude oil futures denominated in RMB were listed for transactions on the Shanghai International Energy Exchange.

On March 28, the *Guidelines on Regulating Asset Management Services of Financial Institutions* and the *Guidelines on Strengthening Supervision of Investments in Financial Institutions by Non-financial Enterprises,* the drafting of which were coordinated and led by the PBC, were endorsed after deliberation by the Central Comprehensively Deepening Reforms Commission of the CPC.

On March 30, the PBC issued the *Public Notice on Open Market Operations* [2018] No. 2 to adjust and improve the performance of the evaluation system for open market operation primary dealers.

On March 30, the PBC and the Reserve Bank of Australia renewed their local currency swap agreement. The size of the facility is RMB200 billion/AUD40 billion.

附录二　2018年第一季度主要经济体中央银行货币政策

一、美联储

美联储1月31日宣布维持联邦基金利率不变并继续推进缩表计划。3月21日，美联储例会决定提高联邦基金利率25 个基点至1.50%～1.75%，维持2018年末联邦基金利率预期中位数2.1%不变，但上调2019年与2020年末预期中位数分别至2.9%与3.4%；同时继续缩减资产负债表，3月缩减规模上限分别为120亿美元国债和80亿美元机构抵押支持证券（MBS），4月缩减规模分别增加至180亿美元国债和120亿美元MBS。

二、欧洲中央银行

欧央行1月25日和3月8日均决定维持主要再融资利率0%、边际贷款便利利率0.25%、存款便利利率-0.4%不变，继续保持每月300亿欧元的资产购买规模至2018年9月；3月8日例会上调2018年GDP增长预测至2.4%，同时维持2019年和2020年GDP增长预期1.9%和1.7%不变，2018年至2020年通胀预期分别为1.4%、1.4%和1.7%。

三、日本银行

日本银行在第一季度两次例会上均决定继续实施收益率曲线管理下的量化和质化宽松货币政策（QQE），以实现2%的价格稳定目标。在收益率曲线管理方面，对金融机构存放在日本银行的部分超额准备金利率维持在-0.1%不变，同时继续以每年80万亿日元的规模购买日本政府债券，从而将10年期国债收益率维持在0附近，以期实现长期利率目标。在资产购买方面，继续购买交易所基金（ETFs）、日本房地产投资信托（J-REIT）、商业票据和企业债券，年购买规模分别为6万亿日元、900亿日元、2.2万亿日元和3.2万亿日元。

四、英格兰银行

英格兰银行在2018年第一季度的两次例会上均决定维持基准利率0.5%不变，并维持100亿英镑的投资级非金融公司债购买计划和4 350亿英镑的资产购买计划数量不变。

Appendix 2 Monetary Policies of the Central Banks of the Major Economies in the First Quarter of 2018

1. U.S. Federal Reserve

At its January 31 meeting, the Federal Reserve kept the target range for the federal funds rate unchanged and continued its balance sheet normalization program. On March 21, the Federal Reserve decided to raise the target range for the federal funds rate by 25 basis points to 1.50 percent to 1.75 percent. The median projection for the federal funds rate is unchanged at 2.1 percent by the end of 2018, but revised up to 2.9 percent by the end of 2019, and 3.4 percent by the end of 2020. The Federal Reserve also continued its balance-sheet normalization program, according to which only maturing principals above USD12 billion per month for Treasuries and USD8 billion per month for agency mortgage-backed securities (MBS) would be reinvested in March. These caps would be raised to USD18 billion for Treasuries and USD12 billion for MBS respectively effective in April.

2. European Central Bank

At its meetings on January 25 and March 8, 2018, the European Central Bank (ECB) decided that interest rates on the main refinancing operations, the marginal lending facility, and the deposit facility would remain unchanged at 0.00 percent, 0.25 percent, and –0.40 percent respectively. With respect to unconventional monetary policy measures, the ECB will maintain net asset purchases at a monthly pace of EUR30 billion until September 2018. At the meeting on March 8, the ECB revised upward the projection for GDP growth in 2018 to 2.4 percent, while maintaining its projections for 2019 and 2020 at 1.9 percent and 1.7 percent respectively. The inflation projections for 2018~2020 are 1.4 percent, 1.4 percent, and 1.7 percent respectively.

3. Bank of Japan

At both of its meetings in Q1 of 2018, the Bank of Japan (BOJ) decided to continue qualitative and quantitative easing (QQE) with yield curve control, aiming to achieve a price-stability target of 2 percent. With respect to the yield curve control, the BOJ will continue to apply a negative interest rate of –0.1 percent to the Policy-Rate Balances in the current accounts held by financial institutions at the BOJ and will purchase at more or less the current pace—an annual pace of increases in the amount outstanding of its JGB holdings at about JPY80 trillion—so as to keep the 10-year JGB yield at around 0 percent and to achieve the long-term interest rate target. With regard to asset purchases other than JGB purchases, the BOJ will purchase exchange-traded funds (ETFs), Japan real-estate investment trusts (J-REITs), commercial paper, and corporate bonds at annual paces of about JPY6 trillion, JPY90 billion, JPY2.2 trillion, and JPY3.2 trillion respectively.

4. Bank of England

At both of its meetings in Q1 of 2018, the Bank of England (BOE) kept unchanged the Bank Rate at 0.5 percent, the stock of sterling non-financial investment-grade corporate bond purchases at GBP10 billion, and the stock of UK government bond purchases at GBP435 billion.

一、经济增长与经济发展水平

1. Economic Growth

1978年以来中国经济增长与宏观经济政策

China's economic growth and macroeconomic policies since 1978

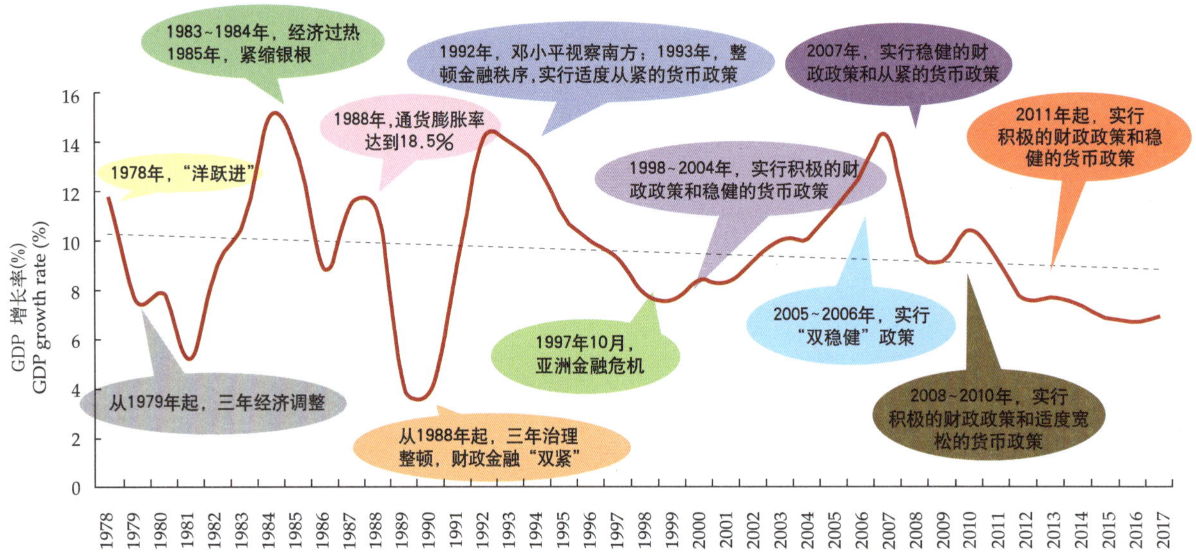

- "Great leap forward" in 1978
- 3-year economic adjustment between 1979 and 1981
- Over-heated economy between 1983 and 1984, tight monetary policy in 1985
- Inflation of 18.5% in 1988
- 3-year rectification from 1988 to 1991, "double tightening" of fiscal and monetary policy
- Deng Xiaoping's remarks on economic reform during his 1992 trip to South China, rectification of financial order and adoption of appropriately tight monetary policy in 1993
- Asian financial crisis of October 1997
- Proactive fiscal policy and sound monetary policy from 1998 to 2004
- "Double sound" fiscal and monetary policy in 2005 and 2006
- Sound fiscal policy and tight monetary policy in 2007
- Proactive financial policy and moderately loose monetary policy in 2008 to 2010
- Proactive financial policy and sound monetary policy since 2011

人均国内生产总值

Per capita GDP

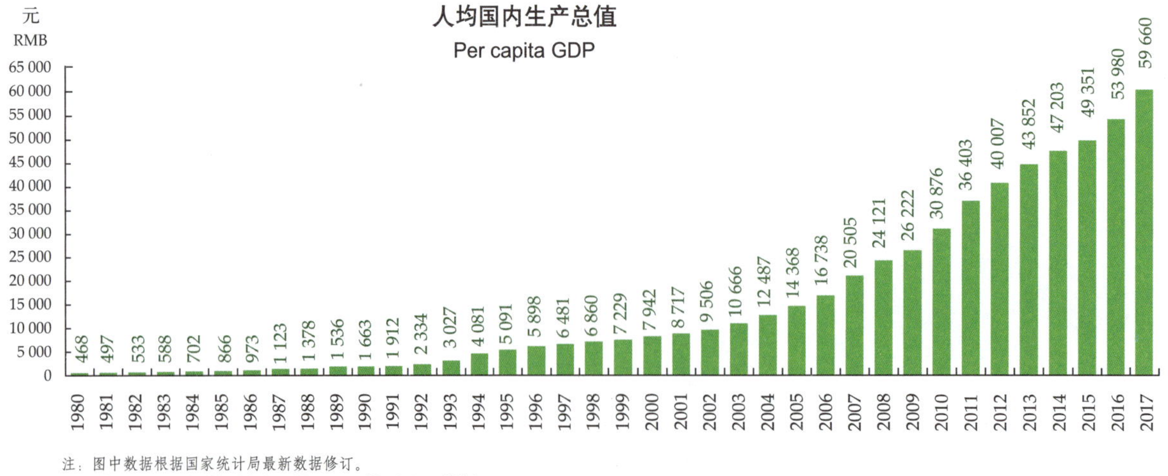

注：图中数据根据国家统计局最新数据修订。

Note: Data are revised by National Bureau of Statistics of China.

GDP总量：据世界银行按汇率折算法测算，2016年中国GDP总量为11.20万亿美元，占世界GDP总量75.64万亿美元的14.8%，位居第二，排在美国之后。根据《2016年世界发展指标》，按购买力平价法估算，2016年中国GDP总量为21.42万亿美元，占世界GDP总量120.09万亿美元的17.8%，位居第一。

人均GDP：2017年，中国人均GDP为59 660元人民币，按年末汇率折算为9 130美元。

人均国民收入：据世界银行按汇率折算法测算，2016年世界人均国民收入为10 302美元，中国人均国民收入为8 260美元，位居世界216个经济体由高向低排列的第93位。按购买力平价法估算，2016年中国人均国民收入为15 500美元，相当于世界人均国民收入16 095美元的96.3%，位居世界216个经济体由高向低排列的第102位。

Gross Domestic Product (GDP): The World Bank estimated that the world total GDP and China's GDP in 2016 were USD75.64 trillion and USD11.20 trillion respectively based on Atlas methodology. Accounting for 14.8 percent of the world total, China's GDP ranked 2nd in the world after U.S.. The World Bank estimated that the world total GDP and China's GDP in 2016 were USD120.09 trillion and USD21.42 trillion respectively based on a PPP basis, according to the *World Development Indicators 2016*. Accounting for 17.8 percent of the world total, China's GDP ranked 1st in the world.

GDP per capita: In 2017, China's GDP per capita reached RMB59,660, or USD9,130 based on the exchange rate at the end of 2017.

Gross National Income (GNI) per capita: The World Bank estimated that in 2016 the GNI per capita for the world as a whole was USD10,302 based on Atlas methodology. The GNI per capita in China was USD8,260, ranking 93th among 216 worldwide economies. In PPP terms, the GNI per capita in China in 2016 was USD15,500, equivalent to 96.3 percent of the world figure which was USD16,095, thus ranking 102th among the 216 worldwide economies.

2016年世界银行按汇率折算法测算的GDP总量前10名排序

Top ten economies in terms of GDP based on Atlas methodology in 2016 (World Bank estimation)

排名 Rank	国家 Country	GDP(万亿美元) GDP (USD1 trillion)	占世界GDP总量的比重(%) As a percent of the world total (%)
1	美国 U.S.	18.57	24.5
2	**中国 China**	**11.20**	**14.8**
3	日本 Japan	4.94	6.5
4	德国 Germany	3.47	4.6
5	英国 U.K.	2.62	3.5
6	法国 France	2.47	3.3
7	印度 India	2.26	3.0
8	意大利 Italy	1.85	2.4
9	巴西 Brazil	1.80	2.4
10	加拿大 Canada	1.53	2.0
世界 World total		**75.64**	**100.0**

2016年世界银行按购买力平价方法估算的GDP总量前10名排序

Top ten economies in terms of GDP based on PPP in 2016 (World Bank estimation)

排名 Rank	国家 Country	GDP(万亿美元) GDP (USD1 trillion)	占世界GDP总量的比重(%) As a percent of the world total (%)
1	**中国 China**	**21.42**	**17.8**
2	美国 U.S.	18.57	15.5
3	印度 India	8.70	7.2
4	日本 Japan	5.27	4.4
5	德国 Germany	4.03	3.4
6	俄罗斯 Russia	3.40	2.8
7	巴西 Brazil	3.14	2.6
8	印度尼西亚 Indonesia	3.03	2.5
9	英国 U.K.	2.80	2.3
10	法国 France	2.77	2.3
世界 World total		**120.09**	**100.0**

世界银行估算的2016年人均国民收入

National income per capita in 2016 (estimated by the World Bank)

单位：美元 Unit: USD

	世界平均 Global average	低收入国家 Low-income countries	中等收入国家 Middle-income countries		高收入国家 High-income countries
			较低收入组 Lower-middle-income countries	较高收入组 Upper-middle-income countries	
汇率折算法 On Atlas methodology	10 302	612	2 079	8 210	41 046
购买力平价法 On a PPP basis	16 095	1 646	6 764	16 537	46 965

国内生产总值
Gross domestic product

年/季度 Year /Quarter		国内生产总值 GDP		第一产业 Primary industry		第二产业 Secondary industry		第三产业 Tertiary industry	
		绝对值(亿元) Absolute value (RMB100 million)	增长(%) Growth(%)	绝对值(亿元) Absolute value (RMB100 million)	增长(%) Growth(%)	绝对值(亿元) Absolute value (RMB100 million)	增长(%) Growth(%)	绝对值(亿元) Absolute value (RMB100 million)	增长(%) Growth(%)
2009	I	74 053	6.4	4 441	3.8	32 550	5.8	37 062	7.2
	I-II	158 035	7.3	11 428	3.7	71 929	7.1	74 678	8.1
	I-III	248 049	8.5	21 594	3.9	113 243	8.7	113 212	9.1
	I-IV	349 081	9.4	34 162	4.0	160 172	10.3	154 748	9.6
2010	I	87 617	12.2	4 945	3.9	39 365	15.4	43 307	10.0
	I-II	187 149	11.4	12 920	3.7	86 788	14.0	87 441	9.8
	I-III	293 388	10.9	24 834	4.0	135 696	13.1	132 858	9.7
	I-IV	413 030	10.6	39 363	4.3	191 630	12.7	182 038	9.7
2011	I	104 641	10.2	5 768	3.2	47 195	11.3	51 679	9.9
	I-II	223 816	10.1	15 194	2.9	104 080	11.1	104 542	10.1
	I-III	350 797	9.8	29 475	3.5	162 703	11.0	158 619	9.9
	I-IV	489 301	9.5	46 163	4.2	227 039	10.7	216 099	9.5
2012	I	117 594	8.1	6 687	3.7	52 317	9.5	58 590	7.3
	I-II	249 276	7.9	16 967	4.3	113 752	8.7	118 558	7.6
	I-III	387 899	7.8	32 164	4.2	176 009	8.3	179 726	7.8
	I-IV	540 367	7.9	50 902	4.5	244 643	8.4	244 822	8.0
2013	I	129 747	7.9	7 170	3.0	55 862	7.8	66 715	8.4
	I-II	273 714	7.7	18 012	2.8	120 994	7.7	134 708	8.3
	I-III	426 619	7.8	34 605	3.3	187 744	7.9	204 271	8.4
	I-IV	595 244	7.8	55 329	3.8	261 956	8.0	277 959	8.3
2014	I	140 618	7.4	7 492	3.2	59 222	7.6	73 905	7.6
	I-II	297 080	7.4	19 145	3.7	128 763	7.7	149 172	7.6
	I-III	462 792	7.3	36 821	4.1	199 787	7.6	226 183	7.6
	I-IV	643 974	7.3	58 344	4.1	277 572	7.4	308 059	7.8
2015	I	150 987	7.0	7 770	3.1	60 725	6.4	82 492	7.8
	I-II	319 490	7.0	20 257	3.5	131 872	6.3	167 361	8.1
	I-III	496 200	6.9	38 345	3.8	203 537	6.2	254 318	8.2
	I-IV	689 052	6.9	60 862	3.9	282 040	6.2	346 150	8.2
2016	I	161 456	6.7	8 803	2.9	61 385	6.0	91 268	7.5
	I-II	342 071	6.7	22 097	3.0	135 116	6.2	184 858	7.5
	I-III	532 434	6.7	40 667	3.5	210 755	6.3	281 012	7.5
	I-IV	743 586	6.7	63 673	3.3	296 548	6.3	383 365	7.7
2017	I	180 385	6.9	8 654	3.0	70 084	6.4	101 647	7.7
	I-II	380 944	6.9	21 987	3.5	153 213	6.4	205 744	7.7
	I-III	592 540	6.9	41 229	3.7	238 446	6.3	312 865	7.8
	I-IV	827 122	6.9	65 468	3.9	334 623	6.1	427 032	8.0
2018	I	198 783	6.8	8 904	3.2	77 451	6.3	112 428	7.5

注：1. 表中绝对数按当年价格计算，"比上年同期增长"按不变价格计算。
2. 表中数据根据国家统计局最新数据修订。

Notes: 1. Absolute figures in this table are calculated at current prices, and the year-on-year growth rates are calculated at constant prices.
2. Data are revised by National Bureau of Statistics of China.

1978年以来GDP及其增长率
GDP and its annual growth rate since 1978

年 Year	GDP(万亿元) GDP(RMB1 trillion)	GDP增长率(%) GDP growth rate(%)
1978	0.4	11.7
1979	0.4	7.6
1980	0.5	7.8
1981	0.5	5.1
1982	0.5	9.0
1983	0.6	10.8
1984	0.7	15.2
1985	0.9	13.4
1986	1.0	8.9
1987	1.2	11.7
1988	1.5	11.2
1989	1.7	4.2
1990	1.9	3.9
1991	2.2	9.3
1992	2.7	14.2
1993	3.6	13.9
1994	4.9	13.0
1995	6.1	11.0
1996	7.2	9.9
1997	8.0	9.2
1998	8.5	7.8
1999	9.1	7.7
2000	10.0	8.5
2001	11.1	8.3
2002	12.2	9.1
2003	13.7	10.0
2004	16.2	10.1
2005	18.7	11.4
2006	21.9	12.7
2007	27.0	14.2
2008	32.0	9.7
2009	34.9	9.4
2010	41.3	10.6
2011	48.9	9.5
2012	54.0	7.9
2013	59.5	7.8
2014	64.4	7.3
2015	68.9	6.9
2016	74.4	6.7
2017	82.7	6.9

注：表中数据根据国家统计局最新数据修订。
Note: Data are revised by National Bureau of Statistics of China.

GDP及其增长率
GDP and its annual growth rate

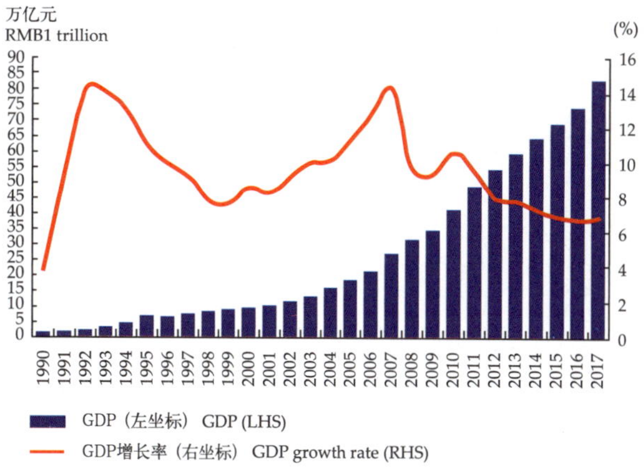

2007年以来GDP季度累计增长率
Quarterly accumulated GDP growth rates since 2007

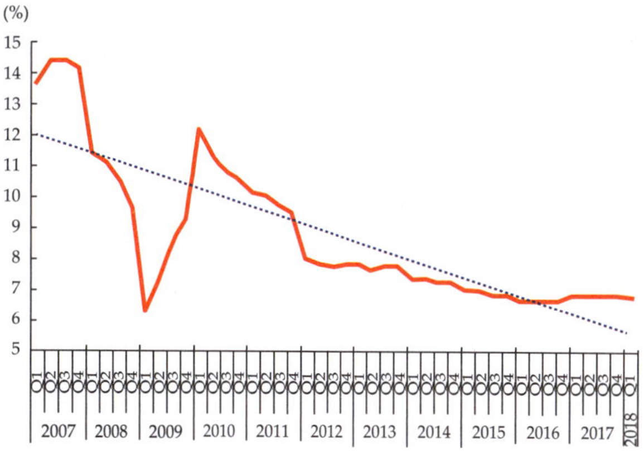

季度GDP三次产业所占的比重与增长率变化
Shares of industries in GDP and their growth rates on a quarterly basis

单位：% Unit: %

年/季度 Year/Quarter	第一产业所占的比重 Share of primary industry	第二产业所占的比重 Share of secondary industry	第三产业所占的比重 Share of tertiary industry	第一产业同比累计增长 YOY accumulated growth of primary industry	第二产业同比累计增长 YOY accumulated growth of secondary industry	第三产业同比累计增长 YOY accumulated growth of tertiary industry
2010Q1	5.7	44.9	49.4	3.9	15.4	10.0
2010Q2	6.9	46.4	46.7	3.7	14.0	9.8
2010Q3	8.4	46.3	45.3	4.0	13.1	9.7
2010Q4	9.5	46.4	44.1	4.3	12.7	9.7
2011Q1	5.5	45.1	49.4	3.2	11.3	9.9
2011Q2	6.8	46.5	46.7	2.9	11.1	10.1
2011Q3	8.4	46.4	45.2	3.5	11.0	9.9
2011Q4	9.4	46.4	44.2	4.2	10.7	9.5
2012Q1	5.7	44.5	49.8	3.7	9.5	7.3
2012Q2	6.8	45.6	47.6	4.3	8.7	7.6
2012Q3	8.3	45.4	46.3	4.2	8.3	7.8
2012Q4	9.4	45.3	45.3	4.5	8.4	8.0
2013Q1	5.5	43.1	51.4	3.0	7.8	8.4
2013Q2	6.6	44.2	49.2	2.8	7.7	8.3
2013Q3	8.1	44.0	47.9	3.3	7.9	8.4
2013Q4	9.3	44.0	46.7	3.8	8.0	8.3
2014Q1	5.3	42.1	52.6	3.2	7.6	7.6
2014Q2	6.5	43.3	50.2	3.7	7.7	7.6
2014Q3	8.0	43.1	48.9	4.1	7.6	7.6
2014Q4	9.1	43.1	47.8	4.1	7.4	7.8
2015Q1	5.2	40.3	54.5	3.1	6.4	7.8
2015Q2	6.4	41.3	52.3	3.5	6.3	8.1
2015Q3	7.8	41.0	51.2	3.8	6.2	8.2
2015Q4	8.9	40.9	50.2	3.9	6.2	8.2
2016Q1	5.5	37.9	56.6	2.9	6.0	7.5
2016Q2	6.5	39.4	54.1	3.0	6.2	7.5
2016Q3	7.7	39.5	52.8	3.5	6.3	7.5
2016Q4	8.6	39.8	51.6	3.3	6.3	7.7
2017Q1	4.8	38.7	56.5	3.0	6.4	7.7
2017Q2	5.8	40.1	54.1	3.5	6.4	7.7
2017Q3	7.0	40.1	52.9	3.7	6.3	7.8
2017Q4	7.9	40.5	51.6	3.9	6.1	8.0
2018Q1	4.5	39.0	56.5	3.2	6.3	7.5

注：表中数据根据国家统计局最新数据修订。
Note: Data are revised by National Bureau of Statistics of China.

季度GDP三次产业所占的比重与增长率变化
Shares of industries in GDP and their growth rates on a quarterly basis

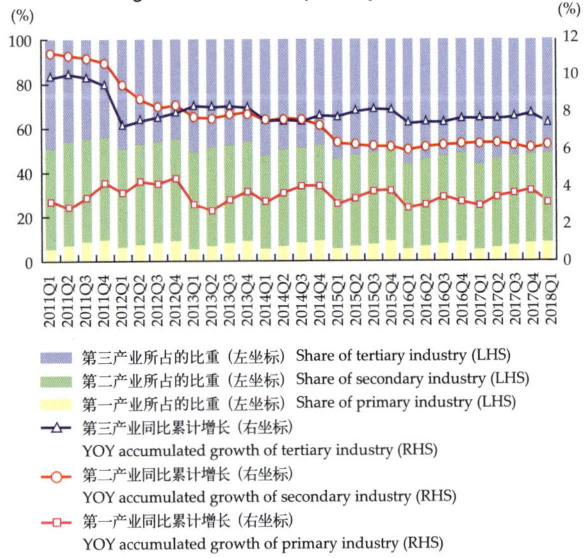

2004年以来年度GDP中三大产业比重
Shares of industries in GDP since 2004

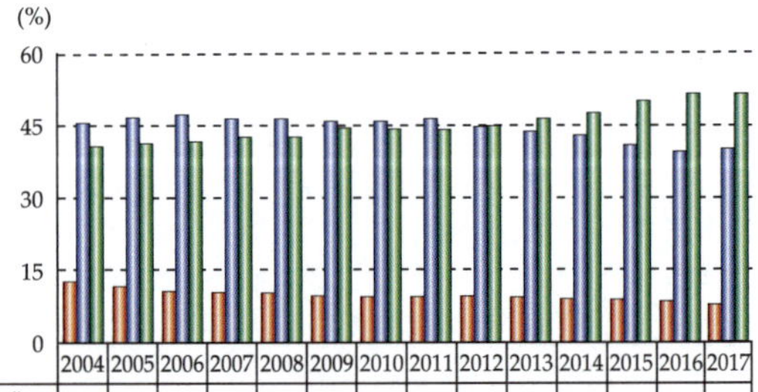

	2004	2005	2006	2007	2008	2009	2010	2011	2012	2013	2014	2015	2016	2017
第一产业 Primary industry	12.9	11.6	10.6	10.3	10.3	9.8	9.5	9.4	9.4	9.3	9.1	8.9	8.6	7.9
第二产业 Secondary industry	45.9	47.0	47.6	46.9	46.9	45.9	46.4	46.4	45.3	44.0	43.1	40.9	39.8	40.5
第三产业 Tertiary industry	41.2	41.3	41.8	42.9	42.8	44.3	44.1	44.2	45.3	46.7	47.8	50.2	51.6	51.6

注：图中数据根据国家统计局最新数据修订。
Note: Data are revised by National Bureau of Statistics of China.

工业增加值增长速度
Growth rate of value added of industry

单位：%　Unit: %

年/月 Year/Month		工业增加值 Value added	采矿业 Mining	制造业 Manufacturing	电力、热力、燃气及水生产和供应业 Electricity, gas & water production and supply	国有及国有控股企业 State-owned and state-holding enterprises	集体企业 Collectively-owned enterprises	股份制企业 Joint-stock enterprises	外商及港澳台投资企业 Enterprises with foreign, HongKong, Macau, and Taiwan investment
		比上年同期增长(%)　Year-on-year growth rate(%)							
2017	1	—	—	—	—	—	—	—	—
	2	—	—	—	—	—	—	—	—
	3	7.6	-0.8	8.0	9.7	7.7	1.5	7.9	7.1
	4	6.5	-0.4	6.9	7.8	5.6	1.9	6.9	5.5
	5	6.5	0.5	6.9	6.4	6.2	3.2	6.8	5.9
	6	7.6	-0.1	8.0	7.3	6.8	3.9	7.7	8.0
	7	6.4	-1.3	6.7	9.8	6.7	-3.6	6.7	6.7
	8	6.0	-3.4	6.9	8.7	7.8	-2.1	5.8	7.9
	9	6.6	-3.8	8.1	7.8	9.0	-2.6	7.1	8.9
	10	6.2	-1.3	6.7	9.2	6.6	3.6	6.1	6.5
	11	6.1	-1.7	6.8	4.5	6.3	-0.7	6.2	6.8
	12	6.2	-0.9	6.5	8.2	5.0	0.5	6.7	5.7
2018	1	—	—	—	—	—	—	—	—
	2	—	—	—	—	—	—	—	—
	3	6.0	-1.1	6.6	5.8	5.7	3.9	6.5	4.9
2017	1～2	6.3	-3.6	6.9	8.4	5.4	-0.1	6.2	6.8
	1～3	6.8	-2.4	7.4	8.9	6.2	0.5	6.9	6.9
	1～4	6.7	-1.8	7.3	8.6	6.1	0.9	6.9	6.5
	1～5	6.7	-1.2	7.2	8.2	6.1	1.4	6.9	6.4
	1～6	6.9	-1.0	7.4	8.1	6.2	1.9	7.1	6.7
	1～7	6.8	-1.0	7.3	8.3	6.3	1.1	7.0	6.7
	1～8	6.7	-1.2	7.2	8.4	6.5	0.7	6.8	6.9
	1～9	6.7	-1.6	7.3	8.4	6.8	0.3	6.8	7.1
	1～10	6.7	-1.6	7.2	8.5	6.8	0.7	6.7	7.0
	1～11	6.6	-1.6	7.2	8.1	6.7	0.6	6.6	7.0
	1～12	6.6	-1.5	7.2	8.1	6.5	0.6	6.6	6.9
	1～2	7.2	1.6	7.0	13.3	9.0	-2.3	7.3	5.9
	1～3	6.8	0.9	7.0	10.8	7.9	0.1	7.0	5.5

注：1. 自2011年起，工业统计范围调整为年主营收入2 000万元及以上的工业企业。
　　2. 本表中“比上年同期增长”按可比价格计算。

Notes: 1. Since 2011, the statistical coverage of industry has been adjusted to industrial enterprises with the annual sales income from main business of RMB20 million and above.
　　2. The year-on-year changes in this table are calculated at comparable prices.

工业增加值增长速度及工业产品销售率
Growth rate of industrial value added and ratio of sales to output of industrial products

单位：% Unit: %

年/月 Year/Month		当月工业增加值同比增长 YOY growth of monthly industrial value added	工业增加值月度累计同比增长 YOY growth of monthly accumulated industrial value added	当月销售率 Monthly ratio of sales to output
2016	1	—	—	—
	2	—	5.4	—
	3	6.8	5.8	97.1
	4	6.0	5.8	97.5
	5	6.0	5.9	97.3
	6	6.2	6.0	97.2
	7	6.0	6.0	97.6
	8	6.3	6.0	98.1
	9	6.1	6.0	97.9
	10	6.1	6.0	97.9
	11	6.2	6.0	97.8
	12	6.0	6.0	98.8
2017	1	—	—	—
	2	—	6.3	—
	3	7.6	6.8	96.9
	4	6.5	6.7	97.6
	5	6.5	6.7	97.7
	6	7.6	6.9	97.7
	7	6.4	6.8	97.9
	8	6.0	6.7	98.5
	9	6.6	6.7	98.3
	10	6.2	6.7	97.8
	11	6.1	6.6	97.8
	12	6.2	6.6	98.8
2018	1	—	—	—
	2	—	7.2	—
	3	6.0	6.8	97.3

工业增加值增长速度及工业产品销售率
Growth rate of industrial value added and ratio of sales to output of industrial products

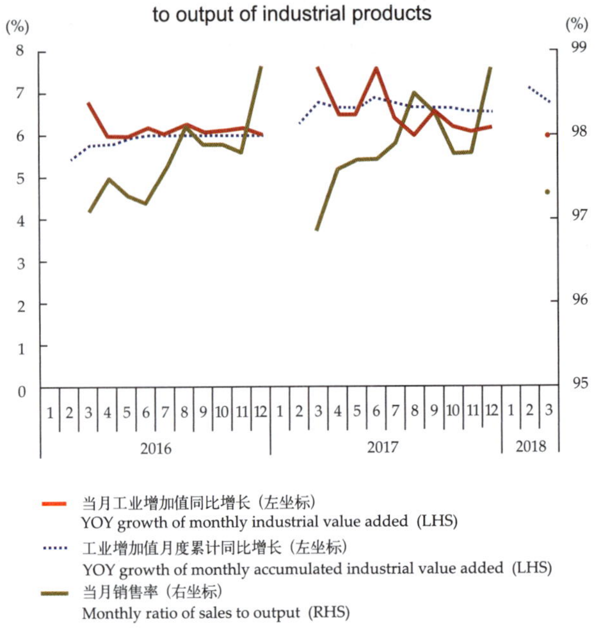

二、价格走势
2. Price Development

1.各种价格指数一览
(1) Overview of price indices

各种价格指数变动表
Changes in price indices

单位：% Unit: %

年/月 Year/Month		居民消费价格指数 Consumer price indices			农业生产资料价格指数 Price indices of mean of agricultural production		工业生产者购进价格指数 Purchasing price index for industrial producers		工业生产者出厂价格指数 Producer price index for manufactured goods		固定资产投资价格指数 Price indices of investment in fixed assets		进出口同比价格指数 Import-export price index (YOY)		
		月环比 MOM	当月同比 YOY	累计同比 Accumulated YOY	当月同比 YOY	累计同比 Accumulated YOY	当月同比 YOY	累计同比 Accumulated YOY	当月同比 YOY	累计同比 Accumulated YOY	当季同比 YOY	累计同比 Accumulated YOY	出口 Exports	进口 Imports	贸易条件 Terms of trade
2016	1	0.5	1.8	1.8	0.3	0.3	-6.3	-6.3	-5.3	-5.3			-6.1	-13.1	108.1
	2	1.6	2.3	2.0	0.6	0.4	-5.8	-6.0	-4.9	-5.1			-6.1	-13.1	108.1
	3	-0.4	2.3	2.1	0.2	0.4	-5.2	-5.8	-4.3	-4.8	-2.7	-2.7	-3.7	-11.6	108.9
	4	-0.2	2.3	2.2	0.1	0.3	-4.4	-5.4	-3.4	-4.5			-2.6	-3.9	101.4
	5	-0.5	2.0	2.1	0.3	0.3	-3.8	-5.1	-2.8	-4.1			-3.3	-4.8	101.6
	6	-0.1	1.9	2.1	0.6	0.3	-3.4	-4.8	-2.6	-3.9	-0.8	-1.8	-2.3	-3.4	101.1
	7	0.2	1.8	2.1	0.2	0.3	-2.6	-4.5	-1.7	-3.6			-1.9	-2.9	101.0
	8	0.1	1.3	2.0	-0.3	0.2	-1.7	-4.1	-0.8	-3.2			-0.9	1.0	98.1
	9	0.7	1.9	2.0	-0.3	0.2	-0.6	-3.8	0.1	-2.9	-0.1	-1.2	-3.1	-0.8	97.7
	10	-0.1	2.1	2.0	-0.5	0.1	0.9	-3.3	1.2	-2.5			-1.3	1.0	97.7
	11	0.1	2.3	2.0	-0.1	0.1	3.5	-2.7	3.3	-2.0			-2.1	4.0	94.1
	12	0.2	2.1	2.0	0.6	0.1	6.3	-2.0	5.5	-1.4	1.4	-0.6	2.1	8.1	94.4
2017	1	1.0	2.5	2.5	1.1	1.1	8.4	8.4	6.9	6.9			4.1	12.8	92.3
	2	-0.2	0.8	1.7	1.2	1.1	9.9	9.1	7.8	7.3			6.7	13.9	93.7
	3	-0.3	0.9	1.4	1.4	1.2	10.0	9.4	7.6	7.4	4.5	4.5	4.5	13.6	92.0
	4	0.1	1.2	1.4	1.1	1.2	9.0	9.3	6.4	7.2			6.9	13.5	94.2
	5	-0.1	1.5	1.4	0.1	1.0	8.0	9.0	5.5	6.8			5.4	12.4	93.8
	6	-0.2	1.5	1.4	-0.9	0.7	7.3	8.7	5.5	6.6	4.7	4.6	5.1	9.5	96.0
	7	0.1	1.4	1.4	-0.7	0.5	7.0	8.5	5.5	6.4			4.0	6.7	97.5
	8	0.4	1.8	1.5	0.0	0.4	7.7	8.4	6.3	6.4			2.9	6.4	96.7
	9	0.5	1.6	1.5	0.4	0.4	8.5	8.4	6.9	6.5	6.5	5.2	2.7	9.0	94.2
	10	0.1	1.9	1.5	1.1	0.5	8.4	8.4	6.9	6.5			2.3	6.6	96.0
	11	0.0	1.7	1.5	1.5	0.6	7.1	8.3	5.8	6.4			3.1	5.7	97.5
	12	0.3	1.8	1.6	1.3	0.6	5.9	8.1	4.9	6.3	7.4	5.8	0.4	5.0	95.7
2018	1	0.6	1.5	1.5	1.3	0.6	5.2	5.2	4.3	4.3			0.5	5.1	95.6
	2	1.2	2.9	2.2	1.2	1.2	4.4	4.8	3.7	4.0			-1.9	-1.4	99.5
	3	-1.1	2.1	2.1	1.9	1.4	3.7	4.4	3.1	3.7	6.2	6.2	2.7	1.1	101.6

注：国家统计局从2011年1月开始实施新的工业生产者价格统计调查制度方法。“工业品价格统计”改称为“工业生产者价格统计”，相应地将“原材料、燃料、动力购进价格指数”改称为“工业生产者购进价格指数”，将“工业品出厂价格指数”改称为“工业生产者出厂价格指数”。

Note: Since January 2011, NBS begins to conduct new statistical system and survey methods on PPI. "Prices statistics on industrial goods" is renamed to "prices statistics on industrial producers". Accordingly, "purchasing prices for raw material,fuels and power" is renamed to "purchasing price for industrial producers", "producer price index of industrial products" is renamed to "producer price index for manufactured goods".

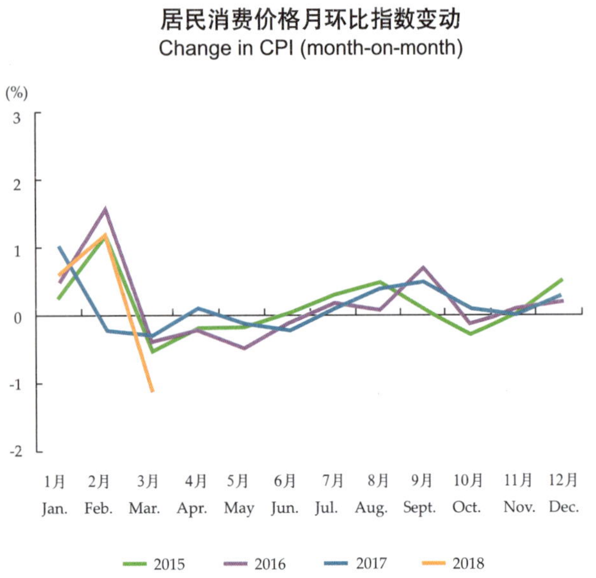
居民消费价格月环比指数变动
Change in CPI (month-on-month)
(%)
3
2
1
0
-1
-2
1月 Jan.
2月 Feb.
3月 Mar.
4月 Apr.
5月 May
6月 Jun.
7月 Jul.
8月 Aug.
9月 Sept.
10月 Oct.
11月 Nov.
12月 Dec.
2015
2016
2017
2018

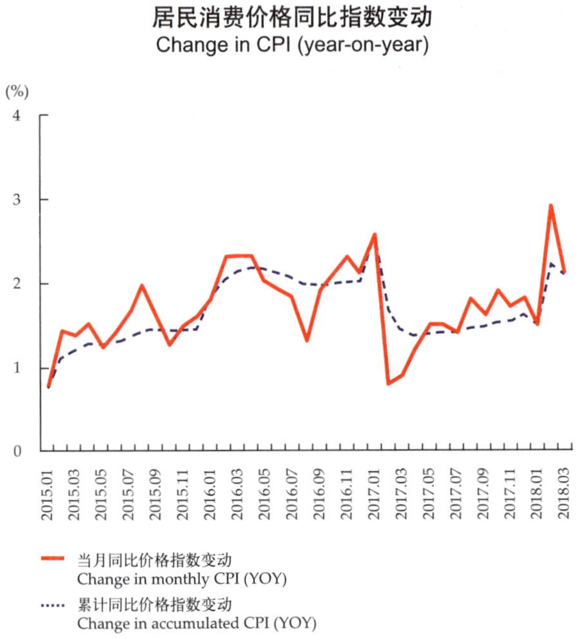
居民消费价格同比指数变动
Change in CPI (year-on-year)
(%)
4
3
2
1
0
2015.01
2015.03
2015.05
2015.07
2015.09
2015.11
2016.01
2016.03
2016.05
2016.07
2016.09
2016.11
2017.01
2017.03
2017.05
2017.07
2017.09
2017.11
2018.01
2018.03
当月同比价格指数变动
Change in monthly CPI (YOY)
累计同比价格指数变动
Change in accumulated CPI (YOY)

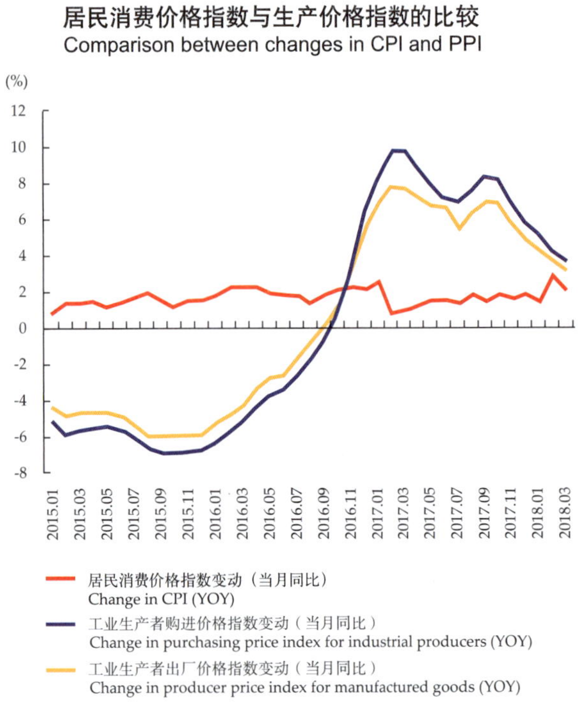
居民消费价格指数与生产价格指数的比较
Comparison between changes in CPI and PPI
(%)
12
10
8
6
4
2
0
-2
-4
-6
-8
2015.01
2015.03
2015.05
2015.07
2015.09
2015.11
2016.01
2016.03
2016.05
2016.07
2016.09
2016.11
2017.01
2017.03
2017.05
2017.07
2017.09
2017.11
2018.01
2018.03
居民消费价格指数变动（当月同比）
Change in CPI (YOY)
工业生产者购进价格指数变动（当月同比）
Change in purchasing price index for industrial producers (YOY)
工业生产者出厂价格指数变动（当月同比）
Change in producer price index for manufactured goods (YOY)

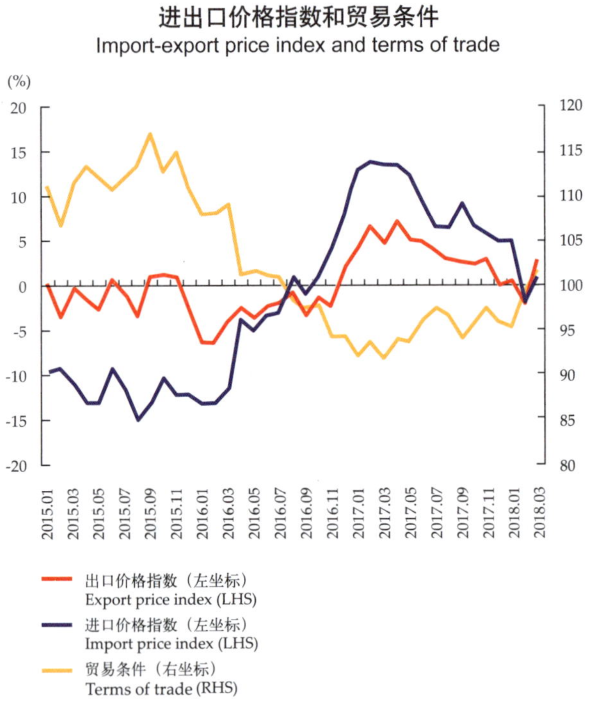
进出口价格指数和贸易条件
Import-export price index and terms of trade
(%)
20
15
10
5
0
-5
-10
-15
-20
120
115
110
105
100
95
90
85
80
2015.01
2015.03
2015.05
2015.07
2015.09
2015.11
2016.01
2016.03
2016.05
2016.07
2016.09
2016.11
2017.01
2017.03
2017.05
2017.07
2017.09
2017.11
2018.01
2018.03
出口价格指数（左坐标）
Export price index (LHS)
进口价格指数（左坐标）
Import price index (LHS)
贸易条件（右坐标）
Terms of trade (RHS)

2.分类指数

(2) Breakdown of indices

居民消费价格当月同比分类指数变动
Breakdown of changes in CPI (YOY)

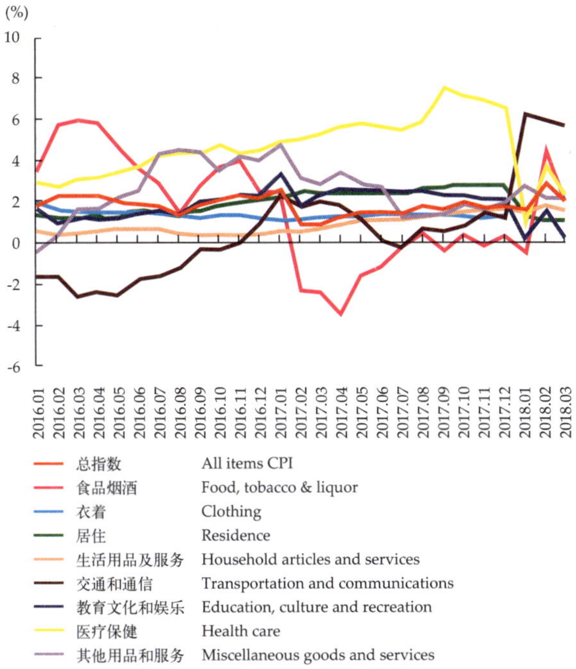

注：国家统计局于2016年1月调整了CPI构成，数据和以前年度不可比。
Note: NBS adjusted the composition of CPI in January 2016, which made the data uncomparable.

工业生产者出厂价格当月同比指数变动 按生产资料和生活资料分类
Breakdown of changes in producer price index (PPI) for manufactured goods by means of production and means of consumer goods (YOY)

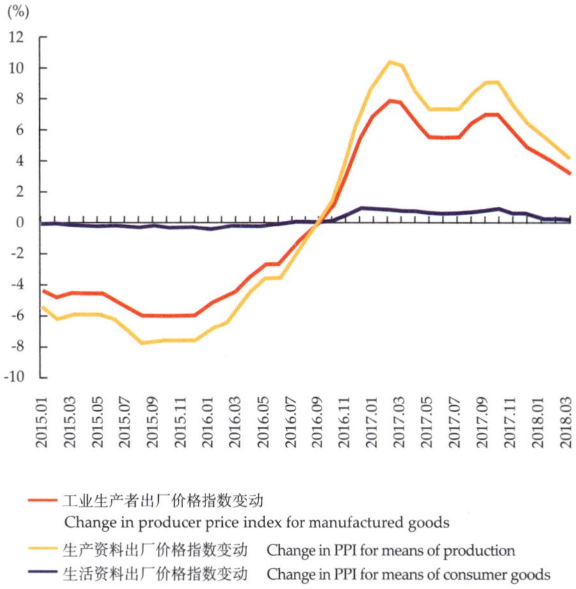

生活资料出厂价格当月同比分类指数变动
Breakdown of changes in PPI for means of consumer goods (YOY)

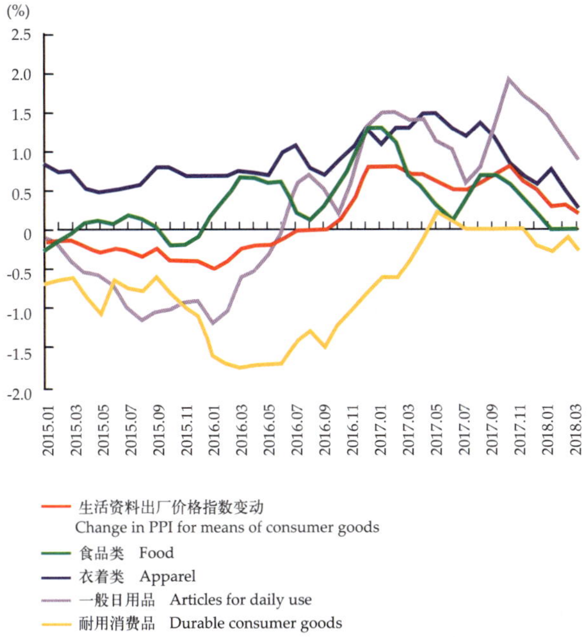

生产资料出厂价格当月同比分类指数变动
Breakdown of changes in PPI for means of production (YOY)

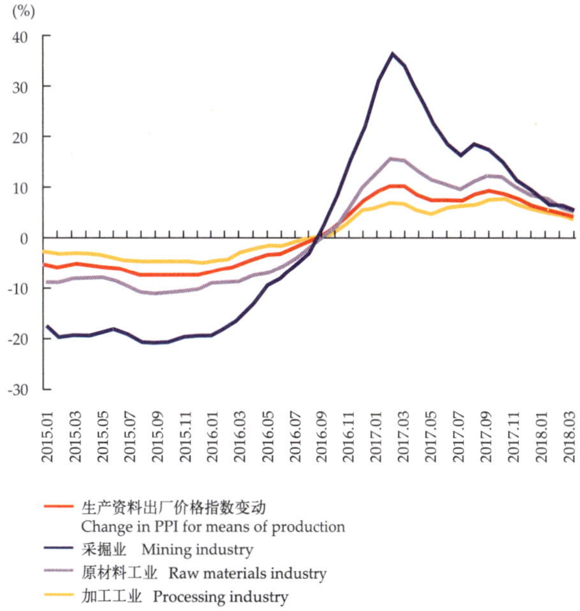

三、就业、失业与收入
3. Employment, Unemployment and Income

人口与就业基本情况
Population and employment

年 Year	年底总人口（亿人） Population at the end of the year (100 million people)	城镇 Urban	比重(%) Share (%)	乡村 Rural	比重(%) Share (%)	15～64岁人口数(亿人) Population between 15~64 years of age (100 million people)	就业人员(亿人) Employment (100 million people)
2001	12.8	4.8	38	8.0	62		7.3
2002	12.8	5.0	39	7.8	61	9.0	7.3
2003	12.9	5.2	41	7.7	59	9.1	7.4
2004	13.0	5.4	42	7.6	58	9.2	7.4
2005	13.1	5.6	43	7.5	57	9.4	7.5
2006	13.1	5.8	44	7.3	56	9.5	7.5
2007	13.2	6.1	46	7.1	54	9.6	7.5
2008	13.3	6.2	47	7.0	53	9.7	7.6
2009	13.3	6.5	48	6.9	52	9.7	7.6
2010	13.4	6.7	50	6.7	50	10.0	7.6
2011	13.5	6.9	51	6.6	49	10.0	7.6
2012	13.5	7.1	53	6.4	47	10.0	7.7
2013	13.6	7.3	54	6.3	46	10.1	7.7
2014	13.7	7.5	55	6.2	45	10.0	7.7
2015	13.7	7.7	56	6.0	44	10.0	7.7
2016	13.8	7.9	57	5.9	43	10.0	7.8
2017	13.9	8.1	59	5.8	41	10.0	7.8

注：表中数据根据第六次人口普查数据重新修订。
Note:Data are revised according to the 6th National Population Census.

就业人员按城乡和产业分类
Employment in urban and rural areas and in industries

年 Year	就业人员(亿人) Employment (100 million people)	按城乡分 Urban & rural				按产业分 Industries					
		城镇 Urban	比重(%) Share (%)	乡村 Rural	比重(%) Share (%)	第一产业 Primary industry	比重(%) Share (%)	第二产业 Secondary industry	比重(%) Share (%)	第三产业 Tertiary industry	比重(%) Share (%)
2001	7.28	2.41	33.1	4.87	66.9	3.64	50.0	1.62	22.3	2.02	27.7
2002	7.33	2.52	34.3	4.81	65.7	3.66	50.0	1.57	21.4	2.10	28.6
2003	7.37	2.62	35.6	4.75	64.4	3.62	49.1	1.59	21.6	2.16	29.3
2004	7.43	2.73	36.8	4.70	63.2	3.48	46.9	1.67	22.5	2.27	30.6
2005	7.46	2.84	38.0	4.63	62.0	3.34	44.8	1.78	23.8	2.34	31.4
2006	7.50	2.96	39.5	4.53	60.5	3.19	42.6	1.89	25.2	2.41	32.2
2007	7.53	3.10	41.1	4.44	58.9	3.07	40.8	2.02	26.8	2.44	32.4
2008	7.56	3.21	42.5	4.35	57.5	2.99	39.6	2.06	27.2	2.51	33.2
2009	7.58	3.33	43.9	4.25	56.1	2.89	38.1	2.11	27.8	2.59	34.1
2010	7.61	3.47	45.6	4.14	54.4	2.79	36.7	2.18	28.7	2.63	34.6
2011	7.64	3.59	47.0	4.05	53.0	2.66	34.8	2.25	29.5	2.73	35.7
2012	7.67	3.71	48.4	3.96	51.6	2.58	33.6	2.32	30.3	2.77	36.1
2013	7.70	3.82	49.7	3.87	50.3	2.42	31.4	2.32	30.1	2.96	38.5
2014	7.73	3.93	50.9	3.79	49.1	2.28	29.5	2.31	29.9	3.14	40.6
2015	7.75	4.04	52.2	3.70	47.8	2.19	28.3	2.27	29.3	3.28	42.4
2016	7.76	4.14	53.4	3.62	46.6	2.15	27.7	2.23	28.8	3.38	43.5
2017	7.76	4.25	54.7	3.52	45.3						

注：表中数据根据第六次人口普查数据重新修订。
Note:Data are revised according to the 6th National Population Census.

居民人均可支配收入
Per capita disposable income

年／季度 Year/Quarter	农村居民人均可支配收入 Per capita disposable income in rural area		城镇居民人均可支配收入 Per capita disposable income in urban area	
	绝对值(元) Absolute value (RMB)	同比实际增长(%) Growth in real terms (YOY) (%)	绝对值(元) Absolute value (RMB)	同比实际增长(%) Growth in real terms (YOY) (%)
2015 I	3 279	8.9	8 572	7.0
I～II	5 554	8.3	15 699	6.7
I～III	8 297	8.1	23 512	6.8
I～IV	11 422	7.5	31 195	6.6
2016 I	3 578	7.0	9 255	5.8
I～II	6 050	6.7	16 957	5.8
I～III	8 998	6.5	25 337	5.7
I～IV	12 363	6.2	33 616	5.6
2017 I	3 880	7.2	9 986	6.3
I～II	6 562	7.4	18 322	6.5
I～III	9 778	7.5	27 430	6.6
I～IV	13 432	7.3	36 396	6.5
2018 I	4 226	6.8	10 781	5.7

城镇失业人数和失业率
Unemployed urban population and unemployment rate

年／季度末 Year/End of quarter	城镇登记失业人数(万人) Registered unemployment in urban areas (10 000 people)	城镇登记失业率(%) Registered unemployment rate in urban areas(%)
2015 I	952	4.1
II	952	4.0
III	962	4.1
IV	966	4.1
2016 I	972	4.0
II	978	4.1
III	983	4.0
IV	982	4.0
2017 I	976	4.0
II	976	4.0
III	979	4.0
IV	972	3.9
2018 I	971	3.9

四、国内需求
4. Domestic Demand

1. 按支出法计算的国内生产总值
(1) Expenditure-based GDP

按支出法计算的国内生产总值及其构成
Expenditure-based GDP and its composition

年 Year	按支出法计算的国内生产总值 Expenditure-based GDP	最终消费 Final consumption	居民消费 Household consumption	城镇居民 Urban	农村居民 Rural	政府消费 Government consumption	资本形成总额 Total capital formation	固定资本形成 Fixed capital formation	存货增加 Increased inventory	货物和服务净出口 Net exports of goods and services
	绝对值(亿元) Absolute value (RMB100 million)									
2001	111 250	68 547	50 709	34 411	16 298	17 838	40 379	38 064	2 315	2 325
2002	122 292	74 068	55 076	38 060	17 017	18 992	45 130	43 797	1 333	3 094
2003	138 315	79 513	59 344	41 569	17 775	20 169	55 837	53 964	1 872	2 965
2004	162 742	89 086	66 587	47 354	19 233	22 499	69 421	65 670	3 751	4 236
2005	189 190	101 448	75 232	54 320	20 912	26 215	77 534	75 810	1 724	10 209
2006	221 207	114 729	84 119	61 480	22 640	30 610	89 823	87 223	2 600	16 655
2007	271 699	136 229	99 793	74 205	25 589	36 436	112 047	105 052	6 995	23 423
2008	319 936	157 466	115 338	86 498	28 841	42 128	138 243	128 002	10 241	24 227
2009	349 883	172 728	126 661	95 995	30 666	46 067	162 118	156 735	5 383	15 037
2010	410 708	198 998	146 058	112 447	33 610	52 941	196 653	185 827	10 826	15 057
2011	486 038	241 022	176 532	135 457	41 075	64 490	233 327	219 671	13 656	11 689
2012	540 989	271 113	198 537	153 314	45 223	72 576	255 240	244 601	10 639	14 636
2013	596 963	300 338	219 763	170 330	49 432	80 575	282 073	270 924	11 149	14 552
2014	647 182	328 313	242 540	188 174	54 366	85 773	302 718	290 053	12 664	16 152
2015	699 109	362 267	265 980	206 837	59 143	96 286	312 836	301 503	11 333	24 007
2016	745 632	399 910	293 443	228 517	64 145	106 467	329 138	318 084	11 054	16 585
2017	812 038	435 453	317 510	—	—	117 944	360 627	346 441	14 186	15 958
	构成(%) Composition (%)									
2001	100	61.6	45.6	30.9	14.6	16.0	36.3	34.2	2.1	2.1
2002	100	60.6	45.0	31.1	13.9	15.5	36.9	35.8	1.1	2.5
2003	100	57.5	42.9	30.1	12.9	14.6	40.4	39.0	1.4	2.1
2004	100	54.7	40.9	29.1	11.8	13.8	42.7	40.4	2.3	2.6
2005	100	53.6	39.8	28.7	11.1	13.9	41.0	40.1	0.9	5.4
2006	100	51.9	38.0	27.8	10.2	13.8	40.6	39.4	1.2	7.5
2007	100	50.1	36.7	27.3	9.4	13.4	41.2	38.7	2.6	8.6
2008	100	49.2	36.1	27.0	9.0	13.2	43.2	40.0	3.2	7.6
2009	100	49.4	36.2	27.4	8.8	13.2	46.3	44.8	1.5	4.3
2010	100	48.5	35.6	27.4	8.2	12.9	47.9	45.2	2.6	3.7
2011	100	49.6	36.3	27.9	8.5	13.3	48.0	45.2	2.8	2.4
2012	100	50.1	36.7	28.3	8.4	13.4	47.2	45.2	2.0	2.7
2013	100	50.3	36.8	28.5	8.3	13.5	47.3	45.4	1.9	2.4
2014	100	50.7	37.5	29.1	8.4	13.3	46.8	44.8	2.0	2.5
2015	100	51.8	38.0	29.6	8.5	13.8	44.7	43.1	1.6	3.4
2016	100	53.6	39.4	30.6	8.6	14.3	44.1	42.7	1.5	2.2
2017	100	53.6	39.1	—	—	14.5	44.4	42.7	1.7	2.0

注：表中数据根据国家统计局最新数据修订。
Note: Data are revised by National Bureau of Statistics of China.

按支出法计算的国内生产总值构成变化
Changes in the composition of GDP (based on expenditures)

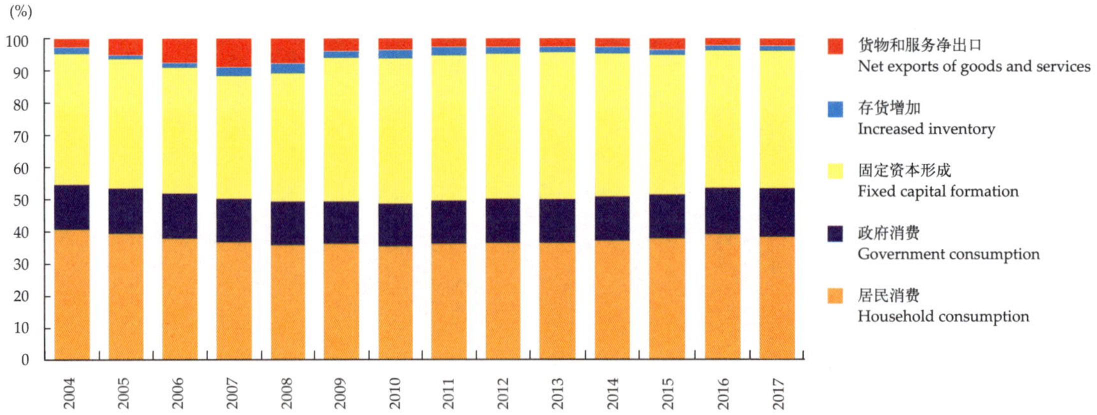

投资率和消费率
Investment ratio and consumption ratio

单位：%　Unit: %

年 Year	资本形成率(投资率) Capital formation ratio (investment ratio)	最终消费率(消费率) Final consumption ratio (consumption ratio)
1986	38.2	64.2
1987	37.8	62.1
1988	39.5	61.5
1989	37.5	63.6
1990	34.4	62.9
1991	35.7	61.5
1992	39.6	59.4
1993	44.0	57.9
1994	40.8	57.9
1995	39.6	58.8
1996	38.2	59.8
1997	36.2	59.4
1998	35.6	60.2
1999	34.9	62.3
2000	34.3	63.3
2001	36.3	61.6
2002	36.9	60.6
2003	40.4	57.5
2004	42.7	54.7
2005	41.0	53.6
2006	40.6	51.9
2007	41.2	50.1
2008	43.2	49.2
2009	46.3	49.4
2010	47.9	48.5
2011	48.0	49.6
2012	47.2	50.1
2013	47.3	50.3
2014	46.8	50.7
2015	44.7	51.8
2016	44.1	53.6
2017	44.4	53.6

注：表中数据根据国家统计局最新数据修订。
Note: Data are revised by National Bureau of Statistics of China.

生产法现价GDP与支出法现价GDP及其增长率比较
Comparison between production-based GDP and expenditure-based GDP at current price

年 Year	(1)生产法GDP Production-based GDP		(2)支出法GDP Expenditure-based GDP		(1)-(2)	
	绝对量(亿元) Absolute value (RMB100 million)	现价增速(%) Growth rate at current price(%)	绝对量(亿元) Absolute value (RMB100 million)	现价增速(%) Growth rate at current price(%)	绝对量(亿元) Absolute value (RMB100 million)	现价增速(%) Growth rate at current price(%)
1991	22 006	16.6	22 124	16.0	-119	0.56
1992	27 195	23.6	27 334	23.5	-140	0.03
1993	35 673	31.2	35 900	31.3	-227	-0.16
1994	48 638	36.3	48 823	36.0	-185	0.35
1995	61 340	26.1	61 539	26.0	-199	0.07
1996	71 814	17.1	72 103	17.2	-289	-0.09
1997	79 715	11.0	80 025	11.0	-310	0.02
1998	85 196	6.9	85 486	6.8	-291	0.05
1999	90 564	6.3	90 824	6.2	-259	0.06
2000	100 280	10.7	100 577	10.7	-297	-0.01
2001	110 863	10.6	111 250	10.6	-387	-0.06
2002	121 717	9.8	122 292	9.9	-575	-0.13
2003	137 422	12.9	138 315	13.1	-893	-0.20
2004	161 840	17.8	162 742	17.7	-902	0.11
2005	187 319	15.7	189 190	16.3	-1 872	-0.51
2006	219 439	17.1	221 207	16.9	-1 768	0.22
2007	270 232	23.1	271 699	22.8	-1 467	0.32
2008	319 516	18.2	319 936	17.8	-420	0.48
2009	349 081	9.3	349 883	9.4	-802	-0.11
2010	413 030	18.3	410 708	17.4	2 322	0.93
2011	489 301	18.5	486 038	18.3	3 263	0.12
2012	540 367	10.4	540 989	11.3	-622	-0.87
2013	595 244	10.2	596 963	10.3	-1 719	-0.19
2014	643 974	8.2	647 182	8.4	-3 208	-0.23
2015	689 052	7.0	699 109	8.0	-10 057	-1.02
2016	743 586	7.9	745 632	6.7	-2 047	1.26
2017	827 122	11.2	812 038	8.9	15 084	2.33

注：表中数据根据国家统计局最新数据修订。
Note: Data are revised by National Bureau of Statistics of China.

投资率和消费率
Investment ratio and consumption ratio

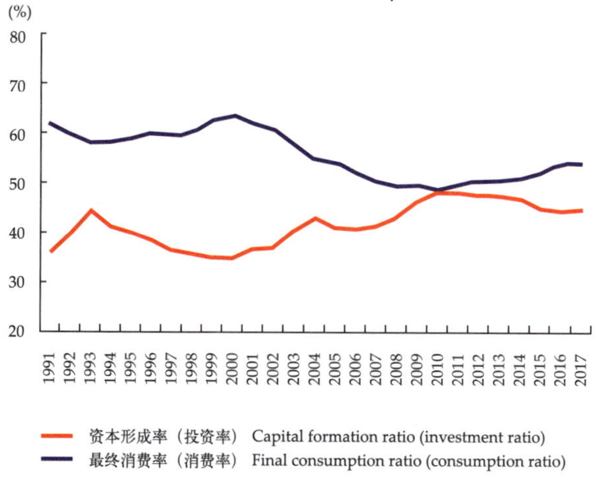

生产法现价GDP与支出法现价GDP增速比较
Comparison of growth rate at current prices between production-based GDP and expenditure-based GDP

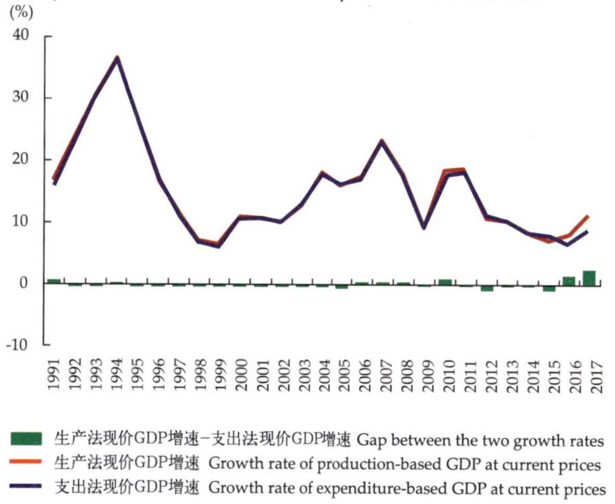

2. 社会消费品零售额

(2) Retail sales of consumer goods

社会消费品零售总额

Retail sales of consumer goods

单位：亿元
Unit: RMB100 million

年/月 Year/Month	当月社会消费品零售总额 Monthly retail sales of consumer goods	当月同比增长率(%) Monthly growth rate (YOY)(%)	社会消费品零售总额累计 Accumulative retail sales of consumer goods	累计同比增长率(%) Accumulative growth rate (YOY)(%)
2016.01	—	—	—	—
2016.02	—	—	52 910	10.2
2016.03	25 114	10.5	78 024	10.3
2016.04	24 646	10.1	102 670	10.3
2016.05	26 611	10.0	129 281	10.2
2016.06	26 857	10.6	156 138	10.3
2016.07	26 827	10.2	182 966	10.3
2016.08	27 540	10.6	210 505	10.3
2016.09	27 976	10.7	238 482	10.4
2016.10	31 119	10.0	269 601	10.3
2016.11	30 959	10.8	300 560	10.4
2016.12	31 757	10.9	332 316	10.4
2017.01	—	—	—	—
2017.02	—	—	57 960	9.5
2017.03	27 864	10.9	85 823	10.0
2017.04	27 279	10.7	113 102	10.2
2017.05	29 459	10.7	142 561	10.3
2017.06	29 808	11.0	172 369	10.4
2017.07	29 610	10.4	201 979	10.4
2017.08	30 330	10.1	232 308	10.4
2017.09	30 870	10.3	263 178	10.4
2017.10	34 241	10.0	297 419	10.3
2017.11	34 108	10.2	331 528	10.3
2017.12	34 734	9.4	366 262	10.2
2018.01	—	—	—	—
2018.02	—	—	61 082	9.7
2018.03	29 194	10.1	90 275	9.8

注：为消除春节日期不固定因素带来的影响，增强数据的可比性，按照国家统计制度，历年1~2月数据一起调查、一起发布。
Note: In order to eliminate the impact of the different date of "Spring Festival" of each year,and enhance the comparability of data, in accordance with the national statistical system,the data in January and February was investigated and released together.

社会消费品零售总额与最终消费增长率的比较

Comparison of growth rate at current prices between retail sales of consumer goods and final consumption expenditure

单位：万亿元
Unit: RMB1 trillion

年 Year	社会消费品零售总额 Retail sales of consumer goods	最终消费 Final consumption	社会消费品零售总额现价增长率(%) Growth rate at current prices of retail sales of consumer goods(%)	最终消费现价增长率(%) Growth rate at current prices of final consumption expenditure(%)
1991	0.94	1.36	13.4	13.5
1992	1.10	1.62	16.8	19.2
1993	1.43	2.08	29.8	28.2
1994	1.86	2.83	30.5	35.9
1995	2.36	3.62	26.8	28.0
1996	2.84	4.31	20.1	19.0
1997	3.13	4.75	10.2	10.3
1998	3.34	5.15	6.8	8.3
1999	3.56	5.66	6.8	10.0
2000	3.91	6.37	9.7	12.4
2001	4.31	6.85	10.1	7.7
2002	4.81	7.41	11.8	8.1
2003	5.25	7.95	9.1	7.4
2004	5.95	8.91	13.3	12.0
2005	6.84	10.14	14.9	13.9
2006	7.91	11.47	15.8	13.1
2007	9.36	13.62	18.2	18.7
2008	11.48	15.75	22.7	15.6
2009	13.27	17.27	15.5	9.7
2010	15.70	19.90	18.3	15.2
2011	18.39	24.10	17.1	21.1
2012	21.03	27.11	14.3	12.5
2013	24.28	30.03	15.5	10.8
2014	27.19	32.83	12.0	9.3
2015	30.09	36.23	10.7	10.3
2016	33.23	39.99	10.4	10.4
2017	36.63	43.55	10.2	8.9

注：表中数据根据国家统计局最新数据修订。
Note: Data are revised by National Bureau of Statistics of China.

累计社会消费品零售总额及其增长率

Accumulative retail sales and growth rates of consumer goods

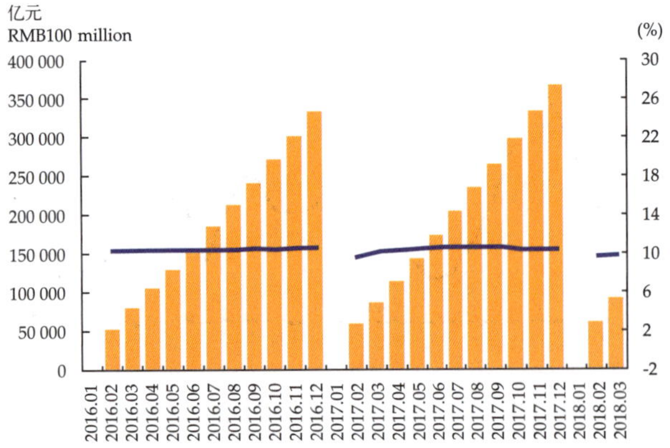

社会消费品零售总额累计（左坐标）
Accumulative retail sales of consumer goods (LHS)
累计同比增长率（右坐标）
Accumulative growth rate (YOY)(RHS)

社会消费品零售总额及最终消费增长趋势

Growth trend of retail sales of consumer goods and final consumption expenditure

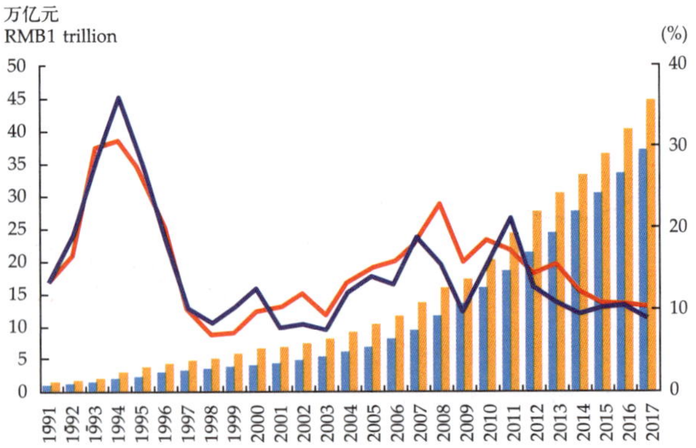

社会消费品零售总额（左坐标）Retail sales of consumer goods (LHS)
最终消费（左坐标）Final consumption (LHS)
社会消费品零售总额现价增长率（右坐标）
Growth rate at current prices of retail sales of consumer goods (RHS)
最终消费现价增长率（右坐标）
Growth rate at current prices of final consumption expenditure (RHS)

3. 固定资产投资完成额
(3) Completed fixed-asset investment

固定资产投资（不含农户）完成额
Completed investment in fixed assets (excluding rural households)

单位：亿元
Unit: RMB100 million

年/月 Year/Month	投资完成额 Investment completed	增长率(%) Growth rate (%)
2016 1~2	38 007.8	10.2
1~3	85 842.8	10.7
1~4	132 592.0	10.5
1~5	187 671.0	9.6
1~6	258 360.0	9.0
1~7	311 694.3	8.1
1~8	366 339.2	8.1
1~9	426 906.4	8.2
1~10	484 429.0	8.3
1~11	538 548.0	8.3
1~12	596 500.8	8.1
2017 1~2	41 377.9	8.9
1~3	93 777.1	9.2
1~4	144 326.8	8.9
1~5	203 718.3	8.6
1~6	280 604.8	8.6
1~7	337 409.5	8.3
1~8	394 150.1	7.8
1~9	458 478.2	7.5
1~10	517 818.0	7.3
1~11	575 057.1	7.2
1~12	631 684.0	7.2
2018 1~2	44 626.0	7.9
1~3	100 763.0	7.5

注：自2011年起，投资项目统计起点标准由原来的50万元调整为500万元，"固定资产投资（不含农户）"等于原口径的城镇固定资产投资加上农村企事业组织项目投资。
Notes: Since 2011, investment indicators are calculated using new threshold criteria of RMB5 million instead of RMB500 thousand in the past. "Investment in fixed assets (excluding rural households)" equals to "investment in fixed assets in urban area" under the old criteria plus "investment of rural enterprises and institutions".

固定资产投资（不含农户）完成额
Completed investment in fixed assets (excluding rural households)

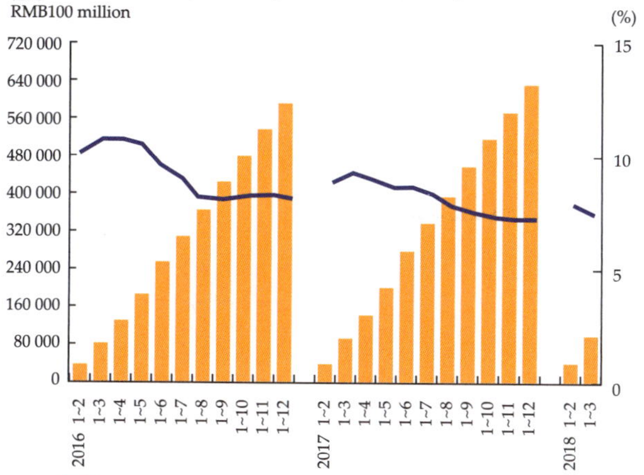

投资完成额（左坐标）
Investment completed (LHS)
比上年同期增长（右坐标）
YOY growth rate (RHS)

固定资产投资完成额和固定资本形成总额的比较
Comparison of completed fixed-asset investment and gross capital formation

单位：万亿元
Unit: RMB1 trillion

年 Year	全社会固定资产投资完成额 Total completed fixed-asset investment	固定资本形成总额 Gross capital formation	全社会固定资产投资现价增长率(%) Growth rate of total fixed-asset investment at current prices(%)	固定资本形成总额现价增长率(%) Growth rate of gross capital formation at current prices(%)
1991	0.56	0.61	23.9	25.7
1992	0.81	0.85	44.4	46.0
1993	1.31	1.36	61.8	60.4
1994	1.70	1.72	30.4	26.6
1995	2.00	2.04	17.5	18.4
1996	2.29	2.33	14.5	14.6
1997	2.49	2.54	8.8	8.8
1998	2.84	2.88	13.9	13.4
1999	2.99	3.02	5.1	5.2
2000	3.29	3.35	10.3	10.9
2001	3.72	3.81	13.1	13.5
2002	4.35	4.38	16.9	15.1
2003	5.56	5.40	27.7	23.2
2004	7.05	6.57	26.8	21.7
2005	8.88	7.58	26.0	15.4
2006	11.00	8.72	23.9	15.1
2007	13.73	10.51	24.8	20.4
2008	17.28	12.80	25.9	21.8
2009	22.46	15.67	30.0	22.4
2010	25.17	18.58	12.1	18.6
2011	31.15	21.97	23.8	18.2
2012	37.47	24.46	20.3	11.3
2013	44.63	27.09	19.1	10.8
2014	51.20	29.01	14.7	7.1
2015	56.20	30.15	9.8	3.9
2016	60.65	31.81	7.9	5.5
2017	64.12	34.64	5.7	8.9

注：表中数据根据国家统计局最新数据修订。
Note: Data are revised by National Bureau of Statistics of China.

固定资产投资完成额和固定资本形成总额
Completed fixed-asset investment and gross capital formation

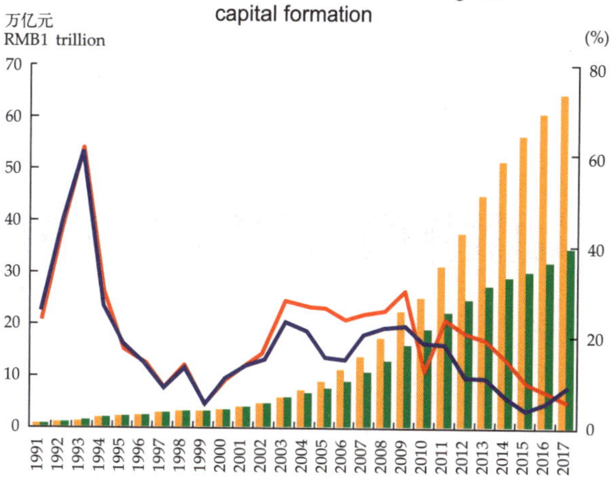

全社会固定资产投资完成额（左坐标）
Total completed fixed-asset investment (LHS)
固定资本形成总额（左坐标）
Gross capital formation (LHS)
全社会固定资产投资现价增长率（右坐标）
Growth rate of total fixed-asset investment at current prices (RHS)
固定资本形成总额现价增长率（右坐标）
Growth rate of gross capital formation at current prices (RHS)

按建设性质分固定资产投资（不含农户）累计完成额及增长率

Completed investment in fixed assets (excluding rural households) and growth rate by type of construction

年/月 Year/Month	绝对值(亿元) Absolute value (RMB100 million)			增长率(%) Growth rate (%)		
	新建 New construction	扩建 Expansion	改建 Transformation	新建 New construction	扩建 Expansion	改建 Transformation
2016 1-2	19 225.6	3 947.0	4 583.9	16.5	-1.8	11.1
1-3	44 455.8	9 561.0	11 331.0	15.7	1.8	10.1
1-4	69 917.3	15 024.8	17 957.5	14.7	1.0	11.1
1-5	99 886.4	21 616.4	25 486.5	13.2	2.6	8.9
1-6	138 324.3	29 653.7	35 033.4	12.7	3.7	7.0
1-7	166 514.7	36 085.4	42 959.1	11.7	3.0	6.4
1-8	196 111.6	42 517.4	50 779.5	11.5	3.6	6.6
1-9	229 502.7	48 963.5	59 414.5	11.9	3.1	6.6
1-10	259 412.4	55 839.1	68 488.6	11.7	2.9	6.8
1-11	287 835.1	62 076.9	76 760.5	11.9	2.9	6.9
1-12	318 579.7	68 981.9	85 391.5	11.8	2.5	4.3
2017 1-2	21 131.4	4 119.2	5 145.0	9.9	4.4	12.2
1-3	49 416.8	9 782.9	12 637.7	11.2	2.3	11.5
1-4	77 393.1	15 417.7	19 824.5	10.7	2.6	10.4
1-5	110 435.4	21 719.1	28 247.9	10.6	0.5	10.8
1-6	153 658.1	29 376.3	38 845.0	11.1	-0.9	10.9
1-7	184 592.5	35 909.1	47 205.5	10.9	-0.5	9.9
1-8	216 084.4	41 624.6	55 312.0	10.4	-1.9	9.0
1-9	251 356.0	48 152.0	64 720.8	9.6	-1.6	9.0
1-10	282 739.1	54 763.7	74 080.2	9.5	-1.5	8.5
1-11	313 550.1	60 703.9	82 827.6	9.4	-1.8	8.6
1-12	342 684.6	67 597.4	91 873.3	8.8	-0.4	9.5
2018 1-2	22 568.3	4 012.1	6 153.4	6.8	-2.6	19.6
1-3	52 184.1	9 861.2	14 760.8	5.6	0.8	16.8

注：按建设性质分组的投资不含房地产投资。
Note: Investment grouped by type of construction does not include real estate investment.

按建筑性质分固定资产投资（不含农户）完成额构成变化

Completed investment in fixed assets (excluding rural households) by type of construction

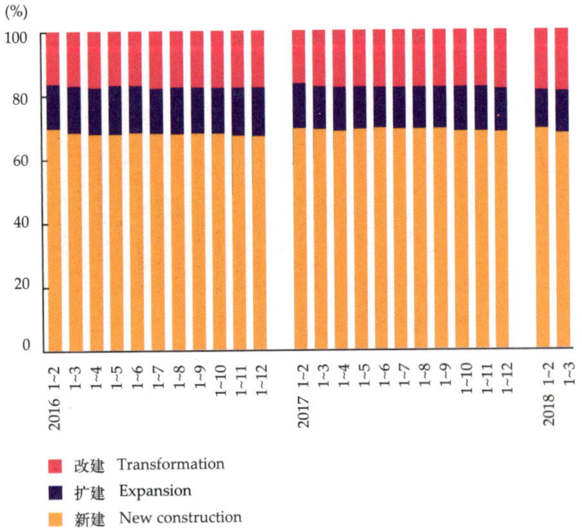

按建筑性质分固定资产投资（不含农户）完成额增长趋势

Growth of monthly accumulated completed investment in fixed assets (excluding rural households) by type of construction

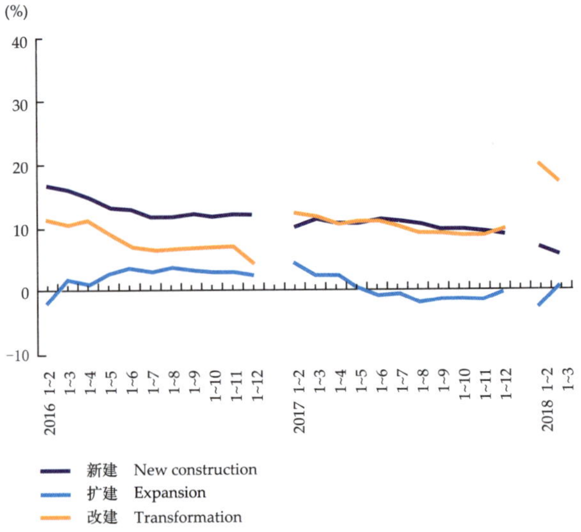

按隶属关系分固定资产投资（不含农户）累计完成额及增长率

Composition of monthly accumulated completed investment in fixed assets (excluding rural households) and growth rate by administrative relationship

年/月 Year/Month	绝对值(亿元) Absolute value (RMB100 million)		增长率(%) Growth rate (%)	
	中央项目 Central government projects	地方项目 Local government projects	中央项目 Central government projects	地方项目 Local government projects
2016 1~2	1 509	36 499	-4.4	10.9
1~3	3 464	82 379	2.8	11.1
1~4	5 497	127 095	10.0	10.5
1~5	7 833	179 838	10.4	9.6
1~6	10 821	247 539	12.1	8.8
1~7	13 005	298 690	7.1	8.1
1~8	15 814	350 525	9.6	8.0
1~9	17 166	409 741	6.6	8.5
1~10	19 354	465 075	2.6	8.7
1~11	21 515	517 033	0.7	8.8
1~12	25 164	571 337	4.9	8.3
2017 1~2	1 403	39 975	-7.0	9.5
1~3	3 219	90 558	-7.1	9.9
1~4	4 994	139 333	-9.2	9.6
1~5	7 035	196 683	-10.2	9.4
1~6	9 640	270 965	-10.9	9.5
1~7	12 064	325 345	-7.2	8.9
1~8	13 632	380 518	-27.6	9.7
1~9	16 133	442 345	-6.0	8.0
1~10	18 139	499 679	-5.9	7.8
1~11	20 227	554 830	-5.8	7.8
1~12	23 552	608 132	-5.7	7.7
2018 1~2	1 403	39 975	0.0	0.0
1~3	2 849	98 074	-11.5	8.3

按隶属关系分固定资产投资（不含农户）完成额

Completed investment in fixed assets (excluding rural households) by administrative relationship

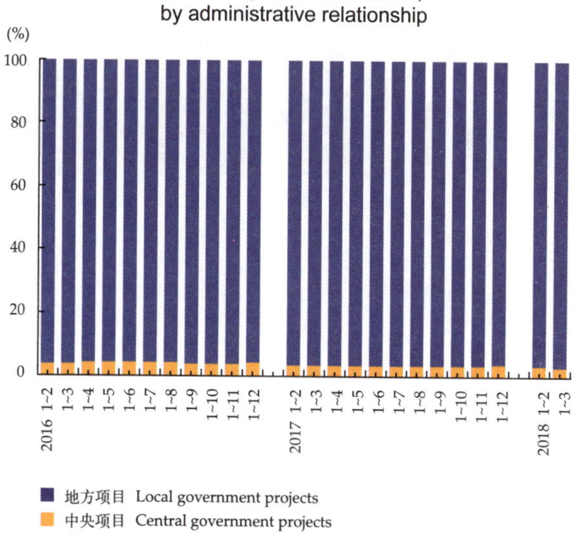

按隶属关系分固定资产投资（不含农户）完成额增长趋势

Growth of monthly accumulated completed investment in fixed assets (excluding rural households) by administrative relationship

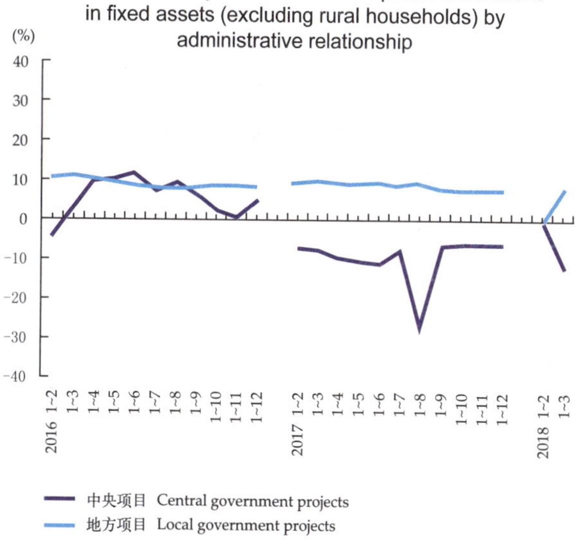

固定资产投资月度累计新开工项目数
Number of monthly accumulated urban newly started projects of fixed-asset investment

单位：万个 Unit: 10 000

	2013	2014	2015	2016	2017
1月 Jan.	—	—	—	—	—
2月 Feb.	2.43	2.69	2.77	4.28	3.25
3月 Mar.	6.77	7.09	7.69	10.73	9.38
4月 Apr.	10.74	10.97	12.01	16.33	15.07
5月 May	15.24	15.45	17.10	22.67	21.95
6月 Jun.	19.98	21.03	23.18	30.16	30.88
7月 Jul.	23.03	24.34	27.53	35.01	36.52
8月 Aug.	26.29	28.22	31.88	40.76	42.12
9月 Sept.	30.15	32.11	36.84	47.02	48.39
10月 Oct.	33.51	35.76	41.60	52.78	54.57
11月 Nov.	36.50	38.89	45.54	57.50	60.32
12月 Dec.	38.93	41.55	48.61	61.75	64.73

注：自2011年起，固定资产投资等于原口径的城镇固定资产投资加上农村企事业组织项目投资（不含农户）。
Note: Since 2011, "investment in fixed assets" equals to "investment in fixed assets in urban area" under the old criteria plus "investment of rural enterprises and institutions(excluding rural households)".

固定资产投资月度累计施工项目数
Number of monthly accumulated urban under-construction projects of fixed-asset investment

单位：万个 Unit: 10 000

	2013	2014	2015	2016	2017
1月 Jan.	—	—	—	—	—
2月 Feb.	12.12	13.43	13.11	15.41	18.77
3月 Mar.	19.11	20.58	20.77	24.17	28.38
4月 Apr.	24.55	25.84	26.39	30.97	35.79
5月 May	29.89	31.15	32.33	37.99	43.70
6月 Jun.	35.27	37.48	38.95	46.06	53.41
7月 Jul.	38.58	41.09	43.61	51.26	59.44
8月 Aug.	42.05	45.66	48.21	57.40	65.36
9月 Sept.	46.15	49.93	53.39	63.88	71.93
10月 Oct.	49.65	53.80	58.37	69.67	78.39
11月 Nov.	52.76	57.11	62.48	74.52	84.31
12月 Dec.	55.47	61.60	65.82	79.03	88.94

固定资产投资月度累计新开工项目数
Number of monthly accumulated newly started projects of fixed-asset investment

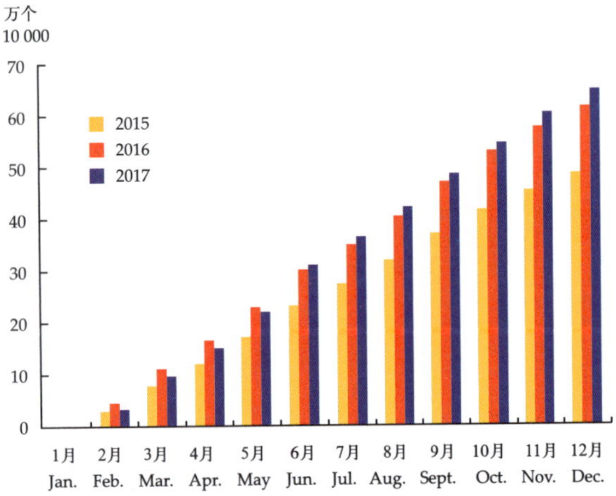

固定资产投资月度累计施工项目数
Number of monthly accumulated under-construction projects of fixed-asset investment

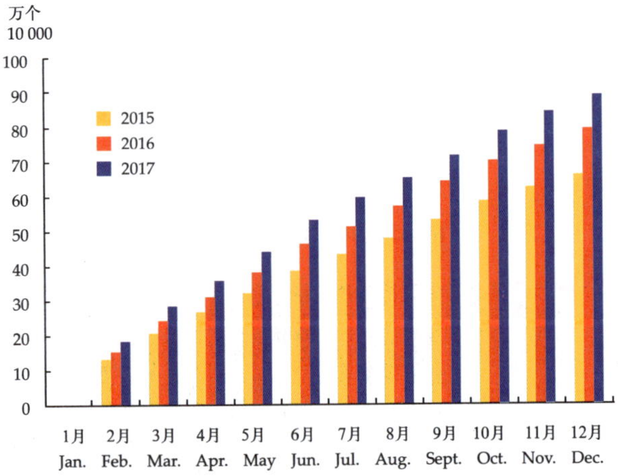

2017年分省固定资产投资（不含农户）完成额及增长率
Accumulated completed investment in fixed assets (excluding rural households) and growth rate by province in 2017

单位：亿元 Unit: RMB100 million

	固定资产投资（不含农户）累计完成额 Accumulated completed investment in fixed assets (excluding rural households)	增长率(%) Growth rate (%)
Tibet 西藏	1 975.6	23.8
Guizhou 贵州	15 288.0	18.2
Xinjiang 新疆	11 795.6	18.1
Yunnan 云南	18 474.9	18.0
Shaanxi 陕西	23 468.2	14.6
Fujian 福建	26 110.3	13.9
Guangdong 广东	37 403.9	13.5
Hunan 湖南	31 328.1	13.1
Guangxi 广西	19 908.3	12.8
Jiangxi 江西	21 770.4	12.3
Sichuan 四川	31 235.9	10.6
Qinghai 青海	3 819.9	10.5
Henan 河南	43 890.4	10.4
Hainan 海南	4 125.4	10.1
Chongqing 重庆	17 440.6	9.5
Anhui 安徽	28 816.4	8.4
Hubei 湖北	31 872.6	8.0
Jiangsu 江苏	53 000.2	7.4
Shanghai 上海	7 240.9	7.2
Heilongjiang 黑龙江	11 079.7	6.2
Hebei 河北	33 012.2	5.3
Beijing 北京	8 307.3	5.3
Zhejiang 浙江	31 126.0	5.3
Shandong 山东	54 236.0	3.6
Liaoning 辽宁	6 444.7	0.1
Ningxia 宁夏	3 640.1	-1.9
Jilin 吉林	13 130.9	-4.7
Inner Mongolia 内蒙古	13 827.9	-7.2
Tianjin 天津	11 274.7	-11.6
Gansu 甘肃	5 696.3	-40.3
Shanxi 山西	5 722.2	-58.7

2017年分省固定资产投资（不含农户）完成额及增长率
Accumulated completed investment in fixed assets (excluding rural households) and growth rate by province in 2017

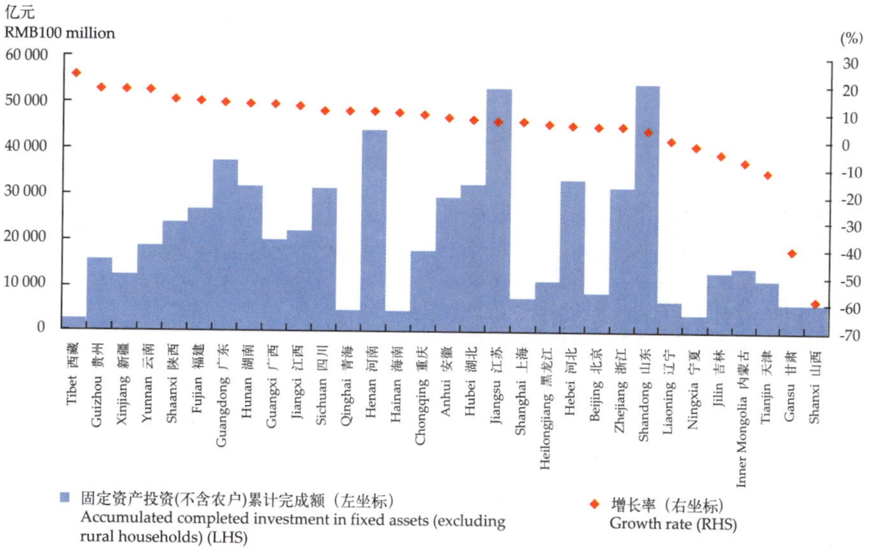

4.房地产

(4) Real estate development

房地产开发投资按工程用途分的完成额及增长率

Real estate development investment completed and growth rate by purpose of engineering

单位：亿元 Unit: RMB100 million

年/月 Year/Month	房地产开发投资完成额 Real estate development investment completed		按工程用途分 By purpose of engineering							
			住宅投资 Residential building investment		办公楼投资 Office building investment		商业用房投资 Commercial and business building investment		其他投资 Other investment	
	绝对值 Absolute value	增长率(%) Growth rate (%)	绝对值 Absolute value	增长率(%) Growth rate (%)	绝对值 Absolute value	增长率(%) Growth rate (%)	绝对值 Absolute value	增长率(%) Growth rate (%)	绝对值 Absolute value	增长率(%) Growth rate (%)
2016 1~2	9 052	3.0	6 028	1.8	658	16.1	1 356	2.7	1 010	3.4
1~3	17 677	6.2	11 670	4.6	1 242	14.2	2 712	7.1	2 053	9.5
1~4	25 376	7.2	16 887	6.4	1 717	15.4	3 915	7.6	2 857	6.9
1~5	34 564	7.0	23 118	6.8	2 256	12.8	5 361	8.2	3 828	3.7
1~6	46 631	6.1	31 149	5.6	3 016	10.1	7 229	7.8	5 236	4.6
1~7	55 361	5.3	36 981	4.5	3 541	8.5	8 573	6.9	6 265	6.2
1~8	64 387	5.4	43 076	4.8	4 086	5.7	9 954	7.1	7 271	6.8
1~9	74 598	5.8	49 931	5.1	4 722	6.0	11 543	7.3	8 402	7.4
1~10	83 975	6.6	56 294	5.9	5 308	6.2	12 941	7.8	9 431	9.1
1~11	93 387	6.5	62 588	6.0	5 934	5.0	14 377	7.7	10 488	8.9
1~12	102 581	6.9	68 704	6.4	6 533	5.2	15 838	8.4	11 507	8.9
2017 1~2	9 854	8.9	6 571	9.0	654	-0.6	1 517	11.8	1 112	10.1
1~3	19 292	9.1	12 981	11.2	1 194	-3.8	2 935	8.2	2 182	6.3
1~4	27 732	9.3	18 671	10.6	1 736	1.1	4 222	7.8	3 103	8.6
1~5	37 595	8.8	25 423	10.0	2 371	5.1	5 678	5.9	4 123	7.7
1~6	50 610	8.5	34 318	10.2	3 159	4.8	7 589	5.0	5 543	5.9
1~7	59 761	7.9	40 683	10.0	3 708	4.7	8 834	3.0	6 535	4.3
1~8	69 494	7.9	47 440	10.1	4 284	4.8	10 195	2.4	7 575	4.2
1~9	80 644	8.1	55 109	10.4	4 978	5.4	11 710	1.4	8 847	5.3
1~10	90 544	7.8	61 871	9.9	5 583	5.2	13 088	1.1	10 002	6.1
1~11	100 387	7.5	68 670	9.7	6 162	3.9	14 422	0.3	11 132	6.1
1~12	109 799	7.0	75 148	9.4	6 761	3.5	15 640	-1.2	12 249	6.5
2018 1~2	10 831	9.9	7 379	12.3	653	-0.2	1 445	-4.8	1 355	21.8
1~3	21 291	10.4	14 705	13.3	1 193	-0.1	2 743	-6.5	2 651	21.5

房地产开发投资按工程用途分的构成变化

Change in composition of real estate development investment by purpose of engineering

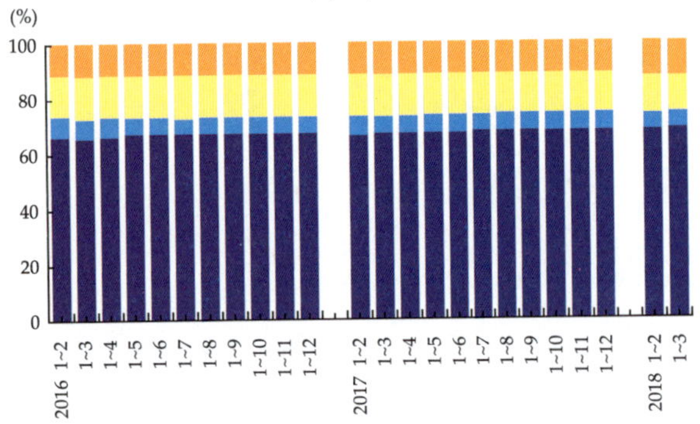

房地产开发投资按工程用途分的增长趋势

Growth of composition of real estate development investment by purpose of engineering

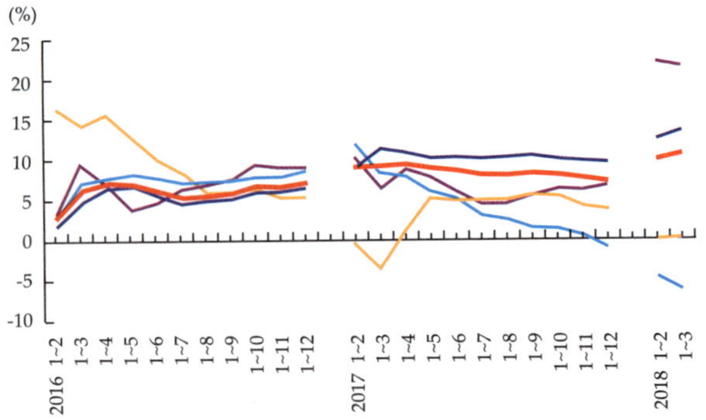

房地产开发投资按地区分的完成额及增长率
Real estate development investment completed and growth rate by region

单位：亿元 Unit: RMB100 million

年/月 Year/Month	东部地区投资 Investment in eastern area		中部地区投资 Investment in central area		西部地区投资 Investment in western area	
	绝对值 Absolute value	增长率(%) Growth rate(%)	绝对值 Absolute value	增长率(%) Growth rate(%)	绝对值 Absolute value	增长率(%) Growth rate(%)
2016 1~2	5 536	3.7	1 678	4.3	1 838	-0.1
1~3	10 539	5.4	3 411	9.5	3 726	5.5
1~4	14 927	5.8	5 071	12.3	5 378	6.6
1~5	20 118	6.0	7 044	11.6	7 402	5.8
1~6	26 589	4.6	9 747	10.0	10 294	6.5
1~7	31 201	3.4	11 881	10.2	12 279	5.9
1~8	35 915	3.3	14 078	10.7	14 394	5.9
1~9	41 303	3.6	16 493	10.9	16 802	6.3
1~10	46 416	5.0	18 727	11.1	18 832	6.1
1~11	51 307	5.2	21 001	10.6	21 080	5.8
1~12	56 233	5.6	23 286	10.7	23 061	6.2
2017 1~2	5 966	7.8	1 907	13.7	1 982	7.8
1~3	11 373	7.9	3 914	14.7	4 005	7.5
1~4	15 437	8.7	5 755	16.8	5 794	7.7
1~5	20 659	8.4	7 853	16.9	7 918	7.0
1~6	27 252	8.4	10 631	16.0	10 991	6.8
1~7	32 069	8.5	12 612	13.8	12 901	5.1
1~8	37 099	8.8	14 773	13.3	14 966	4.0
1~9	42 869	9.0	17 169	13.3	17 410	3.6
1~10	47 936	8.0	19 379	13.1	19 612	4.1
1~11	52 880	7.4	21 610	12.4	21 997	4.3
1~12	58 023	7.2	23 884	11.6	23 877	3.5
2018 1~2	6 497	11.6	2 147	13.4	2 055	3.7
1~3	12 277	11.8	4 443	15.0	4 122	2.9

房地产开发投资按地区分的构成变化
Change in composition of real estate development investment by region

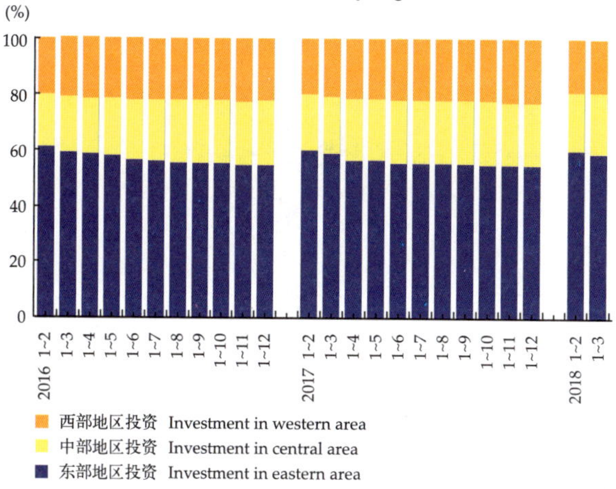

房地产开发投资按地区分的增长趋势
Growth of composition of real estate development investment by region

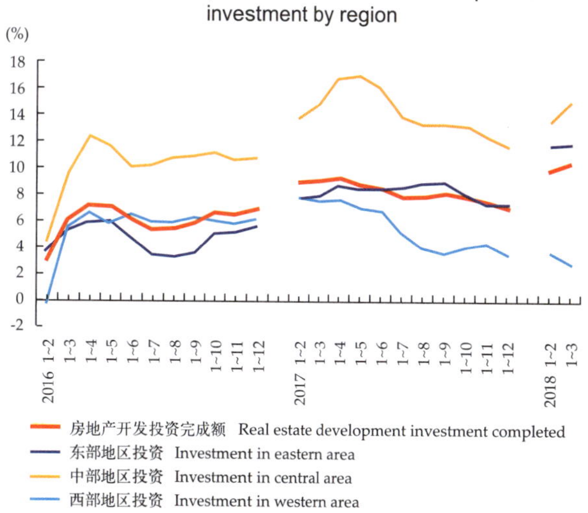

商品房建筑与销售
Construction and sales of commercial buildings

单位：亿平方米、亿元
Unit: 100 million square meters, RMB100 million

年/月 Year/Month	施工面积 Area under construction	同比增长(%) YOY growth(%)	竣工面积 Area completed	同比增长(%) YOY growth(%)	销售面积 Area sold	同比增长(%) YOY growth(%)	销售面积与竣工面积之比(%) Ratio of sold to completed areas(%)	月度累计销售额 Monthly accumulated sales volume	增长率(%) Growth rate (%)
2016 1~2	60.4	5.9	1.4	28.9	1.1	28.2	81	8 577	43.6
1~3	61.8	5.8	2.0	17.7	2.4	33.1	121	18 524	54.1
1~4	63.4	5.8	2.5	20.1	3.6	36.5	141	27 656	55.9
1~5	65.1	5.6	3.2	20.4	4.8	33.2	150	36 775	50.7
1~6	67.0	5.0	4.0	20.0	6.4	27.9	163	48 682	42.1
1~7	68.6	4.8	4.6	21.3	7.6	26.4	165	57 569	39.8
1~8	70.0	4.6	5.1	19.1	8.7	25.5	173	66 623	38.7
1~9	71.6	3.2	5.7	12.1	10.5	26.9	184	80 208	41.3
1~10	73.1	3.3	6.5	6.6	12.0	26.8	185	91 482	41.2
1~11	74.5	2.9	7.7	6.4	13.6	24.3	176	102 503	37.5
1~12	75.9	3.2	10.6	6.1	15.7	22.5	148	117 627	34.8
2017 1~2	62.3	3.2	1.6	15.8	1.4	25.1	87	10 806	26.0
1~3	63.7	3.1	2.3	15.1	2.9	19.5	126	23 182	25.1
1~4	65.4	3.1	2.8	10.6	4.2	15.7	148	33 223	20.1
1~5	67.1	3.1	3.4	5.9	5.5	14.3	162	43 632	18.6
1~6	69.2	3.4	4.2	5.0	7.5	16.1	180	59 152	21.5
1~7	70.7	3.2	4.7	2.4	8.6	14.0	184	68 461	18.9
1~8	72.2	3.1	5.2	3.4	9.9	12.7	188	78 096	17.2
1~9	73.8	3.1	5.8	1.0	11.6	10.3	201	91 904	14.6
1~10	75.2	2.9	6.6	0.6	13.0	8.2	199	102 990	12.6
1~11	76.8	3.1	7.6	-1.0	14.7	7.9	192	115 481	12.7
1~12	78.1	3.0	10.1	-4.4	16.9	7.7	167	133 701	13.7
2018 1~2	63.2	1.5	1.4	-12.1	1.5	4.1	103	12 454	15.3
1~3	64.7	1.5	2.1	-10.1	3.0	3.6	145	25 597	10.4

商品房施工面积、竣工面积与销售面积
Area of commercial housing under construction, completed, and sold

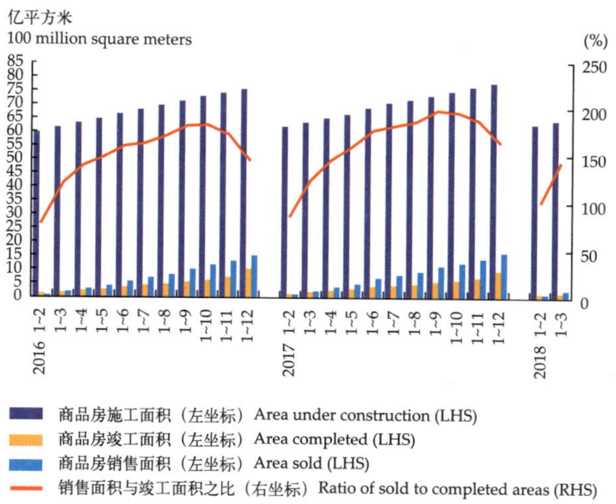

商品房施工面积、竣工面积与销售面积增长趋势
Growth of area of commercial housing under construction, completed, and sold

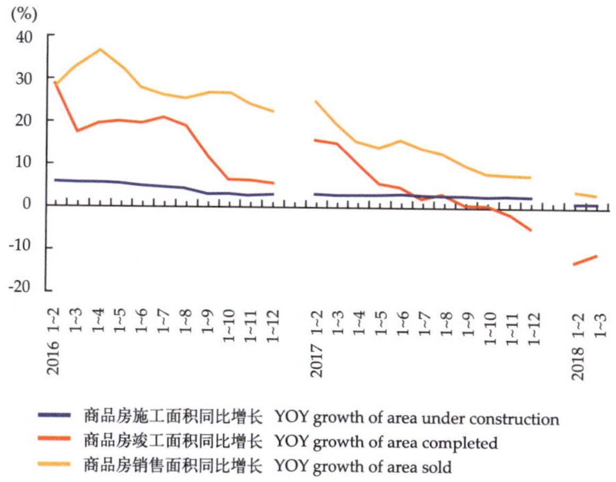

商品房销售额及其增长率
Sales volume of commercial housing and its growth rate

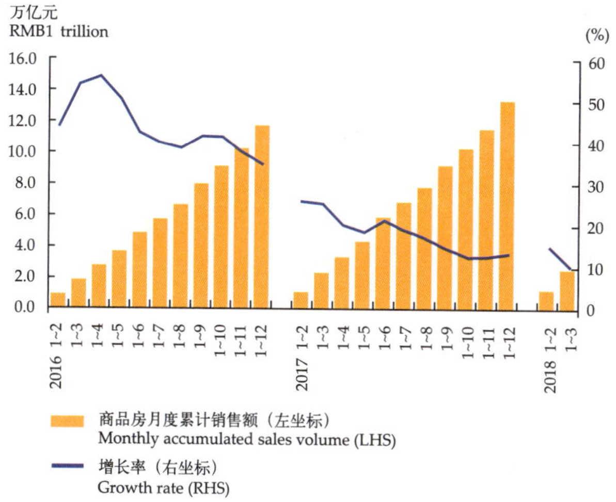

住宅在商品房施工面积、竣工面积与销售面积中所占的比重
Share of residences in commercial housing under construction, completed, and sold

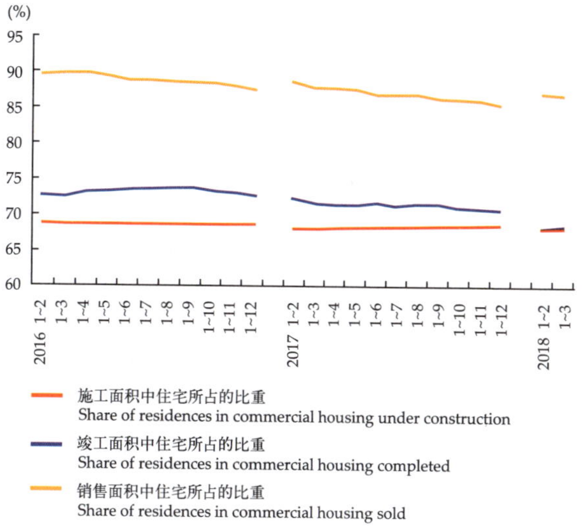

主要经济指标环比增速
MOM growth rates of main economic indicators

年/季度 Year/Quarter	国内生产总值（%）Gross domestic product (%)	年/月 Year/Month		规模以上工业增加值（%）Value added of industry (%)	固定资产投资（不含农户）（%）Completed investment in fixed assets (excluding rural households) (%)	社会消费品零售总额（%）Retail sales of consumer goods (%)
2016		2016	1	0.49	0.75	0.83
			2	0.39	0.63	0.60
I	1.3		3	0.62	0.88	0.90
			4	0.42	0.91	0.81
			5	0.45	0.73	0.80
II	1.9		6	0.50	0.69	0.91
			7	0.51	0.55	0.79
			8	0.56	0.66	0.89
III	1.8		9	0.45	0.58	0.81
			10	0.50	0.59	0.72
			11	0.54	0.57	0.94
IV	1.7		12	0.49	0.56	0.86
2017		2017	1	0.58	0.54	0.55
			2	0.59	0.62	0.98
I	1.4		3	0.79	0.61	0.85
			4	0.48	0.58	0.76
			5	0.50	0.61	0.79
II	1.9		6	0.81	0.60	0.91
			7	0.40	0.59	0.76
			8	0.46	0.59	0.82
III	1.8		9	0.55	0.58	0.89
			10	0.50	0.56	0.79
			11	0.48	0.56	0.76
IV	1.6		12	0.52	0.53	0.67
2018		2018	1	0.57	0.55	0.58
			2	0.57	0.54	0.65
I	1.4		3	0.33	0.53	0.71

注：1. 自2011年4月起，国家统计局对外公布国内生产总值、规模以上工业增加值、固定资产投资（不含农户）、社会消费品零售总额四项统计指标的经季节调整的环比数据。
2. 表中数据根据国家统计局最新数据修订。

Notes:1. From April 2011, National Bureau of Statistics began to publish four seasonally-adjusted MOM indices, namely: gross domestic product, value added of industry, completed investment in fixed assets (excluding rural households), retail sales of consumer goods.
2. Data are revised by National Bureau of Statistics of China.

五、对外部门
5. External Sector

1.外贸
(1)Foreign trade

据世界贸易组织统计，2016年，中国货物贸易出口总值为2.10万亿美元，占世界货物贸易出口总值15.96万亿美元的13.2%，比2015年降低0.6个百分点，在全球货物贸易出口排名中位居第一。2016年，中国货物贸易进口总值为1.59万亿美元，占世界货物贸易进口总值16.23万亿美元的9.8%，比2015年降低0.3个百分点，在全球货物贸易进口中排名第二，位于美国之后。

According to WTO statistics, in 2016, China's export volume of goods totaled USD2.10 trillion, accounting for 13.2 percent of the world total of USD15.96 trillion, 0.6 percentage point lower than that in 2015. China's goods export ranked 1st in the world. China's import volume of goods reached USD1.59 trillion, accounting for 9.8 percent of the world total of USD16.23 trillion, 0.3 percentage point lower than that in 2015. China ranked 2nd in the world after the U.S. in terms of goods imports.

2016年世界货物贸易出口前十位排名
Top ten economies in the world in terms of goods exported in 2016

	出口(10亿美元) Exports (USD1 billion)	比重(%) Share (%)
世界　World total	**15 955**	**100.0**
1 中　国 China	**2 098**	**13.2**
2 美　国 U.S.	1 455	9.1
3 德　国 Germany	1 340	8.4
4 日　本 Japan	645	4.0
5 荷　兰 Netherlands	570	3.6
6 中国香港 HK SAR of China	517	3.2
7 法　国 France	501	3.1
8 韩　国 Korea	495	3.1
9 意大利 Italy	462	2.9
10 英　国 U.K.	409	2.6

2016年世界货物贸易进口前十位排名
Top ten economies in the world in terms of goods imported in 2016

	进口(10亿美元) Imports (USD1 billion)	比重(%) Share (%)
世界　World total	**16 225**	**100.0**
1 美　国 U.S.	2 251	13.9
2 中　国 China	**1 587**	**9.8**
3 德　国 Germany	1 055	6.5
4 英　国 U.K.	636	3.9
5 日　本 Japan	607	3.7
6 法　国 France	573	3.5
7 中国香港 HK SAR of China	547	3.4
8 荷　兰 Netherlands	503	3.1
9 加拿大 Canada	417	2.6
10 韩　国 Korea	406	2.5

年度进出口额及其增长率
Annual imports & exports and growth rates

单位：亿美元
Unit: USD100 million

年 Year	进出口 Imports & Exports		出口 Exports		进口 Imports		进出口差额 Trade balance
	总额 Total value	增长率(%) Growth rate (%)	总额 Total value	增长率(%) Growth rate (%)	总额 Total value	增长率(%) Growth rate (%)	
1991	1 357	17.6	719	15.8	638	19.6	81
1992	1 655	22.0	849	18.1	806	26.3	44
1993	1 957	18.2	917	8.0	1 040	29.0	-122
1994	2 366	20.9	1 210	31.9	1 156	11.2	54
1995	2 809	18.7	1 488	23.0	1 321	14.2	167
1996	2 899	3.2	1 510	1.5	1 388	5.1	122
1997	3 252	12.2	1 828	21.0	1 424	2.5	404
1998	3 239	-0.4	1 837	0.5	1 402	-1.5	435
1999	3 606	11.3	1 949	6.1	1 657	18.2	292
2000	4 743	31.5	2 492	27.8	2 251	35.8	241
2001	5 097	7.5	2 661	6.8	2 436	8.2	225
2002	6 208	21.8	3 256	22.4	2 952	21.2	304
2003	8 510	37.1	4 382	34.6	4 128	39.8	255
2004	11 546	35.7	5 933	35.4	5 612	36.0	321
2005	14 219	23.2	7 620	28.4	6 600	17.6	1 020
2006	17 604	23.8	9 689	27.2	7 915	19.9	1 775
2007	21 766	23.6	12 205	25.9	9 561	20.8	2 643
2008	25 633	17.8	14 307	17.2	11 326	18.5	2 981
2009	22 075	-13.9	12 016	-16.0	10 059	-11.2	1 957
2010	29 740	34.7	15 778	31.3	13 962	38.8	1 815
2011	36 419	22.5	18 986	20.3	17 433	24.9	1 549
2012	38 671	6.2	20 487	7.9	18 184	4.3	2 303
2013	41 590	7.5	22 090	7.8	19 500	7.2	2 590
2014	43 015	3.4	23 423	6.0	19 592	0.4	3 831
2015	39 530	-8.0	22 735	-2.9	16 796	-14.2	5 939
2016	36 856	-6.8	20 976	-7.7	15 879	-5.5	5 097
2017	41 045	0.1	22 635	0.1	18 410	0.2	4 225

注：表中数据根据海关总署最新数据修订。
Note: Data are revised by General Administration of Customs of the People's Republic of China.

出口总值与GDP之比
Total exports over GDP

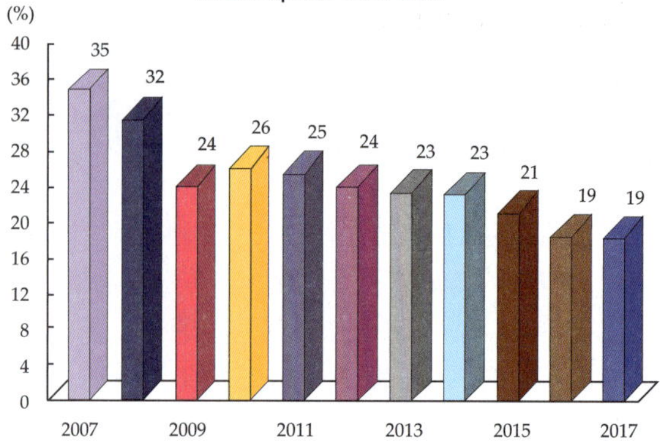

注：图中数据根据国家统计局最新数据修订。
Note: Data are revised by National Bureau of Statistics of China.

贸易差额
Trade balance

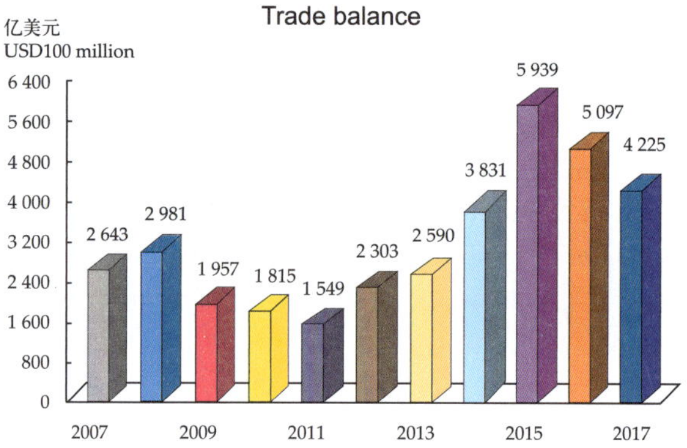

贸易总额及其增长趋势
Total trade volume and growth rates

贸易总额与GDP之比
Total trade volume over GDP

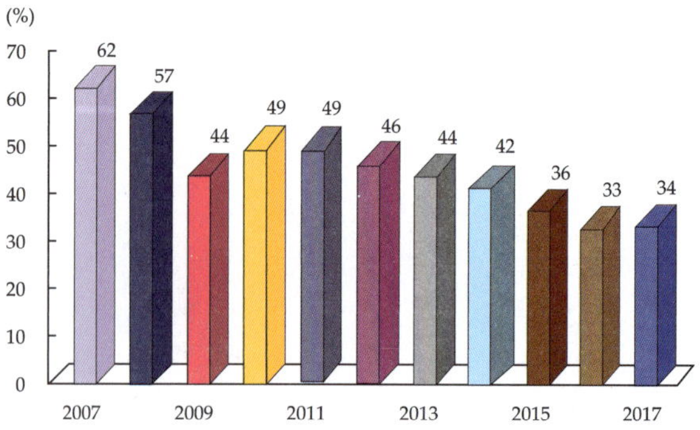

注：图中数据根据国家统计局最新数据修订。
Note: Data are revised by National Bureau of Statistics of China.

当月进出口总值及其增长率
Total monthly imports, exports, and growth rates

单位：亿美元
Unit: USD100 million

年/月 Year/Month	出口总值 Total exports	进口总值 Total imports	出口同比增长率(%) Growth rate of exports (YOY)(%)	进口同比增长率(%) Growth rate of imports (YOY)(%)	当月差额 Monthly trade balance
2016.01	1 694	1 125	-15.3	-19.9	569
2016.02	1 217	936	-28.0	-13.8	281
2016.03	1 551	1 302	7.5	-8.1	249
2016.04	1 667	1 268	-5.2	-11.1	399
2016.05	1 757	1 309	-6.9	-0.6	448
2016.06	1 766	1 313	-6.8	-9.1	453
2016.07	1 807	1 323	-6.5	-12.5	483
2016.08	1 888	1 387	-3.7	1.7	501
2016.09	1 834	1 430	-10.5	-1.6	404
2016.10	1 768	1 287	-8.0	-1.7	482
2016.11	1 936	1 505	-1.5	5.5	431
2016.12	2 091	1 695	-6.3	3.7	396
2017.01	1 802	1 316	6.4	16.9	487
2017.02	1 188	1 298	-2.4	38.7	-110
2017.03	1 790	1 566	15.4	20.3	225
2017.04	1 776	1 413	6.5	11.4	363
2017.05	1 890	1 492	7.6	14.0	398
2017.06	1 949	1 535	10.3	17.0	413
2017.07	1 922	1 473	6.4	11.3	449
2017.08	1 981	1 580	4.9	13.9	401
2017.09	1 980	1 706	7.9	19.3	274
2017.10	1 879	1 510	6.3	17.4	369
2017.11	2 159	1 774	11.6	17.9	385
2017.12	2 317	1 776	10.8	4.8	541
2018.01	1 999	1 804	10.9	37.1	195
2018.02	1 708	1 378	43.8	6.2	330
2018.03	1 740	1 791	-2.8	14.4	-51

月度累计进出口总值及其增长率
Total accumulated monthly imports, exports, and growth rates

单位：亿美元
Unit: USD100 million

年/月 Year/Month	累计出口总值 Accumulated total exports	累计进口总值 Accumulated total imports	累计出口同比增长率(%) Growth rate of accumulated exports (YOY) (%)	累计进口同比增长率(%) Growth rate of accumulated imports (YOY) (%)	累计贸易差额 Accumulated trade balance
2016.01	1 694	1 125	-15.3	-19.9	569
2016.02	2 911	2 061	-21.1	-17.2	850
2016.03	4 462	3 363	-13.0	-13.9	1 099
2016.04	6 129	4 631	-11.0	-13.2	1 498
2016.05	7 886	5 940	-10.2	-10.7	1 946
2016.06	9 652	7 253	-9.6	-10.4	2 400
2016.07	11 459	8 576	-9.1	-10.7	2 883
2016.08	13 347	9 963	-8.4	-9.2	3 384
2016.09	15 181	11 393	-8.6	-8.3	3 788
2016.10	16 950	12 680	-8.6	-7.7	4 270
2016.11	18 885	14 185	-7.9	-6.4	4 701
2016.12	20 976	15 879	-7.7	-5.5	5 097
2017.01	1 802	1 316	6.4	16.9	487
2017.02	2 990	2 614	2.7	26.8	376
2017.03	4 780	4 179	7.1	24.3	601
2017.04	6 556	5 592	7.0	20.7	964
2017.05	8 446	7 084	7.1	19.3	1 362
2017.06	10 395	8 619	7.7	18.8	1 775
2017.07	12 316	10 092	7.5	17.7	2 224
2017.08	14 297	11 672	7.1	17.2	2 625
2017.09	16 277	13 378	7.2	17.4	2 899
2017.10	18 156	14 888	7.1	17.4	3 268
2017.11	20 315	16 662	7.6	17.5	3 654
2017.12	22 632	18 438	7.9	16.1	4 194
2018.01	1 999	1 804	10.9	37.1	195
2018.02	3 707	3 182	24.0	21.8	525
2018.03	5 447	4 973	13.9	19.0	474

注：表中数据根据海关总署最新数据修订。
Note: Data are revised by General Administration of Customs of the People's Republic of China.

当月进出口总值及其增长率
Total monthly imports, exports, and growth rates

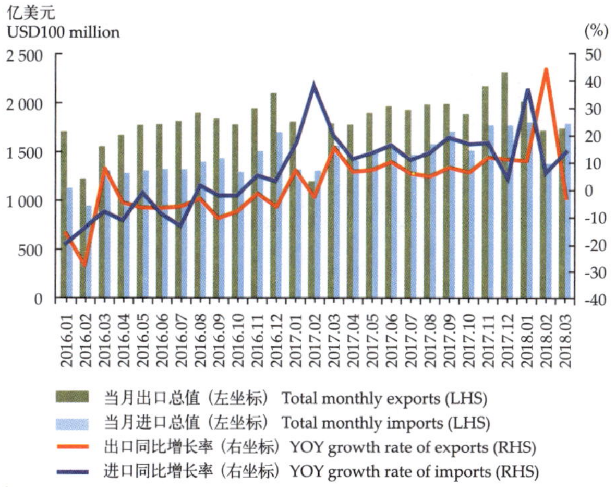

月度累计进出口总值及其增长率
Total accumulated monthly imports, exports, and growth rates

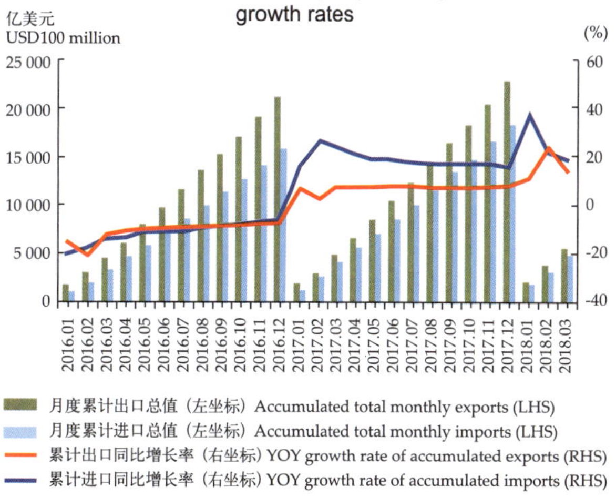

贸易差额月度变动趋势
Movement of monthly trade balance

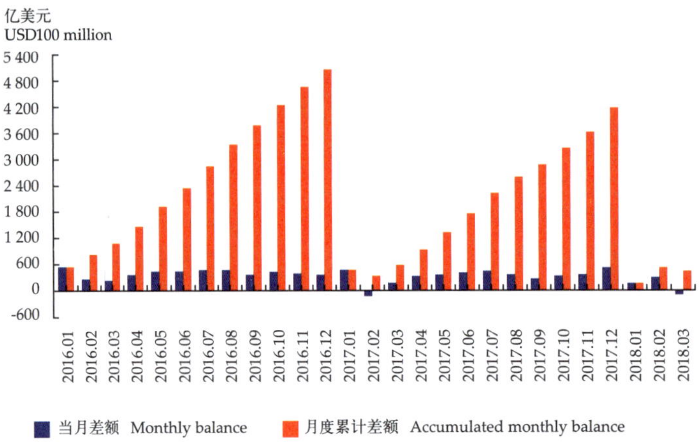

贸易差额构成
Composition of trade balance

单位：亿美元
Unit: USD100 million

年 Year	贸易差额总计 Total trade balance	一般贸易 General trade	加工贸易 Processing trade	其他贸易 Other trade
1998	435	306	359	-229
1999	292	121	373	-202
2000	241	51	451	-261
2001	225	-16	535	-293
2002	304	71	577	-344
2003	255	-57	789	-478
2004	321	-45	1 063	-696
2005	1 020	354	1 425	-759
2006	1 775	832	1 889	-946
2007	2 643	1 107	2 491	-954
2008	2 981	908	2 967	-894
2009	1 957	-47	2 646	-642
2010	1 815	-487	3 228	-926
2011	1 549	-906	3 655	-1 200
2012	2 303	-345	3 814	-1 166
2013	2 590	-225	3 634	-818
2014	3 831	942	3 600	-710
2015	5 939	2 941	3 508	-509
2016	5 097	2 304	3 192	-399

注："贸易差额总计"根据《海关统计》月报修订。
Note: "Total trade balance" are revised by *China Monthly Exports and Imports.*

月度累计贸易差额按企业性质分
Accumulated monthly trade balance by enterprise

单位：亿美元
Unit: USD100 million

年/月 Year/Month	国有企业 State-owned enterprises	外资企业 Foreign-funded enterprises	其他企业 Other enterprises
2016.01	-79	163	484
2016.02	-151	245	756
2016.03	-261	330	1 030
2016.04	-351	435	1 414
2016.05	-472	545	1 873
2016.06	-585	660	2 325
2016.07	-724	811	2 796
2016.08	-843	935	3 291
2016.09	-989	1 066	3 711
2016.10	-1 110	1 224	4 156
2016.11	-1 250	1 369	4 582
2016.12	-1 452	1 465	5 084
2017.01	-159	155	506
2017.02	-339	129	614
2017.03	-553	212	982
2017.04	-727	307	1 436
2017.05	-895	384	1 932
2017.06		487	
2017.07		604	
2017.08		683	
2017.09		735	
2017.10		860	
2017.11		976	
2017.12		1 160	
2018.01		28	
2018.02		121	
2018.03		160	

贸易差额构成
Composition of trade balance

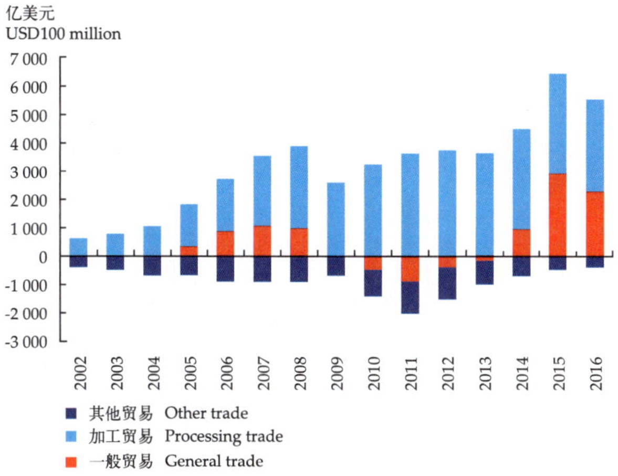

月度累计贸易差额按企业性质分
Accumulated monthly trade balance by enterprise

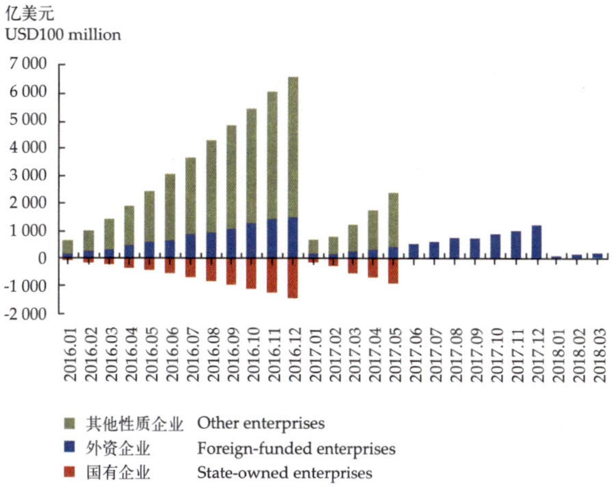

一般贸易累计进出口及其增长率
Accumulated imports and exports under general trade and growth rates

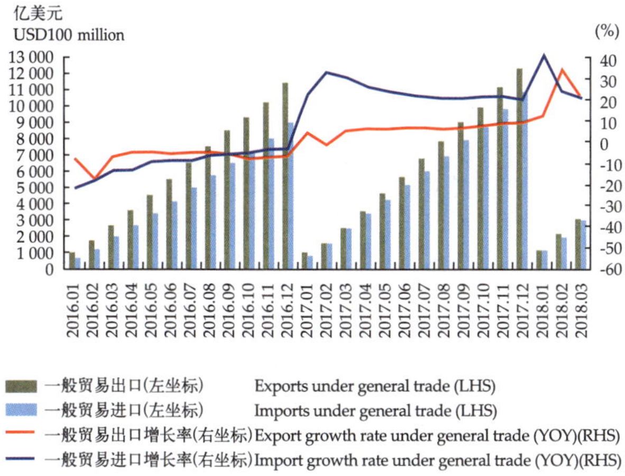

加工贸易累计进出口及其增长率
Accumulated imports and exports under processing trade and growth rates

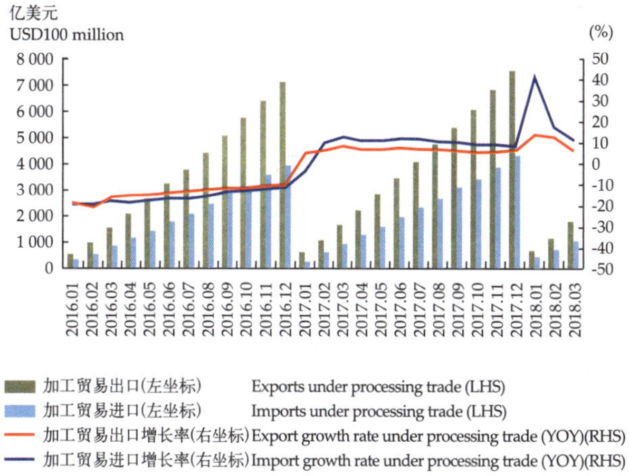

中国大陆对美国进出口及其增长趋势
Mainland China's imports from and exports to the U.S. and their growth

中国大陆对美国贸易总额和贸易差额
Mainland China's trade volume and trade balance with the U.S.

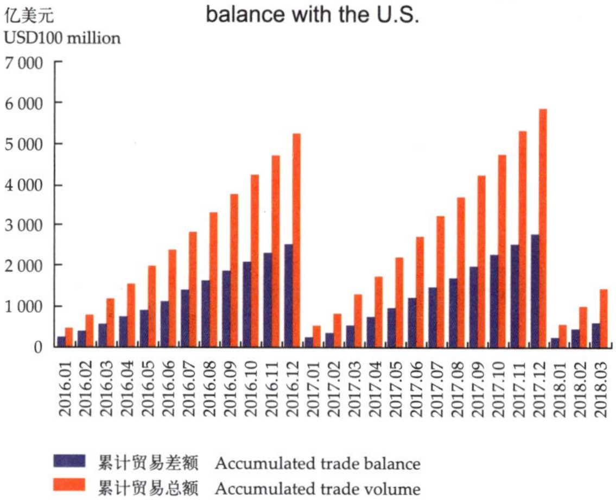

中国大陆对欧盟进出口及其增长趋势
Mainland China's imports from and exports to the EU and their growth

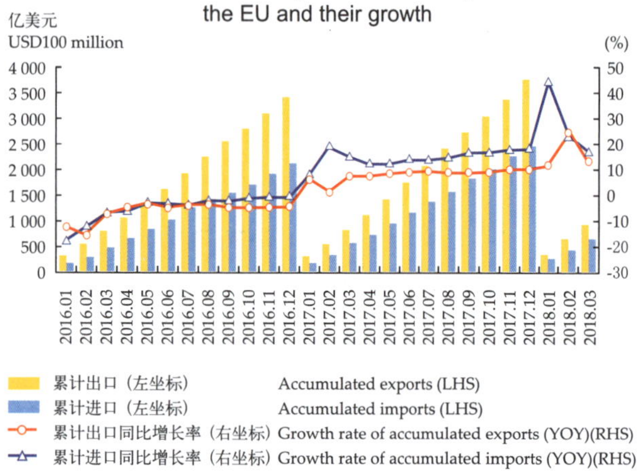

中国大陆对欧盟贸易总额和贸易差额
Mainland China's trade volume and trade balance with the EU

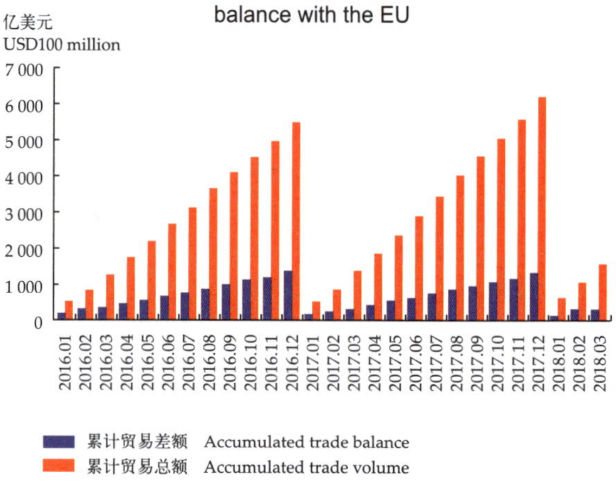

中国大陆对日本进出口及其增长趋势
Mainland China's imports from and exports to Japan and their growth

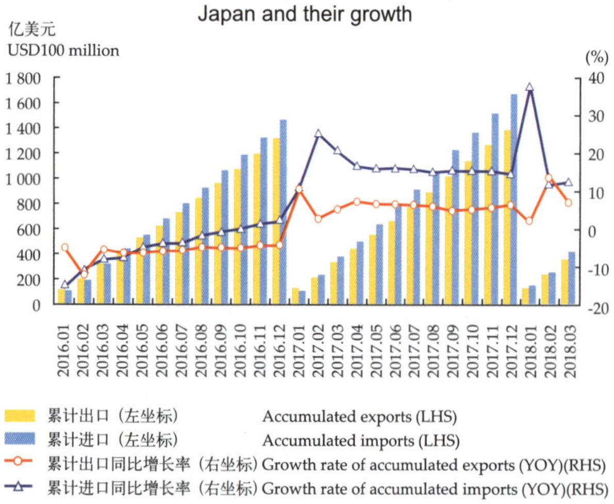

中国大陆对日本贸易总额和贸易差额
Mainland China's trade volume and trade balance with Japan

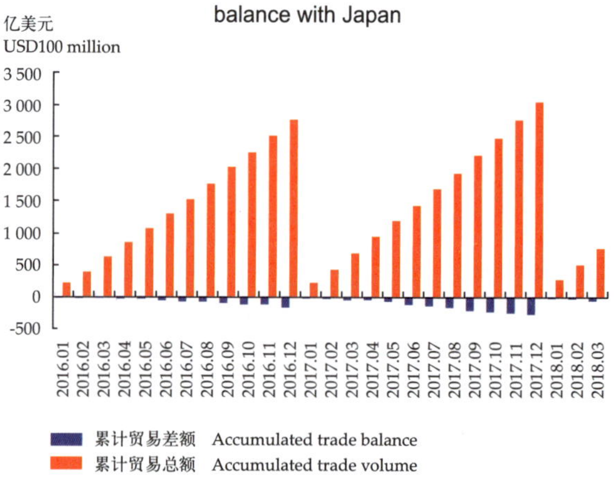

中国大陆对东盟进出口及其增长趋势

Mainland China's imports from and exports to ASEAN and their growth

中国大陆对东盟贸易总额和贸易差额

Mainland China's trade volume and trade balance with ASEAN

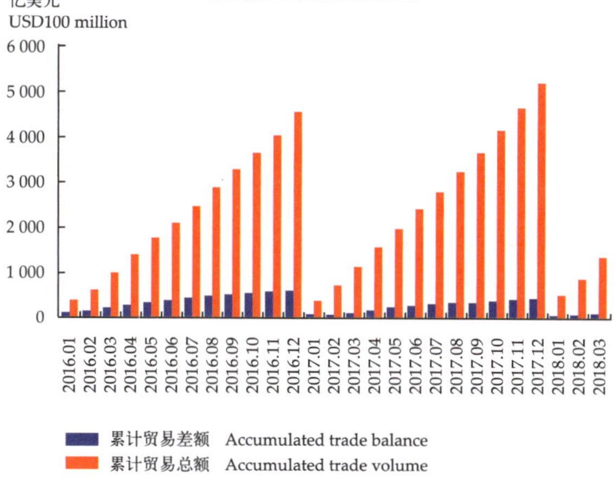

中国大陆对中国香港地区进出口及其增长趋势

Mainland China's imports from and exports to Hong Kong SAR of China and their growth

中国大陆对中国香港地区贸易总额和贸易差额

Mainland China's trade volume and trade balance with Hong Kong SAR of China

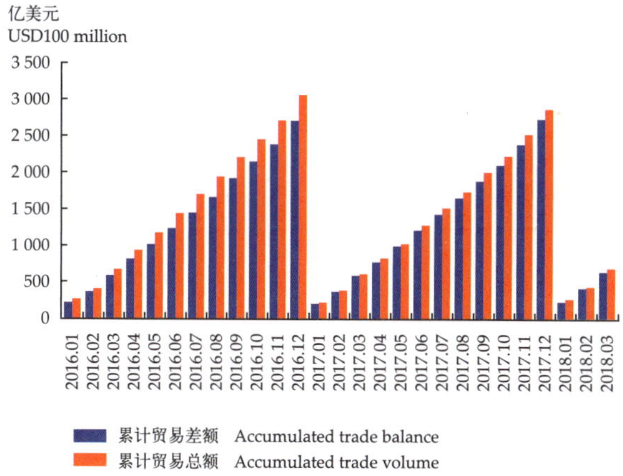

中国大陆对中国台湾地区进出口及其增长趋势

Mainland China's imports from and exports to China Taiwan and their growth

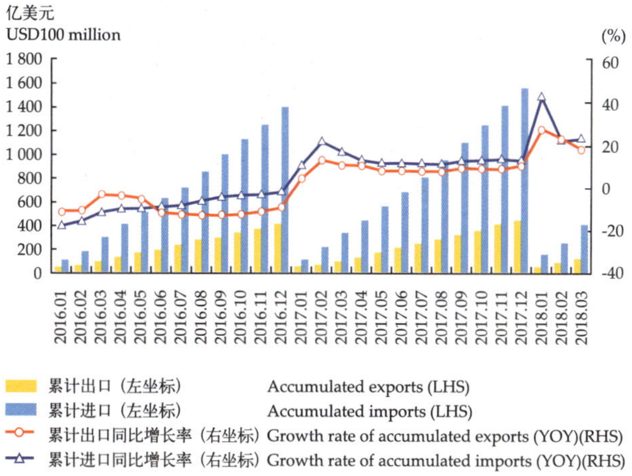

中国大陆对中国台湾地区贸易总额和贸易差额

Mainland China's trade volume and trade balance with China Taiwan

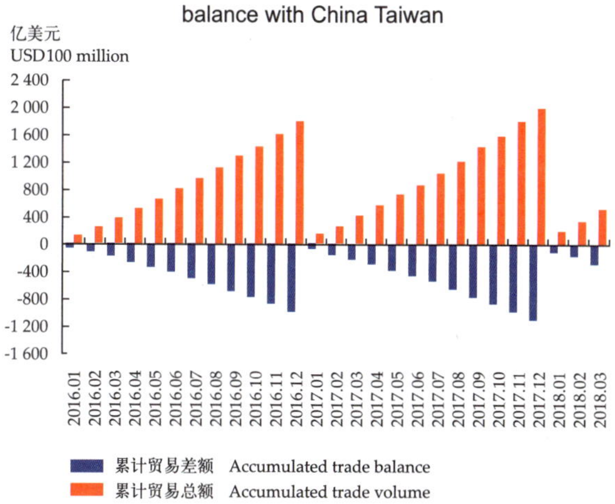

2.外资

(2) Foreign investment

据联合国贸易与发展会议2017年6月发布的《2017年世界投资报告》，2016年中国吸收外资全球排名第三，流入1 340亿美元，报告指出：2016年全球外国直接投资流入量为1.75万亿美元，较上年下降2%。

另据商务部统计，2017年，新批设立外商投资企业35 652家，实际使用外资金额1 310亿美元。

According to the UNCTAD's *World Investment Report 2017* published in June 2017, China ranked world's No.3 recipient of foreign direct investment (FDI) in 2016, with capital inflows of USD134.0 billion. It is pointed out in the report that global FDI inflows decreased by 2% to USD1.75 trillion in 2016.

According to statistics of the Ministry of Commerce, in 2017, 35,652 foreign-invested enterprises were approved for incorporation in China, with actual utilized FDI reaching USD131.0 billion.

实际利用外商直接投资及其增长趋势

Actual utilized foreign direct investments and growth rates

单位：亿美元
Unit: USD100 million

年 Year	绝对值 Absolute value	增长率(%) Growth rates (%)
1991	43.7	25.2
1992	110.1	152.1
1993	275.2	150.0
1994	337.7	22.7
1995	375.2	11.1
1996	417.3	11.2
1997	452.6	8.5
1998	454.6	0.5
1999	403.2	-11.3
2000	407.2	1.0
2001	468.8	15.1
2002	527.4	12.5
2003	535.1	1.4
2004	606.3	13.3
2005	603.3	-0.5
2006	630.2	4.5
2007	747.7	18.6
2008	924.0	23.6
2009	900.3	-2.6
2010	1 057.4	17.4
2011	1 160.1	9.7
2012	1 117.2	-3.7
2013	1 175.9	5.3
2014	1 195.6	1.7
2015	1 262.7	5.6
2016	1 260.0	-0.2
2017	1 310.0	4.0

实际利用外商直接投资及其增长率

Actual utilized foreign direct investments and growth rates

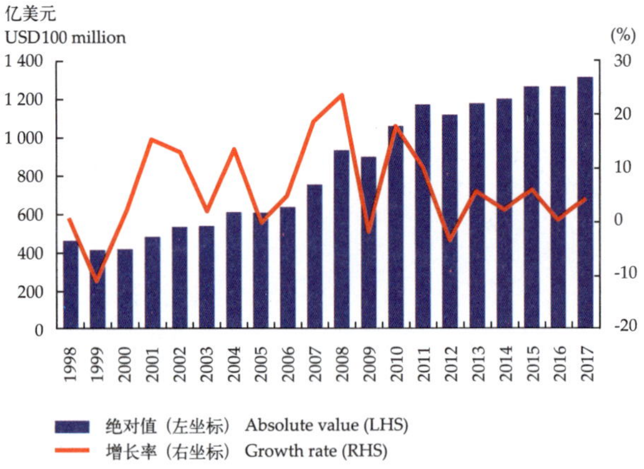

月度累计实际外商直接投资
Accumulated utilized FDI on a monthly basis

单位：亿美元
Unit: USD100 million

年/月 Year/Month	实际外商直接投资累计金额 Accumulated utilized FDI	实际外商直接投资累计同比增长率(%) Growth rate of accumulated utilized FDI (%)
2016.01	141	1.1
2016.02	225	0.2
2016.03	354	1.5
2016.04	453	1.8
2016.05	542	0.7
2016.06	694	1.5
2016.07	771	0.7
2016.08	859	0.6
2016.09	951	0.2
2016.10	1 039	0.2
2016.11	1 138	-0.2
2016.12	1 260	-0.2
2017.01	120	-14.7
2017.02	207	-8.1
2017.03	338	-4.5
2017.04	427	-5.7
2017.05	509	-6.2
2017.06	657	-5.4
2017.07	721	-6.5
2017.08	815	-5.1
2017.09	921	-3.2
2017.10	1 011	-2.7
2017.11	1 199	5.4
2017.12	1 310	4.0
2018.01	121	0.6
2018.02	211	1.7
2018.03	345	2.1

月度累计实际外商直接投资
Accumulated utilized FDI on a monthly basis

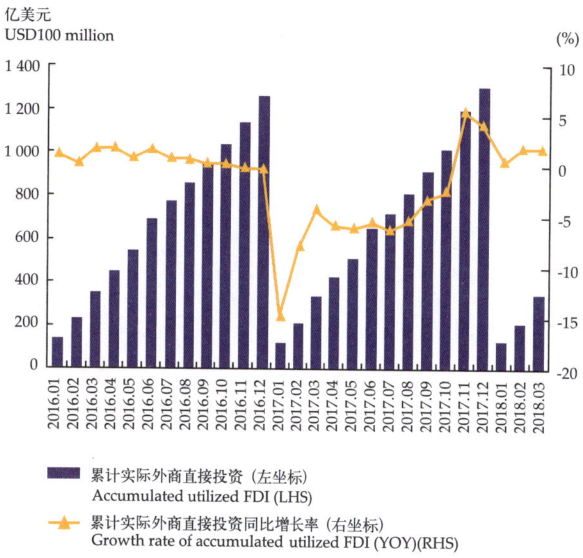

3.国际收支

(3) Balance of payments (BOP)

中国国际收支变化趋势

Movement of China's balance of payments

亿美元
USD100 million

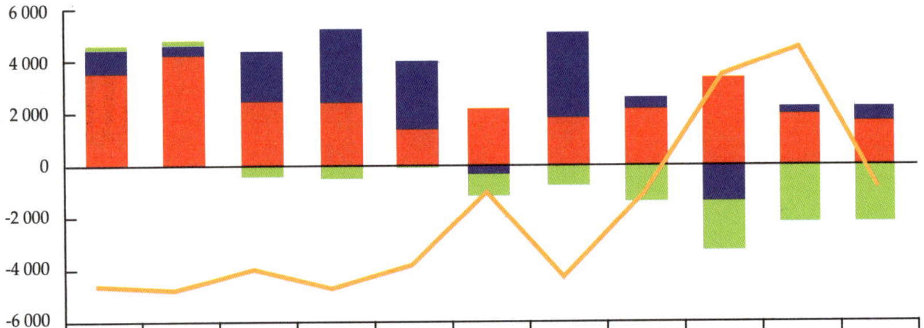

	2007	2008	2009	2010	2011	2012	2013	2014	2015	2016	2017
净误差与遗漏差额 Balance of errors and omissions (net)	133	188	-434	-530	-138	-870	-776	-1 401	-1 882	-2 227	-2 219
资本和金融项目差额 Balance of capital and financial accounts	942	401	1 985	2 869	2 655	-318	3 262	382	-1 424	263	570
经常项目差额 Balance of current account	3 532	4 206	2 433	2 378	1 361	2 154	1 828	2 197	3 306	1 964	1 649
储备资产差额 Balance of reserve assets	-4 607	-4 795	-3 984	-4 717	-3 878	-966	-4 314	-1 178	3 429	4 437	-915

注：1. 储备资产的增加用负值表示，储备资产的减少用正值表示。
2. 图中数据根据国家外汇管理局最新数据修订。

Notes: 1. The increase in the reserve assets is expressed in a negative figure and the decrease in the reserve assets is expressed in a positive figure.
2. Data are revised by State Administration of Foreign Exchange.

2017年国际收支平衡表简表
BOP sheet in 2017

单位：亿美元
Unit: USD100 million

项 目 Items		金 额 Amounts
一、经常账户 Current account		**1 649**
	贷方 credit	27 089
	借方 debit	-25 440
1.1 货物和服务 Goods and Services		2 107
	贷方 credit	24 229
	借方 debit	-22 122
1.1.1 货物 Goods		4 761
	贷方 credit	22 165
	借方 debit	-17 403
1.1.2 服务 Services		-2 654
	贷方 credit	2 065
	借方 debit	-4 719
1.2 初次收入 Primary income		-344
	贷方 credit	2 573
	借方 debit	-2 918
1.3 二次收入 Secondary income		-114
	贷方 credit	286
	借方 debit	-400
二、资本和金融账户 Capital and financial account		**570**
2.1 资本账户 Capital account		-1
	贷方 credit	2
	借方 debit	-3
2.2 金融账户 Financial account		571
资产 Assets		-3 782
负债 Liabilities		4 353
2.2.1 非储备性质的金融账户 Financial account excluding reserve assets		1 486
2.2.1.1 直接投资 Direct investment		663
资产 Assets		-1 019
负债 Liabilities		1 682
2.2.1.2 证券投资 Portfolio investment		74
资产 Assets		-1 094
负债 Liabilities		1 168
2.2.1.3 金融衍生工具 Financial derivatives		5
资产 Assets		15
负债 Liabilities		-10
2.2.1.4 其他投资 Other investment		744
资产 Assets		-769
负债 Liabilities		1 513
2.2.2 储备资产 Reserve assets		-915
三、净误差与遗漏 Net errors and omissions		**-2 219**

注：根据《国际收支和国际投资头寸手册》（第六版）编制。
Note: Compiled in accordance with the sixth edition of *Balance of Payments and International Investment Position Manual* (BPM6).

4.外汇储备

(4) Foreign exchange reserves

外汇储备及其增长率
Foreign exchange reserves and growth rates

单位：亿美元
Unit: USD100 million

年/月 Year/Month	外汇储备 Foreign exchange reserves	同比增长(%) Growth rate (YOY)(%)
2016.01	32 309	-15.3
2016.02	32 023	-15.8
2016.03	32 126	-13.9
2016.04	32 197	-14.1
2016.05	31 917	-14.0
2016.06	32 052	-13.2
2016.07	32 011	-12.3
2016.08	31 852	-10.5
2016.09	31 664	-9.9
2016.10	31 207	-11.5
2016.11	30 516	-11.2
2016.12	30 105	-9.6
2017.01	29 982	-7.2
2017.02	30 051	-6.2
2017.03	30 091	-6.3
2017.04	30 295	-5.9
2017.05	30 536	-4.3
2017.06	30 568	-4.6
2017.07	30 807	-3.8
2017.08	30 915	-2.9
2017.09	31 085	-1.8
2017.10	31 092	-0.4
2017.11	31 193	2.2
2017.12	31 399	4.3
2018.01	31 615	5.4
2018.02	31 345	4.3
2018.03	31 428	4.4

外汇储备及其增长率
Foreign exchange reserves and growth rates

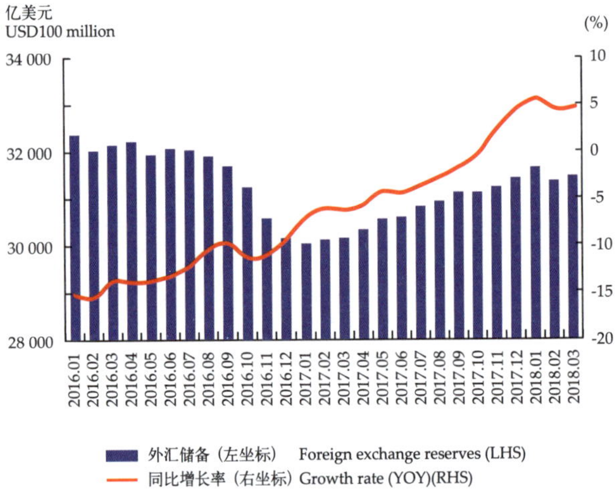

5.外债

(5) External debt

外币外债余额与债务率
Balance and ratio of external debt to foreign exchange income

外币外债余额与负债率
Balance and ratio of external debt to GDP

注：图中数据根据国家外汇管理局最新数据修订。
Note: Data are revised by State Administration of Foreign Exchange.

2017年末外债数据
External debt balance at the end of 2017

单位：亿美元
Unit: USD100 million

	外债余额 Outstanding external debt	广义政府债务 General government debt	中央银行债务 Monetary authority debt	银行债务 Bank debt	其他部门债务 Other sectors debt	直接投资：公司间贷款 Direct investment intercompany lending
债务余额 Debt balance	17 106	1 687	234	8 455	4 555	2 175
比重(%) Share (%)	100.00	9.86	1.37	49.43	26.63	12.71

注：2014年末，国家外汇管理局按照国际货币基金组织"数据公布特殊标准"（SDDS）的分类标准公布我国外币外债数据，机构部门的分类相应进行了调整。
Note: At the end of 2014, State Administration of Foreign Exchange (SAFE) started to publish the data of China's external debts denominated in foreign currencies according to IMF's SDDS classification standards. The classification of sectors and departments were also adjusted accordingly.

2017年末外债结构
External debt structure at the end of 2017

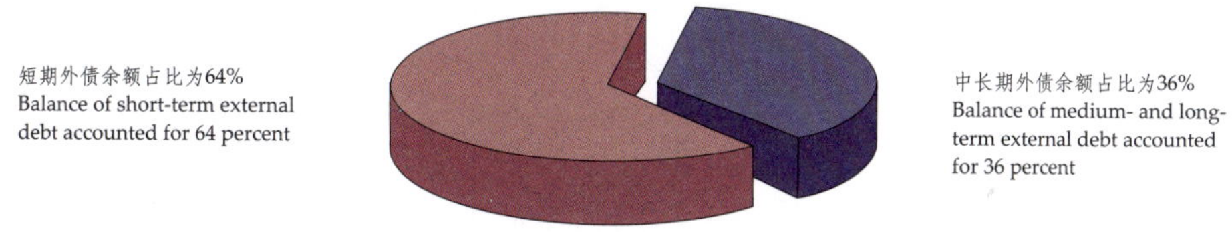

2017年末，中国外债余额为17 106亿美元，其中，中长期外债余额为6 116亿美元，占外债余额的35.75%；短期外债余额为10 990亿美元，占外债余额的64.25%。
China's outstanding balance of external debt was USD1,710.6 billion at the end of 2017, among which USD611.6 billion or 35.75 percent was medium- and long-term debt, and USD1,099.0 billion or 64.25 percent was short-term debt.

六、财政收支与债务
6. Fiscal Revenue, Expenditure and Debt

年度财政收入、财政支出及其增长趋势
Annual budgetary revenue, budgetary expenditure, and their growth

单位：亿元
Unit: RMB100 million

年 Year	财政收入 Budgetary revenue	财政支出 Budgetary expenditure	财政收入同比增长率(%) Growth rate of budgetary revenue (YOY) (%)	财政支出同比增长率(%) Growth rate of budgetary expenditure (YOY)(%)
1994	5 218	5 793	20.0	24.8
1995	6 242	6 824	19.6	17.8
1996	7 408	7 938	18.7	16.3
1997	8 651	9 234	16.8	16.3
1998	9 876	10 798	14.2	16.9
1999	11 444	13 188	15.9	22.1
2000	13 395	15 887	17.0	20.5
2001	16 386	18 903	22.3	19.0
2002	18 904	22 053	15.4	16.7
2003	21 715	24 650	14.9	11.8
2004	26 396	28 487	21.6	15.6
2005	31 649	33 930	19.9	19.1
2006	38 760	40 423	22.5	19.1
2007	51 322	49 781	32.4	23.2
2008	61 330	62 593	19.5	25.4
2009	68 518	76 300	11.7	21.9
2010	83 080	89 575	21.3	17.4
2011	103 740	108 930	24.8	21.2
2012	117 210	125 712	12.8	15.1
2013	129 143	139 744	10.2	11.2
2014	140 350	151 662	8.6	8.2
2015	152 217	175 768	8.4	15.8
2016	159 552	187 841	4.5	6.4
2017	172 567	203 330	7.4	7.7

注：表中数据根据财政部最新数据修订。
Note: Data are revised by Ministry of Finance.

月度累计财政收支增长率与收支差额
Monthly growth rates and balance of accumulated fiscal revenue and expenditure

单位：亿元
Unit: RMB100 million

年/月 Year/Month	财政收入累计同比增长率(%) Growth rate of accumulated fiscal revenue(YOY)(%)	财政支出累计同比增长率(%) Growth rate of accumulated fiscal expenditure(YOY)(%)	累计财政收支总量差额 Balance of accumulated fiscal revenue and expenditure
2016.01	5.8	24.3	7 032
2016.02	6.3	12.0	6 215
2016.03	6.5	15.4	938
2016.04	8.6	12.4	3 351
2016.05	8.3	13.6	3 352
2016.06	7.1	15.1	-3 651
2016.07	6.5	13.0	-1 649
2016.08	6.0	12.7	-5 942
2016.09	5.9	12.5	-14 556
2016.10	5.9	10.0	-11 016
2016.11	5.7	10.2	-17 588
2016.12	4.5	6.4	-28 289
2017.01	17.7	37.5	6 273
2017.02	14.9	17.4	6 594
2017.03	14.1	21.0	-1 551
2017.04	11.8	16.3	1 598
2017.05	10.0	14.7	756
2017.06	9.8	15.8	-9 177
2017.07	10.0	14.5	-6 217
2017.08	9.8	13.1	-10 212
2017.09	9.7	11.4	-17 744
2017.10	9.2	9.8	-12 632
2017.11	8.4	7.8	-17 813
2017.12	7.4	7.7	-30 763
2018.01	16.5	-7.4	10 694
2018.02	15.8	16.7	7 492
2018.03	13.6	10.9	-451

注：表中数据根据财政部最新数据修订。
Note: Data are revised by Ministry of Finance.

年度财政收入、财政支出及其增长趋势
Annual budgetary revenue, budgetary expenditure, and their growth

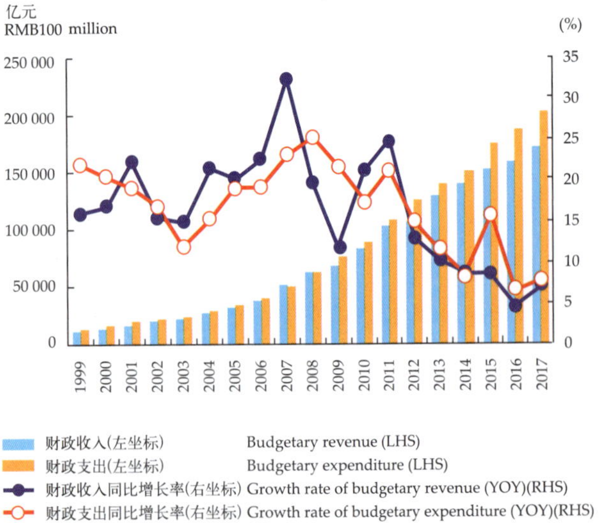

月度累计财政收支增长率与收支差额
Monthly growth rates and balance of accumulated fiscal revenue and expenditure

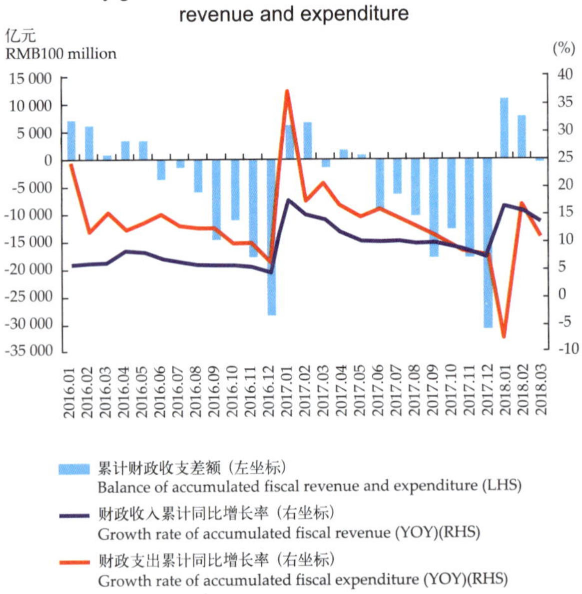

中央财政收支在全部财政收支中所占的比重

Ratio of revenues and expenditures of the central government to total fiscal revenues and expenditures

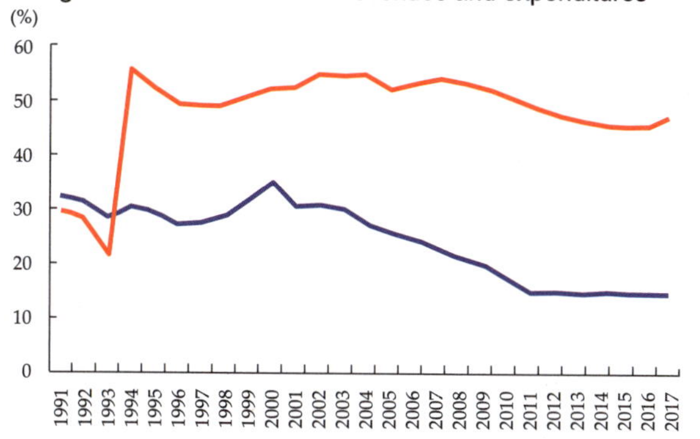

中央财政收入占全部财政收入的百分比
Revenues of central government as a percentage of total fiscal revenues
中央财政支出占全部财政支出的百分比
Expenditures of central government as a percentage of total fiscal expenditures

财政风险

Fiscal risks

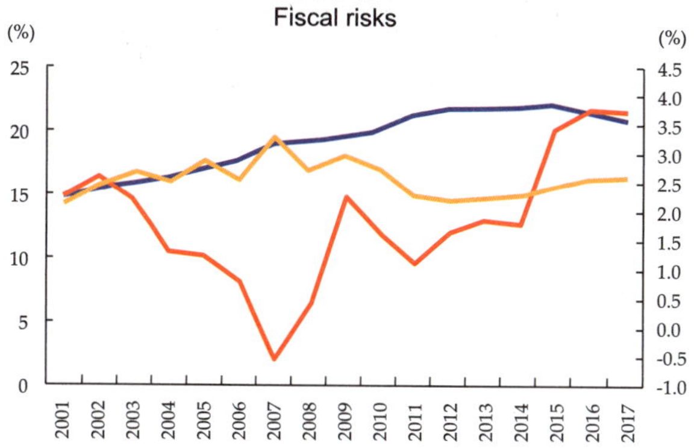

财政赤字/GDP（右坐标）
Fiscal deficit to GDP ratio (RHS)
财政收入/GDP（左坐标）
Fiscal revenue to GDP ratio (LHS)
国债余额/GDP（左坐标）
Outstanding government debt to GDP ratio (LHS)

2018年主要预算指标：

2018年，中央财政预算收入为85 357亿元，比2017年执行数（下同）增长5.2%。从中央预算稳定调节基金调入2 130亿元，从中央政府性基金预算、中央国有资本经营预算调入323亿元，合计收入总量为87 810亿元。中央一般公共预算支出103 310亿元，增长8.5%。中央财政收支总量相抵，赤字为15 500亿元，与上年预算数持平。中央财政国债余额限额为156 908.35亿元。

汇总中央预算和地方预算安排，全国一般公共预算收入183 177亿元，增长6.1%。加上调入资金2 853亿元，可安排的收入总量为186 030亿元。全国一般公共预算支出209 830亿元，增长7.6%。赤字23 800亿元，与2017年持平。

Budgetary targets for 2018:

In 2018, revenue in the central government's general public budget is expected to reach RMB8.5357 trillion, an increase of 5.2% over the actual figure for 2017. Adding in the RMB213.0 billion from the Central Budget Stabilization Fund and the RMB32.3 billion from the budgets of central government-managed funds and central government state capital operations, total revenue in 2018 should amount to RMB8.7810 trillion. Expenditures from the central government's general public budget are projected to reach RMB10.3310 trillion, an increase of 8.5%. Total expenditures are projected to exceed total revenue leaving a deficit of RMB1.55 trillion, the same as last year. The ceiling for the outstanding balance of central government bonds will be RMB15.690835 trillion.

Combining the general public budgets of the central and local governments, it is projected that nationwide revenue will amount to RMB18.3177 trillion, up 6.1% from last year. Adding in the RMB285.3 billion transferred from other sources, total revenue available is expected to reach RMB18.6030 trillion. Nationwide expenditures are budgeted at RMB20.9830 trillion, an increase of 7.6%. This will produce a national deficit of RMB2.38 trillion, the same as 2017.

七、货币银行
7. Money and Banking

1. 货币供应量
(1) Money supply

年度M0、M1、M2及其变化趋势
Annual M0, M1, and M2 and their changes

单位：万亿元 Unit: RMB1 trillion

年 Year	M0	M1	M2	M0同比增长率(%) Growth rate of M0 (YOY)(%)	M1同比增长率(%) Growth rate of M1 (YOY)(%)	M2同比增长率(%) Growth rate of M2 (YOY)(%)
1999	1.3	4.6	12.0	20.1	17.7	14.7
2000	1.5	5.3	13.8	8.9	16.0	14.0
2001	1.6	6.0	15.8	7.1	12.7	14.4
2002	1.7	7.1	18.5	10.1	16.8	16.8
2003	2.0	8.4	22.1	14.3	18.7	19.6
2004	2.1	9.6	25.3	8.7	13.6	14.6
2005	2.4	10.7	29.9	11.9	11.8	17.6
2006	2.7	12.6	34.6	12.7	17.5	16.9
2007	3.0	15.3	40.3	12.1	21.0	16.7
2008	3.4	16.6	47.5	12.7	9.1	17.8
2009	3.8	22.1	61.0	11.8	32.4	27.7
2010	4.5	26.7	72.6	16.7	21.2	19.7
2011	5.1	29.0	85.2	13.8	7.9	13.6
2012	5.5	30.9	97.4	7.7	6.5	13.8
2013	5.9	33.7	110.7	7.1	9.3	13.6
2014	6.0	34.8	122.8	2.9	3.2	12.2
2015	6.3	40.1	139.2	4.9	15.2	13.3
2016	6.8	48.7	155.0	8.1	21.4	11.3
2017	7.1	54.4	167.7	3.4	11.8	8.2

月度M0、M1、M2及其变化趋势
Monthly M0, M1, and M2 and their changes

单位：万亿元 Unit: RMB1 trillion

年/月 Year/Month	M0	M1	M2	M0同比增长率(%) Growth rate of M0 (YOY)(%)	M1同比增长率(%) Growth rate of M1 (YOY)(%)	M2同比增长率(%) Growth rate of M2 (YOY)(%)
2015.07	5.9	35.3	135.3	2.9	6.6	13.3
2015.08	5.9	36.3	135.7	1.8	9.3	13.3
2015.09	6.1	36.4	136.0	3.7	11.4	13.1
2015.10	6.0	37.6	136.1	3.8	14.0	13.5
2015.11	6.0	38.8	137.4	3.2	15.7	13.7
2015.12	6.3	40.1	139.2	4.9	15.2	13.3
2016.01	7.3	41.3	141.6	15.1	18.6	14.0
2016.02	6.9	39.3	142.5	-4.8	17.4	13.3
2016.03	6.5	41.2	144.6	4.4	22.1	13.4
2016.04	6.4	41.4	144.5	6.0	22.9	12.8
2016.05	6.3	42.4	146.2	6.3	23.7	11.8
2016.06	6.3	44.4	149.0	7.2	24.6	11.8
2016.07	6.3	44.3	149.2	7.2	25.4	10.2
2016.08	6.3	45.5	151.1	7.4	25.3	11.4
2016.09	6.5	45.4	151.6	6.6	24.7	11.5
2016.10	6.4	46.5	151.9	7.2	23.9	11.6
2016.11	6.5	47.5	153.0	7.6	22.7	11.4
2016.12	6.8	48.7	155.0	8.1	21.4	11.3
2017.01	8.7	47.3	157.6	19.4	14.5	11.3
2017.02	7.2	47.7	158.3	3.3	21.4	11.1
2017.03	6.9	48.9	160.0	6.1	18.8	10.6
2017.04	5.8	49.6	161.0	-3.7	22.5	10.3
2017.05	4.9	50.4	162.2	-10.4	24.7	10.0
2017.06	4.0	51.2	163.3	-17.0	26.8	9.6
2017.07	6.7	51.0	162.9	6.1	15.3	9.2
2017.08	6.8	51.8	164.5	6.5	14.0	8.9
2017.09	7.0	51.8	165.6	7.2	14.0	9.2
2017.10	6.8	52.6	165.3	6.3	13.0	8.8
2017.11	6.9	53.6	167.0	5.7	12.7	9.1
2017.12	7.1	54.4	167.7	3.4	11.8	8.2
2018.01	7.5	54.3	172.1	-13.8	15.0	8.6
2018.02	8.1	51.7	172.9	13.5	8.5	8.8
2018.03	7.3	52.4	174.0	6.0	7.1	8.2

货币供应量与货币流动性
Money supply and monetary liquidity

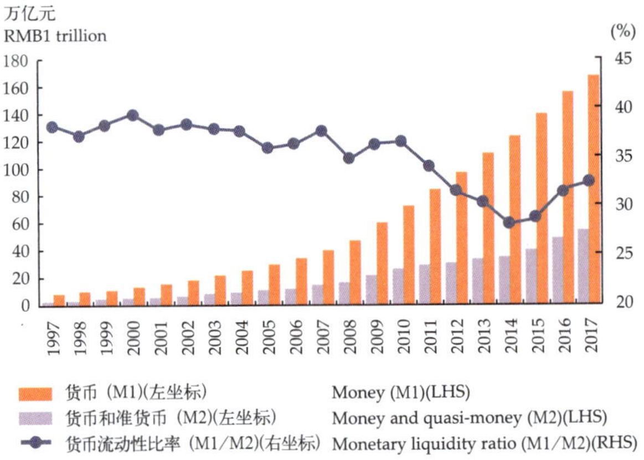

年度M0、M1、M2及其变化趋势
Annual M0, M1, and M2 and their changes

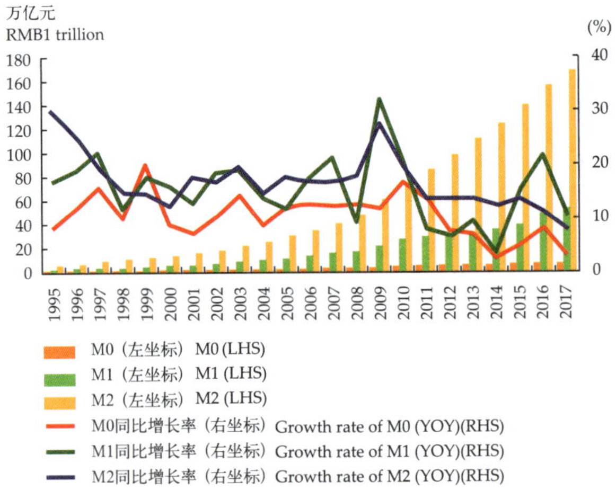

月度M0、M1、M2及其变化趋势
Monthly M0, M1, and M2 and their changes

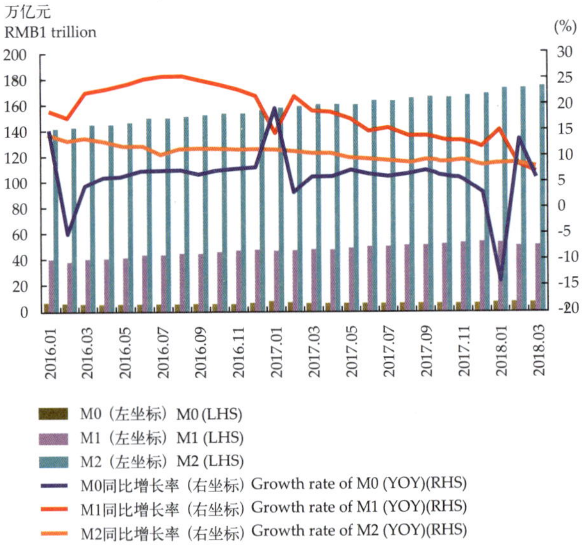

货币供应量构成
Composition of money supply

单位：亿元
Unit: RMB100 million

年/月 Year/Month	货币和准货币 Money & quasi-money M2	货币 Money M1	流通中货币 Currency in circulation M0	单位活期存款 Corporate demand deposits	准货币 Quasi-money	单位定期存款 Corporate time deposits	个人存款 Personal deposits	其他存款 Other deposits
2016.03	1 446 198	411 581	64 651	346 930	1 034 617	300 623	586 856	147 138
2016.04	1 445 210	413 505	64 403	349 102	1 031 705	303 424	577 490	150 791
2016.05	1 461 695	424 251	62 781	361 470	1 037 444	302 474	577 996	156 974
2016.06	1 490 492	443 644	62 819	380 825	1 046 848	301 674	587 549	157 625
2016.07	1 491 559	442 934	63 276	379 658	1 048 624	301 688	585 218	161 718
2016.08	1 510 983	454 544	63 455	391 089	1 056 439	307 806	589 372	159 261
2016.09	1 516 361	454 340	65 069	389 272	1 062 020	315 077	598 881	148 063
2016.10	1 519 485	465 447	64 215	401 232	1 054 039	307 896	594 170	151 973
2016.11	1 530 432	475 406	64 904	410 502	1 055 027	309 068	597 374	148 585
2016.12	1 550 067	486 557	68 304	418 253	1 063 509	307 990	603 504	152 016
2017.01	1 575 946	472 526	86 599	385 928	1 103 419	317 957	634 746	150 716
2017.02	1 582 913	476 528	71 728	404 800	1 106 385	311 668	635 880	158 838
2017.03	1 599 610	488 770	68 605	420 165	1 110 839	317 183	643 278	150 378
2017.04	1 596 332	490 180	68 393	421 788	1 106 151	318 093	630 993	157 066
2017.05	1 601 360	496 390	67 333	429 057	1 104 971	314 930	632 226	157 815
2017.06	1 631 283	510 228	66 978	443 250	1 121 054	317 003	642 932	161 119
2017.07	1 628 997	510 485	67 129	443 356	1 118 512	314 700	635 230	168 583
2017.08	1 645 157	518 114	67 551	450 563	1 127 043	317 889	637 887	171 267
2017.09	1 655 662	517 863	69 749	448 115	1 137 799	326 614	648 350	162 835
2017.10	1 653 434	525 977	68 231	457 747	1 127 457	319 741	640 251	167 465
2017.11	1 670 013	535 565	68 623	466 942	1 134 448	320 652	641 620	172 177
2017.12	1 676 769	543 790	70 646	473 145	1 132 978	320 196	649 341	163 441
2018.01	1 720 814	543 247	74 636	468 611	1 177 567	328 170	658 424	190 973
2018.02	1 729 070	517 036	81 424	435 612	1 212 034	330 532	687 076	194 426
2018.03	1 739 859	523 540	72 693	450 847	1 216 319	332 606	692 564	191 150

广义货币供应量M2变动
Changes in the composition of broad money M2

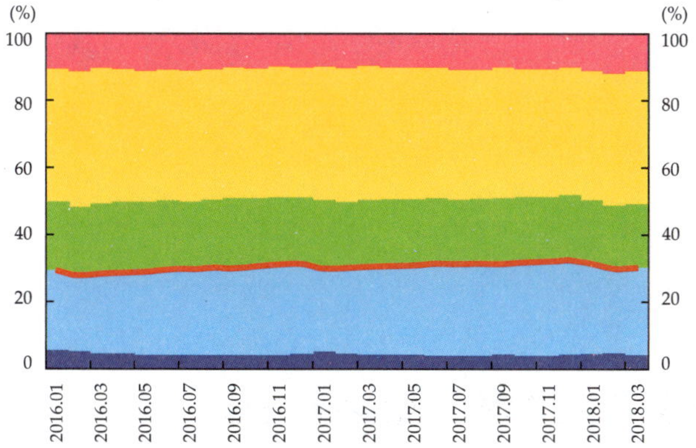

其他存款占M2的比重　Other deposits/M2
个人存款占M2的比重　Personal deposits/M2
单位定期存款占M2的比重　Corporate time deposits/M2
单位活期存款占M2的比重　Corporate demand deposits/M2
M0占M2的比重　M0/M2
M1占M2的比重　M1/M2

2018年3月末货币供应量构成
Composition of money supply at the end of March, 2018

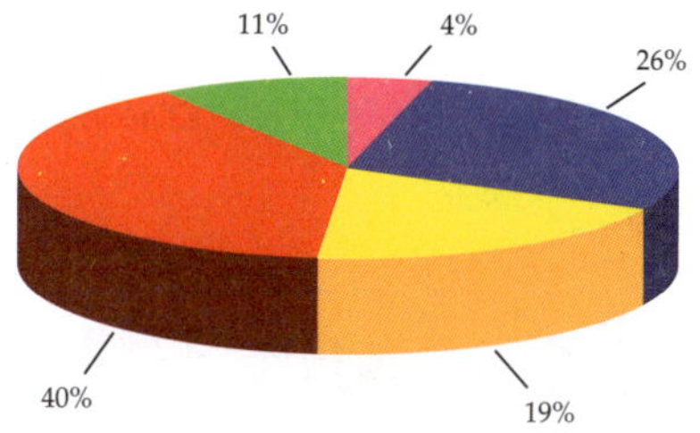

流通中货币　Currency in circulation M0
单位活期存款　Corporate demand deposits
单位定期存款　Corporate time deposits
个人存款　Personal deposits
其他存款　Other deposits

存款性公司概览
Depository corporations survey

单位：万亿元
Unit: RMB1 trillion

年/月 Year/Month	国外净资产 Net foreign assets	国内信贷 Domestic credit	对政府债权(净) Claims on government (net)	对非金融部门债权 Claims on non-financial sectors	对其他金融部门债权 Claims on other financial sectors	其他 Others	货币和准货币 Money & quasi-money M2
2015.07	29.38	122.54	6.25	98.77	17.52	-17.17	135.32
2015.08	29.14	123.92	6.83	99.83	17.25	-17.37	135.69
2015.09	28.72	125.57	7.49	101.14	16.95	-18.31	135.98
2015.10	28.72	128.04	7.31	103.48	17.25	-20.66	136.10
2015.11	28.51	130.20	7.64	104.75	17.81	-21.32	137.40
2015.12	28.06	133.27	9.83	105.12	18.32	-22.11	139.23
2016.01	27.64	137.42	9.48	106.39	21.56	-23.43	141.63
2016.02	27.44	139.17	9.65	107.39	22.13	-24.15	142.46
2016.03	27.19	142.52	10.53	108.92	23.07	-25.09	144.62
2016.04	27.16	143.51	11.05	109.31	23.15	-26.15	144.52
2016.05	27.17	145.98	11.54	110.55	23.89	-26.97	146.17
2016.06	27.08	149.61	12.89	111.81	24.92	-27.64	149.05
2016.07	27.00	150.48	12.92	112.42	25.14	-28.33	149.16
2016.08	27.08	152.69	13.91	112.95	25.83	-28.67	151.10
2016.09	26.84	154.44	14.69	113.97	25.78	-29.64	151.64
2016.10	26.76	155.50	14.38	114.83	26.29	-30.31	151.95
2016.11	26.52	157.86	14.99	116.26	26.61	-31.34	153.04
2016.12	26.39	160.01	16.24	116.61	27.16	-31.39	155.01
2017.01	26.29	162.05	15.84	118.12	28.09	-30.75	157.59
2017.02	26.13	162.94	15.64	118.97	28.33	-30.78	158.29
2017.03	26.08	165.06	16.63	120.02	28.42	-31.18	159.96
2017.04	25.89	165.69	16.59	121.00	28.10	-31.95	160.98
2017.05	25.68	166.51	16.86	121.97	27.68	-32.05	162.17
2017.06	25.55	170.14	17.65	123.41	29.09	-32.56	163.35
2017.07	25.45	170.42	17.45	124.32	28.64	-32.97	162.90
2017.08	25.23	172.65	18.33	125.67	28.64	-33.36	164.52
2017.09	25.48	174.09	19.02	126.59	28.48	-34.01	165.57
2017.10	25.39	174.12	18.47	127.18	28.47	-34.17	165.34
2017.11	25.39	176.00	19.04	128.17	28.79	-34.39	167.00
2017.12	25.33	178.03	20.49	128.88	28.66	-35.68	167.68
2018.01	25.62	181.47	20.12	131.58	29.77	-35.00	172.08
2018.02	25.58	182.56	20.77	132.60	29.19	-35.24	172.91
2018.03	25.54	184.18	21.50	133.88	28.79	-35.73	173.99

国外净资产及国内信贷对广义货币的影响
The impact of net foreign assets and domestic credit on broad money M2

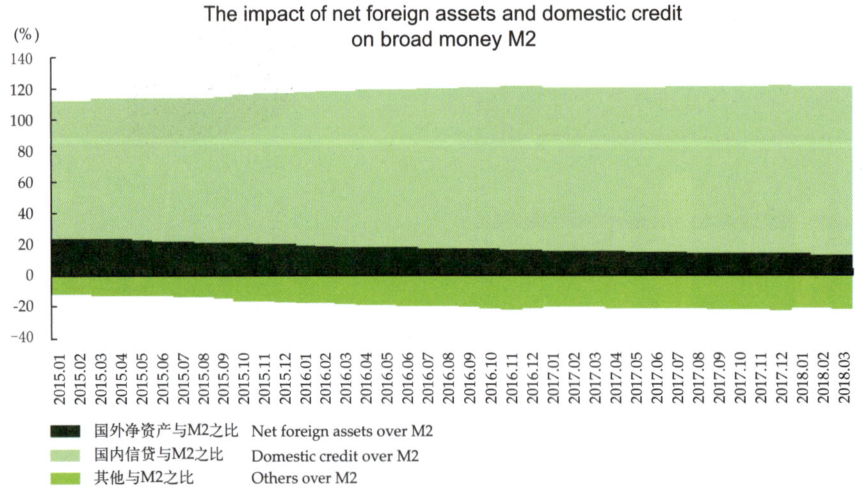

2.存贷款

(2) Deposits and loans

金融机构人民币各项存贷款余额及其增长趋势

Outstanding amounts of total deposits & loans and their growth in financial institutions

单位：万亿元
Unit: RMB1 trillion

年/月 Year/Month	各项存款 Total deposits	各项贷款 Total loans	各项存款同比增长率(%) Growth rate of deposits (YOY)(%)	各项贷款同比增长率(%) Growth rate of loans (YOY)(%)
2015.07	134.0	90.3	13.4	15.5
2015.08	134.1	91.1	13.0	15.4
2015.09	133.7	92.1	12.6	15.4
2015.10	134.3	92.6	12.7	15.4
2015.11	135.7	93.4	13.1	14.9
2015.12	135.7	94.0	12.4	14.3
2016.01	137.8	96.5	12.5	15.3
2016.02	138.6	97.2	13.3	14.7
2016.03	141.1	98.6	13.0	14.7
2016.04	142.0	99.1	12.9	14.4
2016.05	143.8	100.1	11.5	14.4
2016.06	146.2	101.5	10.9	14.3
2016.07	146.7	101.9	9.5	12.9
2016.08	148.5	102.9	10.8	13.0
2016.09	148.5	104.1	11.1	13.0
2016.10	149.7	104.8	11.5	13.1
2016.11	150.4	105.6	10.8	13.1
2016.12	150.6	106.6	11.0	13.5
2017.01	152.1	108.6	10.4	12.6
2017.02	154.4	109.8	11.4	13.0
2017.03	155.6	110.8	10.3	12.4
2017.04	155.9	111.9	9.8	12.9
2017.05	157.0	113.0	9.2	12.9
2017.06	159.7	114.6	9.2	12.9
2017.07	160.5	115.4	9.4	13.2
2017.08	161.8	116.5	9.0	13.2
2017.09	162.3	117.8	9.3	13.1
2017.10	163.3	118.4	9.1	13.0
2017.11	164.9	119.5	9.6	13.3
2017.12	164.1	120.1	9.0	12.7
2018.01	168.0	123.0	10.5	13.2
2018.02	167.7	123.9	8.6	12.8
2018.03	169.2	125.0	8.7	12.8

金融机构人民币各项存贷款余额及其增长趋势

Outstanding amounts of total deposits & loans and their growth in financial institutions

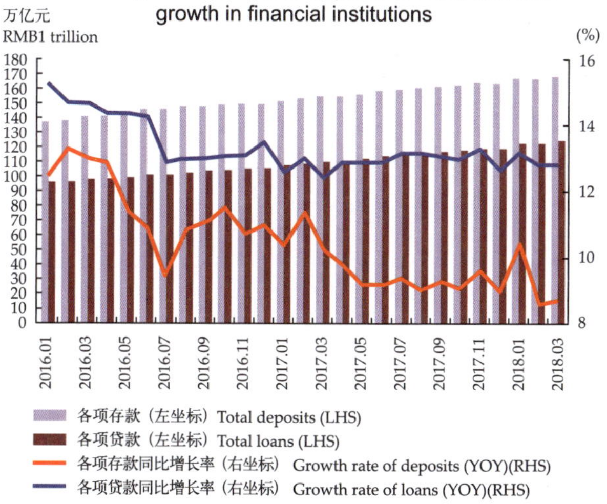

金融机构当年累计新增人民币存款

Accumulated new RMB deposits in financial institutions

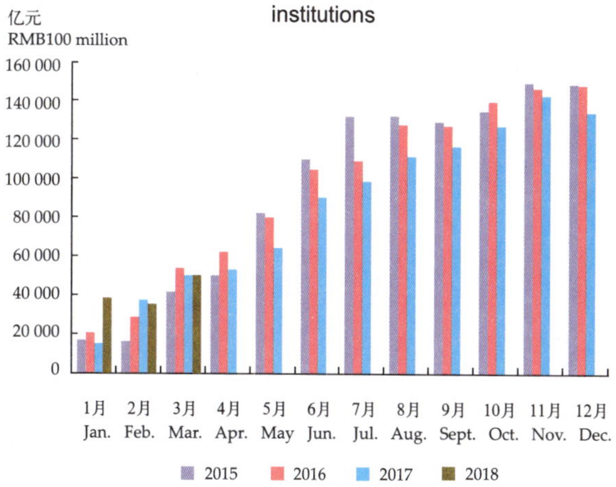

金融机构当月新增人民币存款

New RMB deposits in financial institutions by month

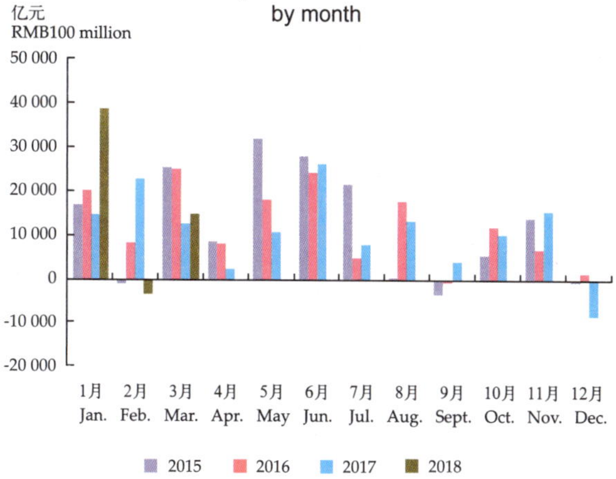

2018年3月末人民币存款余额

Outstanding amounts of RMB deposits at the end of March, 2018

单位：亿元
Unit: RMB100 million

	余额 Outstanding amount
各项存款 Total deposits	**1 691 816**
境内存款 Domestic deposits	1 681 636
住户存款 Deposits of households	686 804
非金融企业存款 Deposits of non-financial enterprises	529 321
政府存款 Deposits of government	310 348
非银行业金融机构存款 Deposits of non-banking financial institutions	155 163
境外存款 Overseas deposits	10 180

住户存款和非金融企业存款余额
Outstanding amounts of household deposits and non-financial corporate deposits

单位：亿元
Unit: RMB100 million

年/月 Year/Month	住户存款 Deposits of households	活期及临时性存款 Demand & temporary deposits	定期及保证性存款 Time & marginal deposits	非金融企业存款 Deposits of non-financial enterprises	活期及临时性存款 Demand & temporary deposits	定期及保证性存款 Time & marginal deposits
2015.07	532 232	187 484	344 748	396 110	141 809	254 301
2015.08	534 098	188 832	345 266	402 782	147 069	255 713
2015.09	541 749	194 150	347 599	404 797	147 153	257 643
2015.10	535 828	191 211	344 617	405 072	154 347	250 725
2015.11	536 766	193 467	343 299	415 443	162 091	253 353
2015.12	546 078	202 869	343 209	430 247	174 586	255 661
2016.01	555 011	207 962	347 050	436 746	172 961	263 785
2016.02	575 047	214 816	360 231	421 940	161 459	260 481
2016.03	580 800	217 001	363 799	445 248	175 269	269 980
2016.04	571 504	210 862	360 642	447 421	175 498	271 923
2016.05	572 047	210 949	361 098	452 836	180 098	272 737
2016.06	581 521	216 945	364 576	465 346	191 138	274 208
2016.07	579 279	215 652	363 627	462 284	188 193	274 091
2016.08	583 411	218 758	364 653	476 050	194 385	281 665
2016.09	592 909	225 331	367 578	480 303	192 839	287 464
2016.10	588 229	222 213	366 016	482 386	199 872	282 514
2016.11	591 500	225 149	366 351	490 742	205 371	285 370
2016.12	597 751	231 630	366 121	502 178	215 107	287 072
2017.01	629 064	249 796	379 268	484 207	195 938	288 268
2017.02	630 077	240 875	389 202	490 852	204 560	286 291
2017.03	637 409	241 907	395 502	503 768	212 132	291 636
2017.04	625 236	235 017	390 219	504 220	213 156	291 064
2017.05	626 485	236 093	390 392	505 292	215 037	290 255
2017.06	637 138	242 055	395 083	515 971	222 012	293 960
2017.07	629 623	238 119	391 504	512 274	221 195	291 079
2017.08	632 213	240 076	392 136	518 343	223 821	294 522
2017.09	642 591	246 818	395 772	521 823	219 597	302 226
2017.10	634 539	241 454	393 085	521 948	224 655	297 293
2017.11	635 994	241 874	394 120	529 130	229 895	299 235
2017.12	643 768	248 239	395 529	542 405	237 888	304 517
2018.01	652 744	250 481	402 263	541 612	232 055	309 557
2018.02	681 474	263 966	417 509	517 594	211 486	306 108
2018.03	686 804	258 521	428 283	529 321	219 818	309 503

住户存款和非金融企业存款余额
Outstanding amounts of household deposits and non-financial enterprise deposits

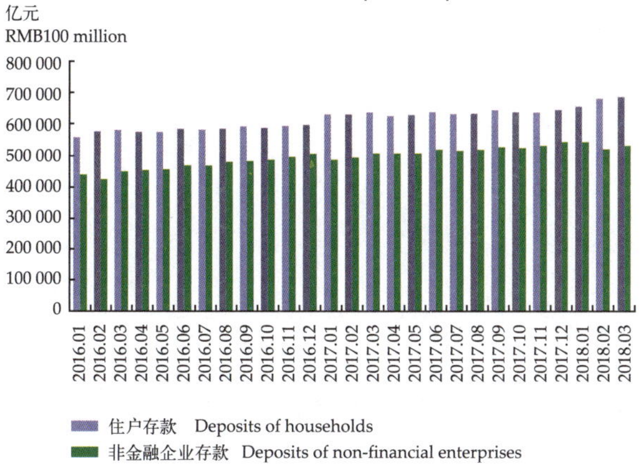

住户存款构成
Composition of household deposits

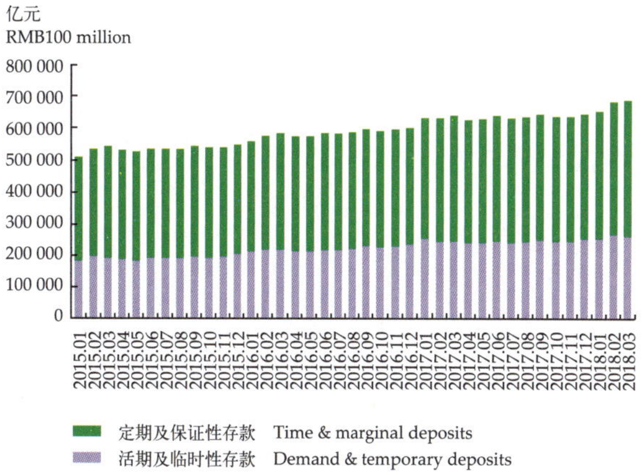

非金融企业存款构成
Composition of non-financial enterprise deposits

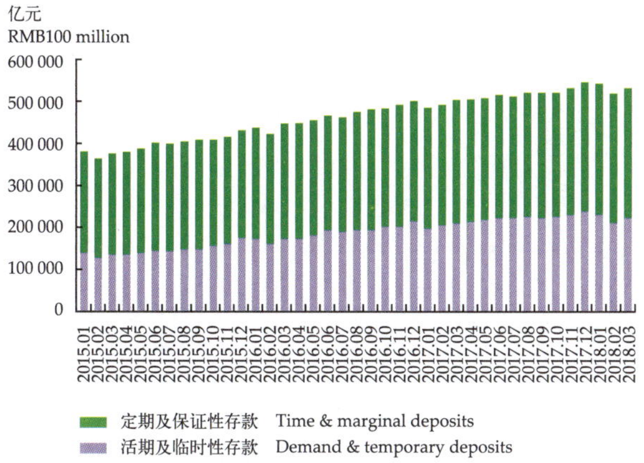

2018年3月末人民币存款余额
Outstanding amounts of RMB deposits at the end of March, 2018

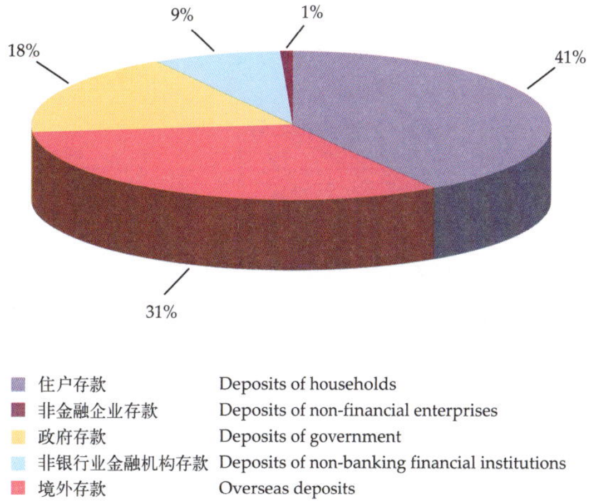

2018年3月末人民币贷款余额
RMB loans issued by the end of March, 2018 by sectors

单位：亿元
Unit: RMB100 million

	余额 Outstanding amounts	比年初增加 Increase over the beginning of the year
各项贷款 Total loans	**1 249 814**	**48 552**
境内贷款 Domestic loans	1 245 104	48 337
住户贷款 Loans to households	422 733	17 531
短期贷款 Short-term loans	118 559	4 669
中长期贷款 Mid & long-term loans	304 174	12 862
非金融性企业及机关团体贷款 Loans to non-financial enterprises and government departments & organizations	816 154	30 947
短期贷款及票据融资 Short-term loans and paper financing	282 637	5 987
中长期贷款 Mid & long-term loans	474 125	24 485
其他贷款 Other loans	59 391	475
非银行业金融机构贷款 Loans to non-banking financial institutions	6 217	-141
境外贷款 Overseas loans	4 710	216

金融机构当年累计新增人民币贷款
Accumulated new RMB loans in financial institutions

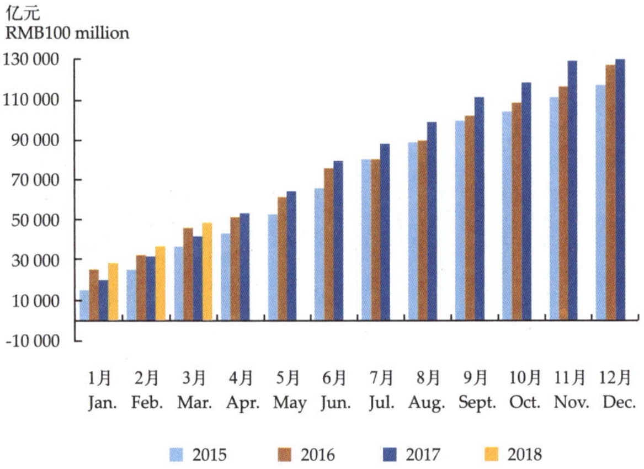

金融机构当月新增人民币贷款
New RMB loans in financial institutions by month

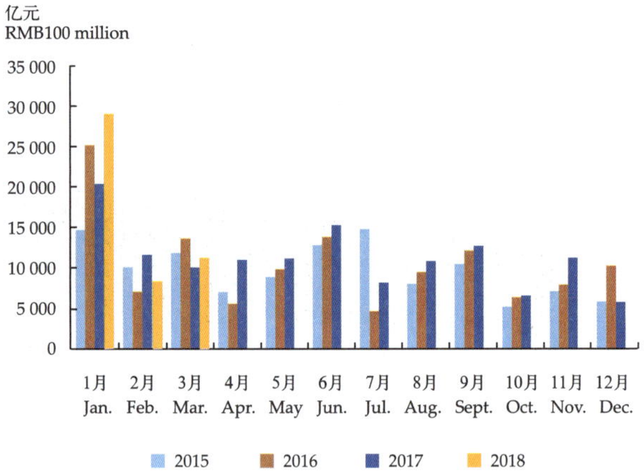

当年累计新增住户贷款
Accumulated new loans to households

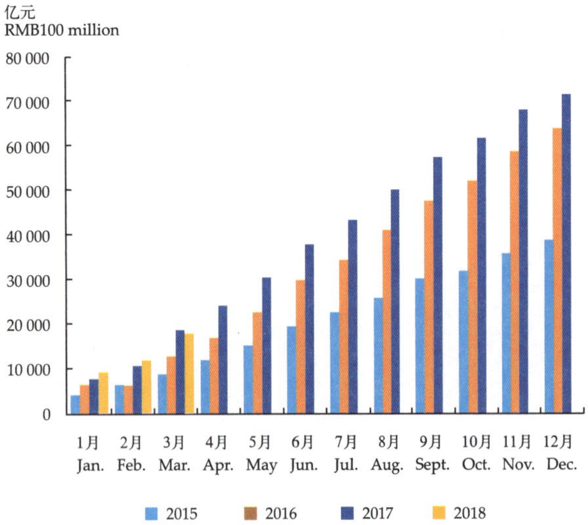

当月新增住户贷款
New loans to households by month

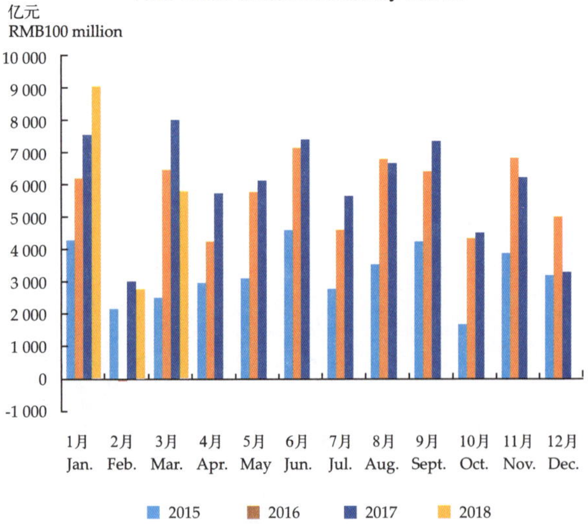

当年累计新增非金融企业及其他部门贷款
Accumulated new loans to non-financial institutions and other sectors

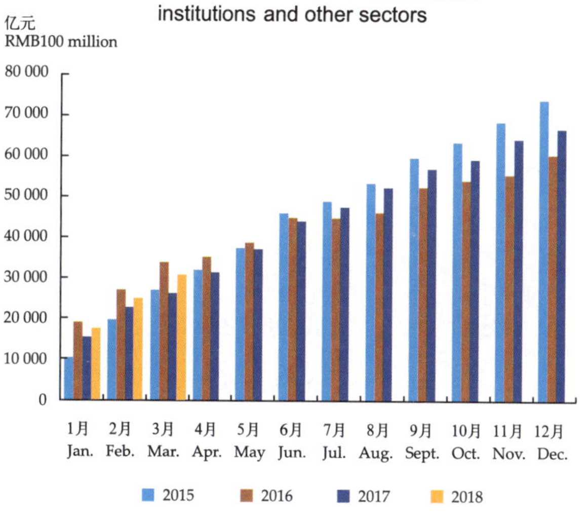

当月新增非金融企业及其他部门贷款
New loans to non-financial institutions and other sectors by month

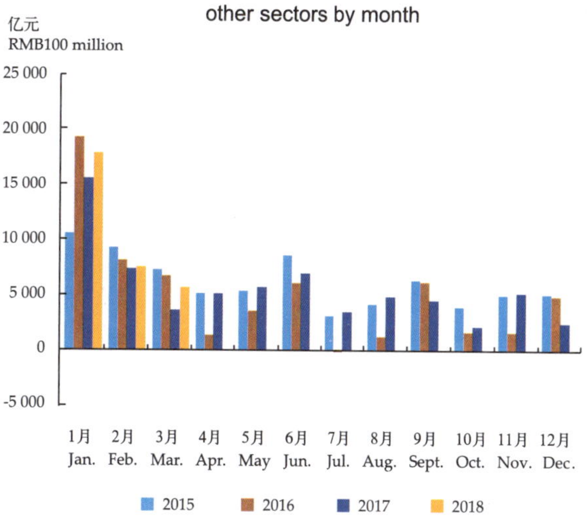

2018年3月末个人消费贷款构成
Composition of consumer loans at the end of March, 2018

单位：亿元
Unit: RMB100 million

	余额 Outstanding amounts	同比增长率(%) Growth rate (YOY)(%)	比年初增加 Increase over the beginning of the year	比上年同期变化 Change compared with the same period of last year
个人消费贷款 Consumer loans	**329 391**	**23.4**	**14 197**	**16 370**
个人住房贷款 Individual housing mortgage loans	228 554	20.0	9 944	11 674
个人汽车消费贷款 Individual auto loans	9 628	29.0	423	378
助学贷款 Student loans	910	14.1	- 19	- 17
其他贷款 Other loans	90 298	32.7	3 849	4 335

2018年3月末个人消费贷款构成
Composition of consumer loans at the end of March, 2018

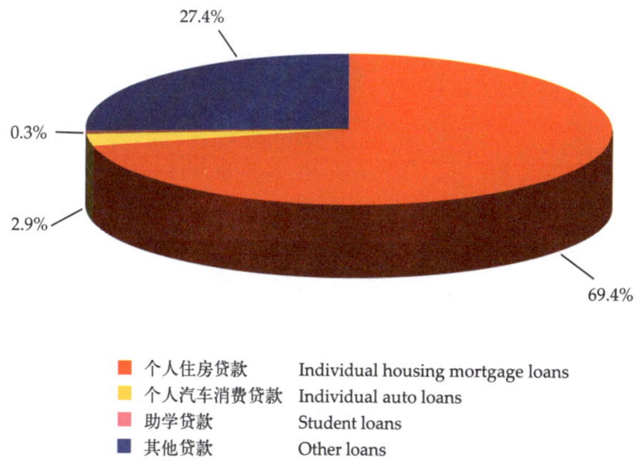

当年累计新增个人消费贷款
Accumulated new consumer loans

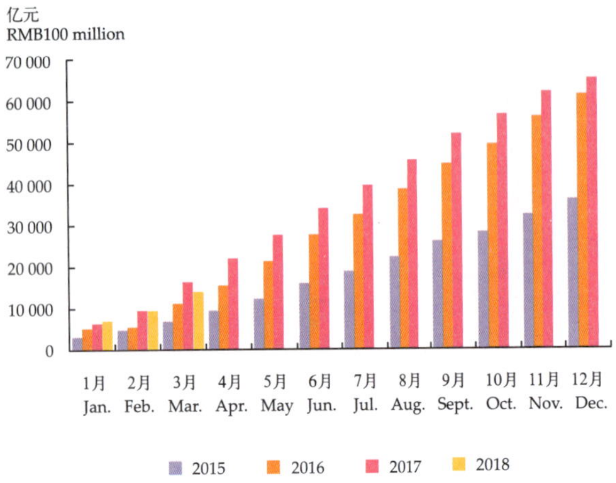

当月新增个人消费贷款
New consumer loans by month

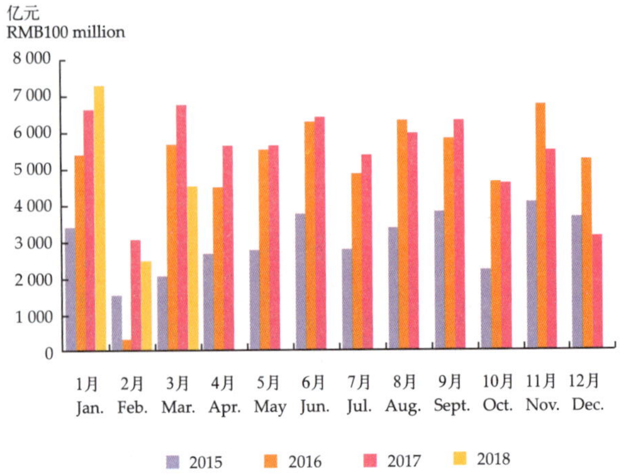

个人消费贷款余额及其增长趋势
Consumer loans and their growth

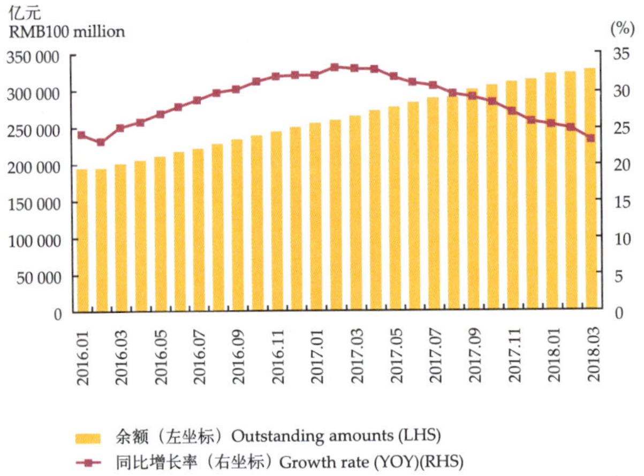

当年累计新增个人住房贷款
Accumulated new housing mortgage loans

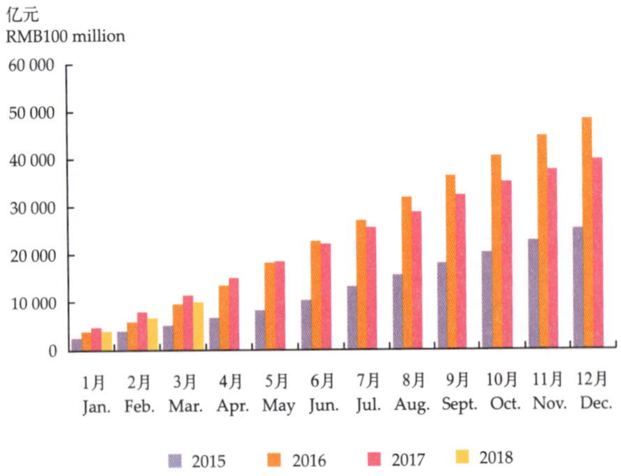

当月新增个人住房贷款
New housing mortgage loans by month

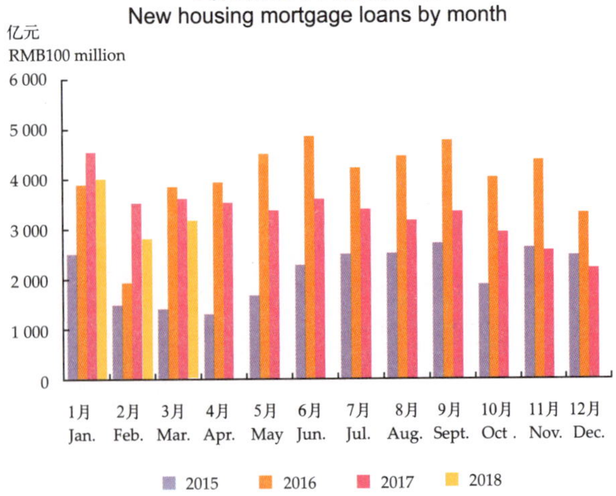

个人住房贷款余额及其增长趋势
Individual housing mortgage loans and their growth

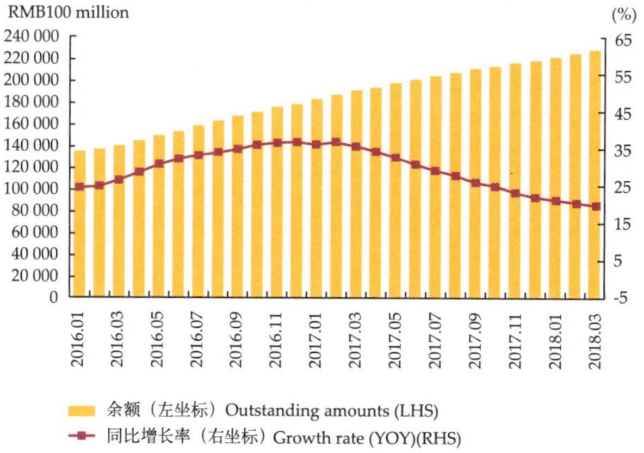

个人汽车消费贷款余额及其增长趋势
Individual auto loans and their growth

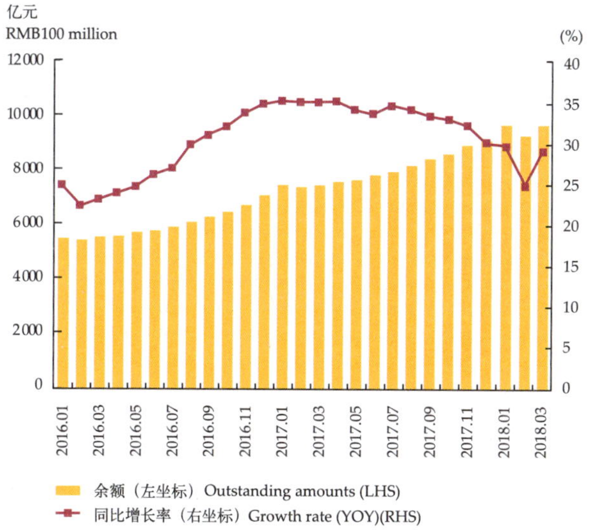

3.基础货币

(3) Monetary base

基础货币余额及其增长趋势
Monetary base and its growth

单位：万亿元
Unit: RMB1 trillion

年/月 Year/Month	余额 Outstanding amounts	同比增长率(%) Growth rate (YOY) (%)
2015.07	28.32	2.4
2015.08	28.39	2.1
2015.09	27.97	-2.0
2015.10	27.58	-1.3
2015.11	27.16	-3.0
2015.12	27.64	-6.0
2016.01	29.04	-1.3
2016.02	29.05	-4.4
2016.03	28.34	-5.7
2016.04	27.95	-4.6
2016.05	27.92	-3.0
2016.06	28.91	-1.3
2016.07	28.41	-1.1
2016.08	28.52	-0.9
2016.09	29.07	2.4
2016.10	29.01	3.7
2016.11	29.19	5.9
2016.12	30.90	10.2
2017.01	30.78	6.0
2017.02	30.27	4.2
2017.03	30.24	6.7
2017.04	29.95	7.1
2017.05	29.96	7.3
2017.06	30.38	5.9
2017.07	29.91	6.1
2017.08	30.19	6.7
2017.09	30.60	6.1
2017.10	30.53	6.0
2017.11	30.71	6.0
2017.12	32.19	4.9
2018.01	30.75	0.6
2018.02	31.83	5.9
2018.03	32.13	7.0

助学贷款余额及其增长趋势
Student loans and their growth

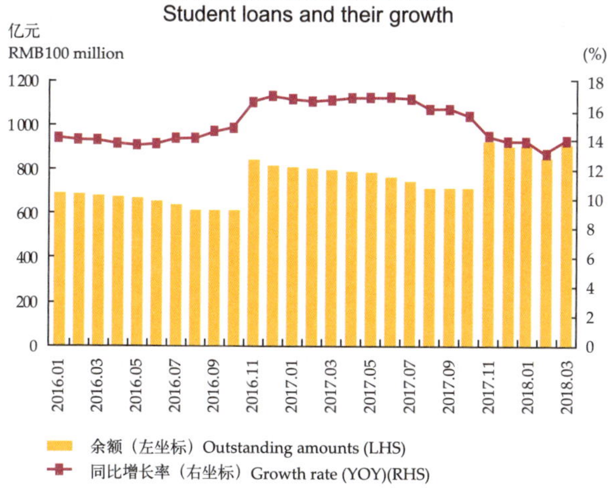

基础货币余额及其增长趋势
Monetary base and its growth

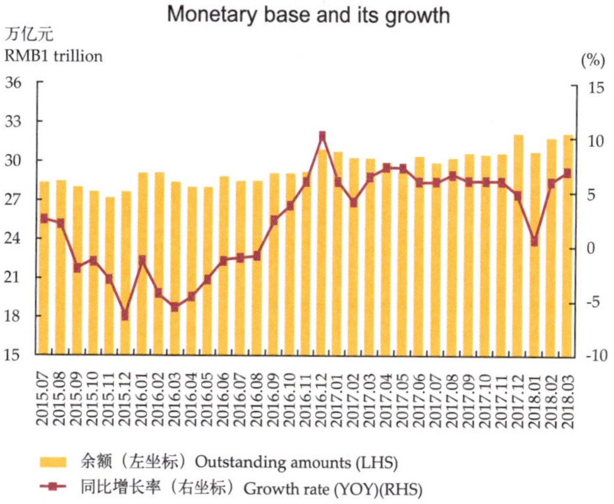

基础货币构成
Composition of monetary base

单位：亿元
Unit: RMB100 million

年/季度 Year/Quarter	货币发行 Currency issue	其他存款性公司存款 Deposits of other depository corporations
2014Q1	64 816	209 925
2014Q2	63 260	216 638
2014Q3	65 545	219 754
2014Q4	67 151	226 942
2015Q1	69 078	226 675
2015Q2	65 112	223 668
2015Q3	68 455	211 222
2015Q4	69 886	206 492
2016Q1	71 353	212 024
2016Q2	69 031	220 040
2016Q3	71 920	218 786
2016Q4	74 884	234 095
2017Q1	75 247	227 141
2017Q2	73 269	229 662
2017Q3	76 626	228 516
2017Q4	77 074	243 802
2018Q1	79 453	238 740

基础货币构成
Composition of monetary base

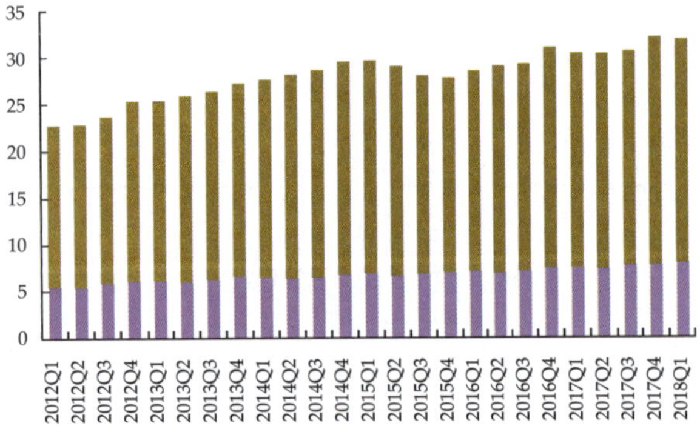

金融性公司存款 Deposits of financial corporations
货币发行 Currency issue

金融机构准备金和超额准备金率
Reserves and excess reserve ratio of financial institutions

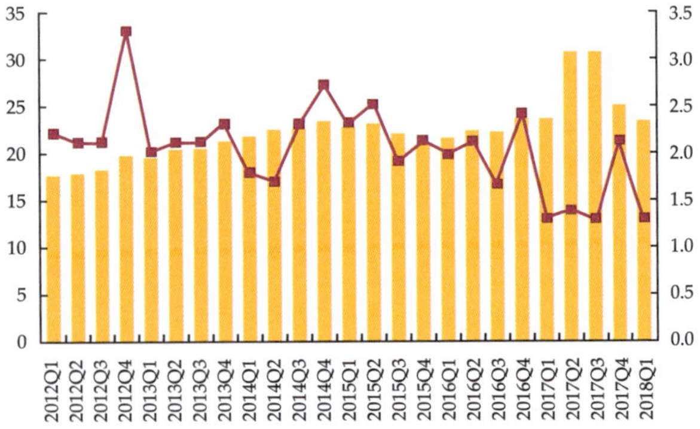

准备金（左坐标） Reserves (LHS)
超额准备金率（右坐标） Excess reserve ratio (RHS)

金融机构法定人民币存款准备金率
Official RMB reserve requirement ratios of financial institutions

单位：%
Unit: %

日期 Date	中资全国性大型银行① Chinese-funded large banks operating nationwide[1]	中小金融机构② Medium-and small-sized financial institutions[2]	农村合作银行 Rural cooperative banks	农村信用社和村镇银行 Rural credit cooperatives and township and village banks
2003.09.21	7.0	7.0	—	6.0
2004.04.25	7.5	7.5	7.5	6.0
2006.07.05	8.0	8.0	7.5	6.0
2006.08.15	8.5	8.5	7.5	6.0
2006.11.15	9.0	9.0	8.0	6.5
2007.01.15	9.5	9.5	8.5	7.0
2007.02.25	10.0	10.0	9.0	7.5
2007.04.16	10.5	10.5	9.5	8.0
2007.05.15	11.0	11.0	10.0	8.5
2007.06.05	11.5	11.5	10.5	9.0
2007.08.15	12.0	12.0	11.0	9.5
2007.09.25	12.5	12.5	11.5	10.0
2007.10.25	13.0	13.0	12.0	10.5
2007.11.26	13.5	13.5	12.5	11.0
2007.12.25	14.5	14.5	13.5	12.0
2008.01.25	15.0	15.0	14.0	12.5
2008.03.25	15.5	15.5	14.5	13.0
2008.04.25	16.0	16.0	15.0	13.5
2008.05.20	16.5	16.5	15.5	14.0
2008.06.15	17.0	17.0	16.0	14.5
2008.06.25	17.5	17.5	16.5	15.0
2008.09.25	17.5	16.5	15.5	14.0
2008.10.15	17.0	16.0	15.0	13.5
2008.12.05	16.0	14.0	13.0	11.5
2008.12.25	15.5	13.5	11.0	11.0
2010.01.18	16.0	14.0	11.0	11.0
2010.02.25	16.5	14.5	11.0	11.0
2010.05.10	17.0	15.0	11.5	11.0
2010.11.16	17.5	15.5	12.0	11.5
2010.11.29	18.0	16.0	12.5	12.0
2010.12.20	18.5	16.5	13.0	12.5
2011.01.20	19.0	17.0	13.5	13.0
2011.02.24	19.5	17.5	14.0	13.5
2011.03.25	20.0	18.0	14.5	14.0
2011.04.21	20.5	18.5	15.0	14.5
2011.05.18	21.0	19.0	15.5	15.0
2011.06.20	21.5	19.5	16.0	15.5
2011.12.05	21.0	19.0	15.5	15.0
2012.02.24	20.5	18.5	15.0	14.5
2012.05.18	20.0	18.0	14.5	14.0
2015.02.05	19.5	17.5	14.0	13.5
2015.04.20	18.5	16.5	11.5	11.5
2015.09.06	18.0	16.0	10.5	10.5
2015.10.24	17.5	15.5	9.5	9.5
2016.03.01	17.0	15.0	9.0	9.0

注：①包括中国工商银行、中国农业银行、中国银行、中国建设银行、交通银行和中国邮政储蓄银行。
②包括中国农业发展银行、股份制商业银行、城市商业银行、农村商业银行、有关外资金融机构。
③2014年4月、6月和2015年2月、4月、6月、9月、10月和2018年1月，中国人民银行八次实施定向降准。

Notes: 1. Including Industrial and Commercial Bank of China, Agricultural Bank of China, Bank of China, China Construction Bank, Bank of Communications, Postal Savings Bank of China.
2. Including Agricultural Development Bank of China, joint-stock commercial banks, city commercial banks, rural commercial banks and foreign-funded financial institutions.
3. In April and June 2014, and February, April, June, September and October 2015, and January 2018, the PBC conducted targeted reductions of the deposit reserve requirement ratio (RRR) on 8 occasions.

4. 社会融资规模

(4) All-system financing aggregates

社会融资规模增量统计表

Statistics of the increments in all-system financing aggregates

单位：亿元人民币
Unit: RMB100 million

年/月 Year/Month	增量 Flow	其中：Of which :						
		人民币贷款 RMB loans	外币贷款(折合人民币) Foreign currency-denominated loans (RMB equivalent)	委托贷款 Entrusted loans	信托贷款 Trust loans	未贴现的银行承兑汇票 Undiscounted bankers' acceptances	企业债券 Net financing of corporate bonds	非金融企业境内股票融资 Equity financing on the domestic stock market by non-financial enterprises
2015.07	7 419	5 890	- 133	1 137	99	-3 317	2 740	615
2015.08	10 856	7 756	- 620	1 198	317	-1 577	2 880	479
2015.09	13 290	10 417	-2 344	2 422	- 159	-1 279	3 524	349
2015.10	5 303	5 574	-1 317	1 390	- 201	-3 697	3 041	121
2015.11	10 224	8 873	-1 142	910	- 301	-2 545	3 347	568
2015.12	18 151	8 323	-1 308	3 530	370	1 545	3 560	1 531
2016.01	34 253	25 370	-1 727	2 175	552	1 327	4 579	1 469
2016.02	8 245	8 105	- 569	1 650	308	-3 705	1 318	810
2016.03	24 040	13 176	6	1 660	732	173	7 190	562
2016.04	7 809	5 642	- 706	1 694	269	-2 776	2 366	951
2016.05	6 770	9 374	- 524	1 566	121	-5 067	- 250	1 073
2016.06	16 479	13 141	- 267	1 721	809	-2 720	2 008	1 158
2016.07	4 791	4 550	- 401	1 775	210	-5 118	2 208	1 135
2016.08	14 605	7 969	70	1 432	736	- 376	3 236	1 075
2016.09	17 115	12 628	- 487	1 451	1 057	-2 230	2 872	1 368
2016.10	8 865	6 010	- 335	725	530	-1 801	2 192	1 125
2016.11	18 328	8 463	- 310	1 994	1 625	1 171	3 859	861
2016.12	16 260	9 943	- 389	4 011	1 643	1 589	-2 048	828
2017.01	37 202	23 133	126	3 136	3 175	6 130	- 619	1 565
2017.02	10 864	10 317	368	1 172	1 062	-1 719	-1 169	570
2017.03	21 363	11 586	288	2 039	3 113	2 390	306	800
2017.04	13 834	10 806	- 283	- 48	1 473	345	455	769
2017.05	10 659	11 780	- 99	- 278	1 812	-1 245	-2 513	511
2017.06	17 711	14 474	73	- 32	2 481	- 230	- 176	487
2017.07	11 935	9 152	- 213	163	1 232	-2 037	2 599	536
2017.08	14 874	11 466	- 332	- 82	1 143	242	1 116	653
2017.09	18 324	11 885	- 232	775	2 368	784	1 643	519
2017.10	10 357	6 635	- 44	43	1 019	12	1 482	601
2017.11	16 196	11 428	198	280	1 434	15	920	1 324
2017.12	11 398	5 769	169	601	2 245	676	343	792
2018.01	30 605	26 850	266	- 714	455	1 437	1 194	500
2018.02	11 736	10 199	86	- 750	660	102	722	379
2018.03	13 323	11 425	139	-1 850	- 357	- 323	3 344	404

注：社会融资规模增量是指一定时期内实体经济（国内非金融企业和住户）从金融体系获得的资金额。

数据来源：中国人民银行、国家发展和改革委员会、中国证券监督管理委员会、中国银行保险监督管理委员会、中央国债登记结算有限责任公司和银行间市场交易商协会等部门。

Note: The increment in the all-system financing aggregates refers to the total volume of financing provided by the financial system to the real economy (the non-financial corporate sector and the household sector in the domestic market) during a certain period of time.

Sources: The People's Bank of China, National Development and Reform Commission, China Securities Regulatory Commission, China Banking and Insurance Regulatory Commission, China Central Depository & Clearing Co., Ltd., National Association of Financial Market Institutional Investors, and etc..

社会融资规模存量统计表（年）
Statistics of stocks of all-system financing aggregates (by year)

年 Year	存量（亿元）Stock (RMB100 million)	同比增速 (%) Growth rate (%)	其中 Of which: 人民币贷款(%) RMB loans (%)	外币贷款(折合人民币)(%) Foreign currency-denominated loans (RMB equivalent) (%)	委托贷款(%) Entrusted loans (%)	信托贷款(%) Trust loans (%)	未贴现的银行承兑汇票(%) Undiscounted bankers' acceptances (%)	企业债券(%) Net financing of corporate bonds (%)	非金融企业境内股票融资 (%) Equity financing on the domestic stock market by non-financial enterprises (%)
2004	204 143	14.9	14.3	16.8	61.6		-8.0	4.0	8.5
2005	224 265	13.5	13.3	11.0	11.8		0.7	129.1	4.2
2006	264 500	18.1	16.3	9.0	20.0		44.9	68.7	12.5
2007	321 326	21.5	16.4	21.9	29.9	84.0	138.4	41.0	45.8
2008	379 765	20.5	18.7	5.1	29.1	84.3	9.2	78.7	17.7
2009	511 835	34.8	31.3	55.5	35.8	63.4	36.5	86.2	18.3
2010	649 869	27.0	19.9	15.9	44.2	34.4	135.5	42.3	30.9
2011	767 478	18.2	16.1	13.1	21.2	13.5	24.8	36.2	17.7
2012	914 186	19.1	15.0	27.2	17.1	75.0	20.7	44.4	8.6
2013	1 074 575	17.5	14.2	7.2	39.7	61.1	12.6	24.2	6.7
2014	1 228 591	14.3	13.6	4.1	29.2	10.7	-1.8	25.8	12.7
2015	1 381 383	12.4	13.9	-13.0	17.2	0.8	-14.8	25.1	20.2
2016	1 559 900	12.8	13.4	-12.9	19.8	15.8	-33.4	22.5	27.6
2017	1 746 370	12.0	13.2	-5.8	5.9	35.9	13.7	2.5	15.1

社会融资规模存量统计表（季）
Statistics of stocks of all-system financing aggregates (by quarter)

单位：万亿元人民币
Unit: RMB1 trillion

年/季度 Year/Quarter	存量 Stock	其中 Of which: 人民币贷款 RMB loans	外币贷款（折合人民币）Foreign currency-denominated loans (RMB equivalent)	委托贷款 Entrusted loans	信托贷款 Trust loans	未贴现的银行承兑汇票 Undiscounted bankers' acceptances	企业债券 Net financing of corporate bonds	非金融企业境内股票融资 Equity financing on the domestic stock market by non-financial enterprises
2015Q1	127.58	85.09	3.48	9.67	5.35	6.96	12.07	3.94
2015Q2	131.58	88.07	3.50	9.87	5.38	6.94	12.61	4.16
2015Q3	134.70	90.48	3.33	10.35	5.41	6.32	13.47	4.30
2015Q4	138.14	92.75	3.02	10.93	5.39	5.85	14.63	4.53
2016Q1	144.75	97.42	2.78	11.56	5.61	5.63	15.89	4.81
2016Q2	147.99	100.23	2.70	12.06	5.73	4.58	16.47	5.13
2016Q3	151.51	102.75	2.63	12.52	5.93	3.80	17.31	5.49
2016Q4	155.99	105.19	2.63	13.20	6.31	3.90	17.92	5.77
2017Q1	162.82	109.69	2.69	13.83	7.01	4.58	17.86	6.07
2017Q2	166.92	113.40	2.62	13.79	7.59	4.47	17.67	6.24
2017Q3	171.23	116.65	2.48	13.88	8.06	4.37	18.21	6.43
2017Q4	174.64	119.03	2.48	13.97	8.53	4.44	18.37	6.65
2018Q1	179.94	123.86	2.46	13.63	8.62	4.56	18.87	6.78

5. 利率

(5) Interest rates

中央银行基准利率
Central bank benchmark interest rates

单位：年利率%
Unit: annual interest rate%

日期 Date	法定存款准备金 Required reserves	超额存款准备金 Excess reserves	对金融机构贷款 Lending to financial institutions				再贴现 Rediscount
			1年期 1-year	6个月以内 6-month and less	3个月以内 3-month and less	1个月以内 1-month and less	
1996.05.01	8.82	8.82	10.98	10.17	10.08	9.00	*
1996.08.23	8.28	7.92	10.62	—	9.72	—	*
1997.10.23	7.56	7.02	9.36	9.09	8.82	8.55	*
1998.03.25	5.22	—	7.92	7.02	6.84	6.39	6.03
1998.07.01	3.51	—	5.67	5.58	5.49	5.22	4.32
1998.12.07	3.24	—	5.13	5.04	4.86	4.59	3.96
1999.06.10	2.07	—	3.78	3.69	3.51	3.24	2.16
2001.09.11	—	—	—	—	—	—	2.97
2002.02.21	1.89	—	3.24	3.15	2.97	2.70	2.97
2003.12.20	—	1.62	—	—	—	—	—
2004.03.25	—	—	3.87	3.78	3.60	3.33	3.24
2005.03.17	—	0.99	—	—	—	—	—
2008.01.01	—	—	4.68	4.59	4.41	4.14	4.32
2008.11.27	1.62	0.72	3.60	3.51	3.33	3.06	2.97
2008.12.23	—	—	3.33	3.24	3.06	2.79	1.80
2010.12.26	—	—	3.85	3.75	3.55	3.25	2.25
2015.11.05	—	—	3.50	3.40	3.20	2.90	2.25

注：1. 1998年3月法定准备金和超额准备金两个账户合并为准备金账户。
2. *按同档次中央银行贷款利率下浮5%～10%。
3. 2015年11月，中国人民银行将原期限“20天以内”改为“1个月以内”。

Notes: 1. The required reserves account and excess reserves account were merged into the reserves account in March 1998.
2. *The interest rate is 5%~10% below that of the central bank lending rate of the same tranche.
3. In November 2015, the PBC switched previous tenor "20-day and less" to "1-month and less".

法定存款准备金利率和再贴现利率
Required reserves interest rates and rediscount interest rates

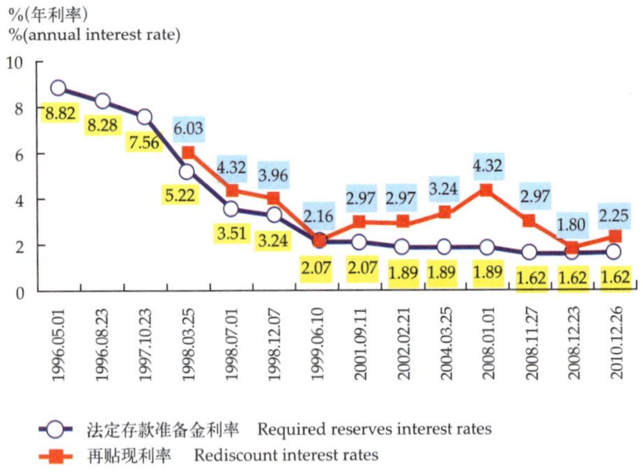

对金融机构贷款利率
Interest rates of central bank lending to financial institutions

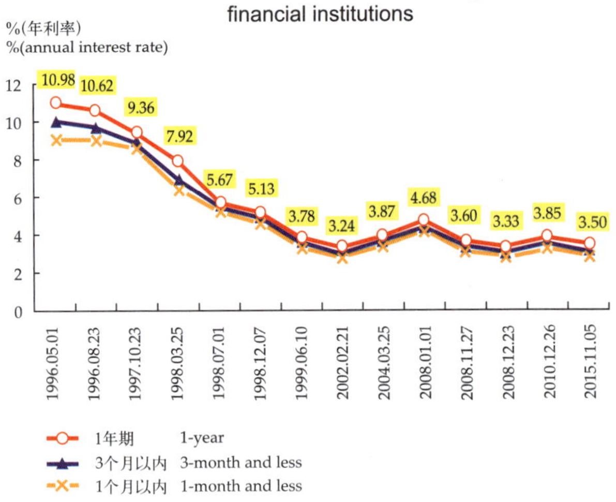

金融机构人民币存款基准利率
RMB deposit benchmark interest rates in financial institutions

单位：年利率%
Unit: annual interest rate %

日期 Date	活期 Demand deposits	定期 Time deposits					
		3个月 3-month	6个月 6-month	1年 1-year	2年 2-year	3年 3-year	5年 5-year
1990.04.15	2.88	6.30	7.74	10.08	10.98	11.88	13.68
1990.08.21	2.16	4.32	6.48	8.64	9.36	10.08	11.52
1991.04.21	1.80	3.24	5.40	7.56	7.92	8.28	9.00
1993.05.15	2.16	4.86	7.20	9.18	9.90	10.80	12.06
1993.07.11	3.15	6.66	9.00	10.98	11.70	12.24	13.86
1996.05.01	2.97	4.86	7.20	9.18	9.90	10.80	12.06
1996.08.23	1.98	3.33	5.40	7.47	7.92	8.28	9.00
1997.10.23	1.71	2.88	4.14	5.67	5.94	6.21	6.66
1998.03.25	1.71	2.88	4.14	5.22	5.58	6.21	6.66
1998.07.01	1.44	2.79	3.96	4.77	4.86	4.95	5.22
1998.12.07	1.44	2.79	3.33	3.78	3.96	4.14	4.50
1999.06.10	0.99	1.98	2.16	2.25	2.43	2.70	2.88
2002.02.21	0.72	1.71	1.89	1.98	2.25	2.52	2.79
2004.10.29	0.72	1.71	2.07	2.25	2.70	3.24	3.60
2006.08.19	0.72	1.80	2.25	2.52	3.06	3.69	4.14
2007.03.18	0.72	1.98	2.43	2.79	3.33	3.96	4.41
2007.05.19	0.72	2.07	2.61	3.06	3.69	4.41	4.95
2007.07.21	0.81	2.34	2.88	3.33	3.96	4.68	5.22
2007.08.22	0.81	2.61	3.15	3.60	4.23	4.95	5.49
2007.09.15	0.81	2.88	3.42	3.87	4.50	5.22	5.76
2007.12.21	0.72	3.33	3.78	4.14	4.68	5.40	5.85
2008.10.09	0.72	3.15	3.51	3.87	4.41	5.13	5.58
2008.10.30	0.72	2.88	3.24	3.60	4.14	4.77	5.13
2008.11.27	0.36	1.98	2.25	2.52	3.06	3.60	3.87
2008.12.23	0.36	1.71	1.98	2.25	2.79	3.33	3.60
2010.10.20	0.36	1.91	2.20	2.50	3.25	3.85	4.20
2010.12.26	0.36	2.25	2.50	2.75	3.55	4.15	4.55
2011.02.09	0.40	2.60	2.80	3.00	3.90	4.50	5.00
2011.04.06	0.50	2.85	3.05	3.25	4.15	4.75	5.25
2011.07.07	0.50	3.10	3.30	3.50	4.40	5.00	5.50
2012.06.08	0.40	2.85	3.05	3.25	4.10	4.65	5.10
2012.07.06	0.35	2.60	2.80	3.00	3.75	4.25	4.75
2014.11.22	0.35	2.35	2.55	2.75	3.35	4.00	—
2015.03.01	0.35	2.10	2.30	2.50	3.10	3.75	—
2015.05.11	0.35	1.85	2.05	2.25	2.85	3.50	—
2015.06.28	0.35	1.60	1.80	2.00	2.60	3.25	—
2015.08.26	0.35	1.35	1.55	1.75	2.35	3.00	—
2015.10.24	0.35	1.10	1.30	1.50	2.10	2.75	—

注：自2014年11月起，中国人民银行不再公布人民币5年期定期存款基准利率。
Note: Since November, 2014, the PBC stopped publishing the benchmark interest rate for 5-year RMB deposits.

人民币存款基准利率
RMB deposit benchmark interest rates

%(年利率)
%(annual interest rate)

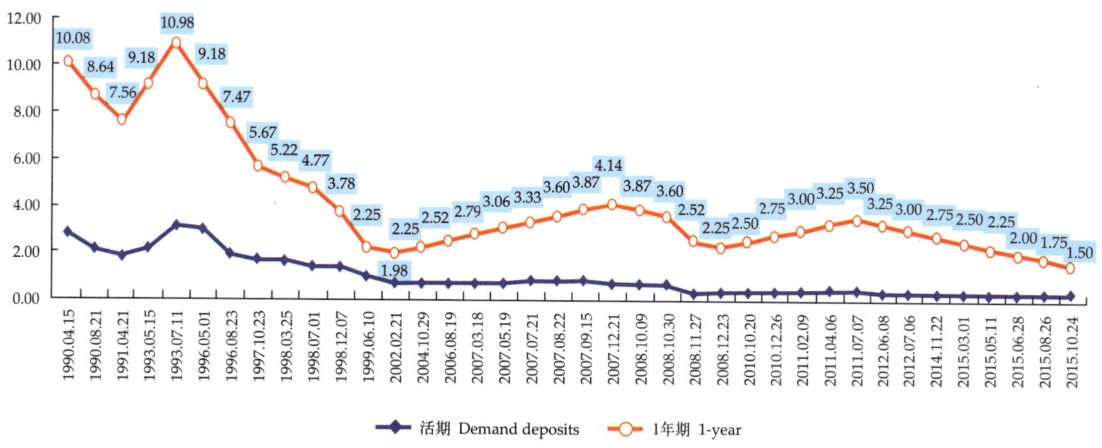

金融机构人民币贷款基准利率
RMB lending benchmark interest rates in financial institutions

单位：年利率%
Unit: annual interest rate %

日期 Date	短期贷款 Short-term loans		中长期贷款 Medium- and long-term loans		
	6个月以内(含6个月)① 6-month and less (including 6-month) 1	6个月至1年(含1年)② 6-month to 1-year (including 1-year) 2	1～3年(含3年) 1 to 3-year (including 3-year)	3～5年(含5年)③ 3 to 5-year (including 5-year) 3	5年以上 More than 5-year
1991.04.21	8.10	8.64	9.00	9.54	9.72
1993.05.15	8.82	9.36	10.80	12.06	12.24
1993.07.11	9.00	10.98	12.24	13.86	14.04
1995.01.01	9.00	10.98	12.96	14.58	14.76
1995.07.01	10.08	12.06	13.50	15.12	15.30
1996.05.01	9.72	10.98	13.14	14.94	15.12
1996.08.23	9.18	10.08	10.98	11.70	12.42
1997.10.23	7.65	8.64	9.36	9.90	10.53
1998.03.25	7.02	7.92	9.00	9.72	10.35
1998.07.01	6.57	6.93	7.11	7.65	8.01
1998.12.07	6.12	6.39	6.66	7.20	7.56
1999.06.10	5.58	5.85	5.94	6.03	6.21
2002.02.21	5.04	5.31	5.49	5.58	5.76
2004.10.29	5.22	5.58	5.76	5.85	6.12
2006.04.28	5.40	5.85	6.03	6.12	6.39
2006.08.19	5.58	6.12	6.30	6.48	6.84
2007.03.18	5.67	6.39	6.57	6.75	7.11
2007.05.19	5.85	6.57	6.75	6.93	7.20
2007.07.21	6.03	6.84	7.02	7.20	7.38
2007.08.22	6.21	7.02	7.20	7.38	7.56
2007.09.15	6.48	7.29	7.47	7.65	7.83
2007.12.21	6.57	7.47	7.56	7.74	7.83
2008.09.16	6.21	7.20	7.29	7.56	7.74
2008.10.09	6.12	6.93	7.02	7.29	7.47
2008.10.30	6.03	6.66	6.75	7.02	7.20
2008.11.27	5.04	5.58	5.67	5.94	6.12
2008.12.23	4.86	5.31	5.40	5.76	5.94
2010.10.20	5.10	5.56	5.60	5.96	6.14
2010.12.26	5.35	5.81	5.85	6.22	6.40
2011.02.09	5.60	6.06	6.10	6.45	6.60
2011.04.06	5.85	6.31	6.40	6.65	6.80
2011.07.07	6.10	6.56	6.65	6.90	7.05
2012.06.08	5.85	6.31	6.40	6.65	6.80
2012.07.06	5.60	6.00	6.15	6.40	6.55
2014.11.22	—	5.60	—	6.00	6.15
2015.03.01	—	5.35	—	5.75	5.90
2015.05.11	—	5.10	—	5.50	5.65
2015.06.28	—	4.85	—	5.25	5.40
2015.08.26	—	4.60	—	5.00	5.15
2015.10.24	—	4.35	—	4.75	4.90

注：①自2014年11月起，中国人民银行将贷款基准利率期限档次简并为1年以内（含1年）、1～5年（含5年）和5年以上三个档次。
②2014年11月后为1年以内（含1年）。
③2014年11月后为1～5年（含5年）。

Notes: 1. Since November, 2014, the PBC simplified the term category of RMB benchmark lending rates, which thereafter included less than 1-year(including 1-year), 1 to 5-year (including 5-year), and more than 5-year.
2. Less than 1-year (including 1-year) after November, 2014.
3. 1 to 5-year (including 5-year) after November, 2014.

人民币贷款基准利率
RMB lending benchmark interest rates

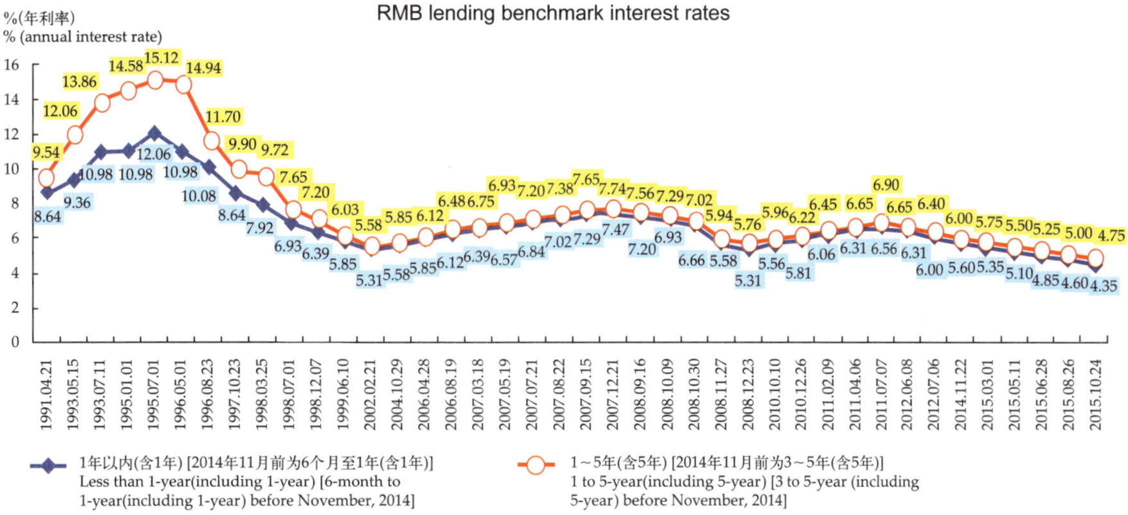

金融机构人民币贷款各利率区间占比表
Share of loans with floating rates in various ranges

单位：%　Unit: %

年/月 Year/Month	下浮 Floating downward	基准 At benchmark	上浮 Floating upward					
			小计 Subtotal	(1.0, 1.1]	(1.1, 1.3]	(1.3, 1.5]	(1.5, 2.0]	2.0以上Above 2.0
2015.07	13.91	15.76	70.33	15.55	22.32	13.00	13.44	6.02
2015.08	15.88	14.81	69.31	15.22	21.69	13.00	13.12	6.28
2015.09	15.59	17.61	66.80	16.50	20.03	11.40	12.57	6.30
2015.10	18.00	17.13	64.87	14.80	18.52	11.59	12.84	7.12
2015.11	17.82	17.86	64.32	14.24	18.57	10.79	13.10	7.62
2015.12	21.45	18.60	59.95	13.56	17.68	9.89	11.77	7.05
2016.01	19.56	17.16	63.28	15.71	18.44	10.39	11.39	7.35
2016.02	21.92	16.92	61.16	15.06	17.08	9.55	11.71	7.76
2016.03	20.82	17.60	61.58	14.54	17.06	10.19	11.92	7.87
2016.04	21.99	16.27	61.74	13.88	16.73	10.45	12.53	8.15
2016.05	22.94	15.91	61.15	13.16	17.10	10.67	12.40	7.82
2016.06	24.06	17.80	58.14	13.57	16.24	10.13	11.40	6.80
2016.07	21.37	16.11	62.52	12.83	17.52	11.16	13.00	8.01
2016.08	21.46	15.77	62.77	12.95	17.61	11.07	13.27	7.87
2016.09	21.43	18.19	60.38	13.77	17.00	10.73	11.72	7.16
2016.10	22.94	16.89	60.17	13.01	16.17	10.82	12.20	7.98
2016.11	24.24	17.65	58.11	12.72	15.96	10.02	11.79	7.61
2016.12	28.22	19.05	52.73	13.04	14.93	8.44	10.02	6.29
2017.01	23.87	19.41	56.72	14.53	16.04	9.24	10.43	6.48
2017.02	27.64	18.55	53.81	15.12	15.14	8.17	9.12	6.27
2017.03	23.30	18.13	58.57	14.19	16.17	9.83	10.76	7.62
2017.04	21.41	17.71	60.88	15.23	17.60	9.75	10.83	7.46
2017.05	20.70	18.11	61.19	14.76	17.68	10.27	11.11	7.37
2017.06	16.13	19.47	64.39	15.12	19.06	11.77	11.45	6.99
2017.07	12.96	18.93	68.11	15.08	19.98	12.37	12.45	8.22
2017.08	13.44	17.85	68.72	15.04	19.14	12.88	12.99	8.67
2017.09	13.69	18.17	68.14	14.86	19.79	12.69	12.73	8.07
2017.10	13.63	17.88	68.49	14.55	19.68	12.42	13.00	8.84
2017.11	13.59	19.36	67.05	15.20	18.67	12.49	12.68	8.01
2017.12	14.28	21.31	64.41	14.50	18.07	11.33	12.68	7.84
2018.01	11.89	20.31	67.80	16.45	19.67	12.32	12.11	7.26
2018.02	12.50	18.83	68.67	15.98	18.66	12.88	12.65	8.50
2018.03	9.61	16.04	74.35	15.86	21.29	14.00	14.53	8.68

2018年第一季度金融机构人民币贷款各利率区间占比表
Share of loans with rates floating at various ranges in the first quarter of 2018

单位：% Unit: %

	下浮 Floating downward	基准 At benchmark	上浮 Floating upward					
			小计 Subtotal	(1.0, 1.1]	(1.1, 1.3]	(1.3, 1.5]	(1.5, 2.0]	2.0以上 Above 2.0
四大国有商业银行 Four state-owned commercial banks	12.70	28.54	58.75	28.45	20.23	7.69	2.18	0.20
股份制商业银行 Joint-stock commercial banks	4.87	16.94	78.19	18.54	31.65	17.81	7.96	2.23
外资商业银行 Foreign commercial banks	18.29	15.00	66.71	25.71	31.93	7.49	1.19	0.40
城市商业银行 City commercial banks	1.54	9.26	89.20	9.06	22.58	22.91	21.22	13.44
农村合作金融机构 Rural cooperative financial institutions	1.01	7.24	91.75	4.99	12.08	15.95	33.31	25.42
政策性银行 Policy banks	34.52	40.87	24.61	17.67	6.29	0.64	0.00	0.00
合计 Total	11.24	18.43	70.33	16.13	19.99	13.05	13.10	8.07

大额美元存款与美元贷款平均利率表
Average interest rates of large-value dollar deposits and loans

单位：% Unit: %

年/月 Year/ Month	大额存款 Large-value deposits						贷款 Loans				
	活期 Demand	3个月以内 Within 3 months	3(含)～6个月 3~6 months (including 3 months)	6(含)～12个月 6~12 months (including 6 months)	1年 1 year	1年以上 Above 1 year	3个月以内 Within 3 months	3(含)～6个月 3~6 months (including 3 months)	6(含)～12个月 6~12 months (including 6 months)	1年 1 year	1年以上 Above 1 year
2015.07	0.17	0.72	1.18	1.36	1.73	1.87	1.82	2.34	2.09	2.13	3.35
2015.08	0.17	0.65	1.15	1.58	1.73	1.68	1.57	1.87	2.02	2.26	3.00
2015.09	0.12	0.57	1.02	1.45	1.53	1.60	1.43	1.93	2.20	2.21	2.88
2015.10	0.14	0.55	1.02	1.28	1.49	1.50	1.46	2.17	2.04	2.41	2.89
2015.11	0.15	0.60	1.04	1.30	1.60	1.73	1.43	2.02	1.93	2.25	3.18
2015.12	0.16	0.56	1.07	1.32	1.59	1.79	1.65	1.80	1.92	2.61	3.36
2016.01	0.24	0.65	1.20	1.37	1.64	1.55	1.50	2.15	1.94	2.07	3.30
2016.02	0.22	0.62	1.11	1.25	1.44	1.40	1.47	1.99	1.84	1.99	4.14
2016.03	0.20	0.68	1.13	1.27	1.50	1.60	1.48	1.85	3.08	2.28	3.32
2016.04	0.23	0.81	0.96	1.39	1.52	1.53	1.48	2.02	1.81	1.97	3.50
2016.05	0.24	0.76	1.12	1.31	1.59	1.38	1.52	1.94	1.85	1.86	3.11
2016.06	0.18	0.67	1.23	1.51	1.62	1.41	1.62	1.84	1.76	2.29	3.45
2016.07	0.21	0.76	1.13	1.46	1.67	1.61	1.62	2.07	1.89	2.04	2.87
2016.08	0.21	0.79	1.24	1.63	1.76	1.79	1.74	2.23	2.02	2.14	3.26
2016.09	0.18	0.69	1.36	1.60	1.76	1.81	1.78	2.11	1.83	2.03	3.41
2016.10	0.18	0.74	1.11	1.51	1.66	1.73	1.72	2.26	1.93	2.16	3.31
2016.11	0.17	0.76	1.25	1.51	1.76	1.91	1.75	2.24	2.31	2.40	3.63
2016.12	0.14	0.88	1.50	1.80	1.79	1.95	1.89	2.26	2.61	2.46	3.69
2017.01	0.20	1.05	1.59	1.88	2.03	2.19	2.03	2.32	2.19	2.21	3.80
2017.02	0.20	1.05	1.57	1.89	2.13	2.24	1.95	2.30	2.02	2.28	4.07
2017.03	0.22	1.14	1.68	2.01	2.25	2.24	2.17	2.32	2.26	2.38	3.90
2017.04	0.25	1.22	1.59	2.02	2.14	2.25	2.31	2.45	2.42	2.55	3.22
2017.05	0.22	1.39	1.73	2.51	2.09	2.25	2.67	2.77	2.61	2.58	3.48
2017.06	0.22	1.41	1.93	2.02	2.35	1.87	2.43	2.45	2.71	2.46	3.50
2017.07	0.19	1.50	1.93	2.18	2.30	2.28	2.55	2.70	2.89	2.57	3.53
2017.08	0.21	1.46	1.95	2.05	2.28	2.61	2.45	2.67	2.79	2.89	3.92
2017.09	0.20	1.55	1.97	2.30	2.35	2.26	2.48	2.69	2.54	3.07	3.85
2017.10	0.20	1.50	1.96	2.25	2.47	2.37	2.53	2.88	2.68	2.96	3.84
2017.11	0.22	1.49	2.11	3.01	2.56	2.39	2.56	2.91	2.95	2.87	4.15
2017.12	0.20	1.70	2.23	2.44	2.58	2.60	2.67	2.99	2.96	3.27	3.98
2018.01	0.19	1.79	2.37	2.61	2.77	2.87	2.72	3.10	2.84	3.04	4.48
2018.02	0.18	1.82	2.39	2.70	2.97	2.81	2.79	3.28	2.95	3.21	4.11
2018.03	0.30	1.92	2.70	3.09	3.28	3.33	3.17	3.42	3.21	3.73	4.23

八、金融市场
8. Financial Market

1.货币市场
(1) Money market

银行间市场交易量
Transaction volume in the inter-bank market

单位：万亿元
Unit: RMB1 trillion

年 Year	债券回购 Repurchasing	同业拆借 Inter-bank borrowing	现券买卖 Outright transactions
2000	1.6	0.7	0.1
2001	4.0	0.8	0.1
2002	10.2	1.2	0.4
2003	11.7	2.4	3.1
2004	9.4	1.5	2.5
2005	15.9	1.3	6.0
2006	26.6	2.2	10.2
2007	44.8	10.6	15.6
2008	58.1	15.0	37.1
2009	70.3	19.4	47.3
2010	87.6	27.9	64.0
2011	99.5	33.4	63.6
2012	141.7	46.7	75.2
2013	158.2	35.5	41.6
2014	224.4	37.7	40.4
2015	457.8	64.2	86.7
2016	601.3	95.9	127.1
2017	616.4	79.0	102.8

银行间市场月加权平均利率
Monthly weighted average interest rates in the inter-bank market

单位：% Unit: %

年/月 Year/Month	同业拆借市场 Inter-bank borrowing market	质押式债券回购 Bond-pledged repurchasing
2016.04	2.11	2.11
2016.05	2.10	2.07
2016.06	2.14	2.10
2016.07	2.12	2.09
2016.08	2.13	2.12
2016.09	2.25	2.28
2016.10	2.30	2.35
2016.11	2.33	2.38
2016.12	2.44	2.56
2017.01	2.36	2.48
2017.02	2.47	2.61
2017.03	2.62	2.84
2017.04	2.65	2.80
2017.05	2.88	2.92
2017.06	2.94	3.03
2017.07	2.82	2.90
2017.08	2.96	3.09
2017.09	2.92	3.07
2017.10	2.82	2.91
2017.11	2.92	3.00
2017.12	2.91	3.11
2018.01	2.78	2.88
2018.02	2.73	2.87
2018.03	2.74	2.90

银行间市场交易量
Transaction volume in the inter-bank market

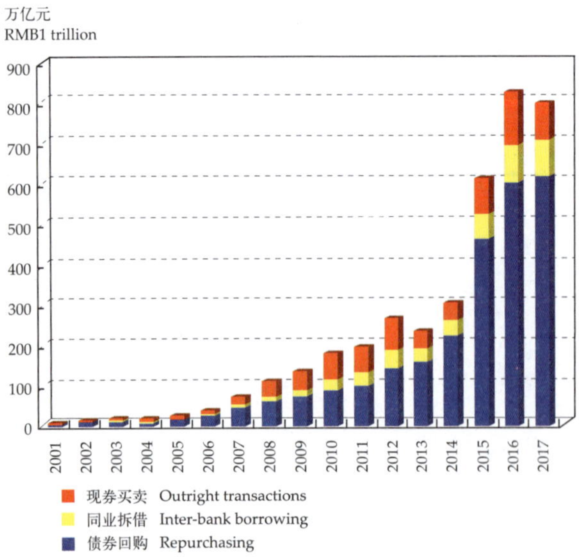

银行间市场月加权平均利率
Monthly weighted average interest rates in the inter-bank market

各品种Shibor走势图
Movements of the Shibor

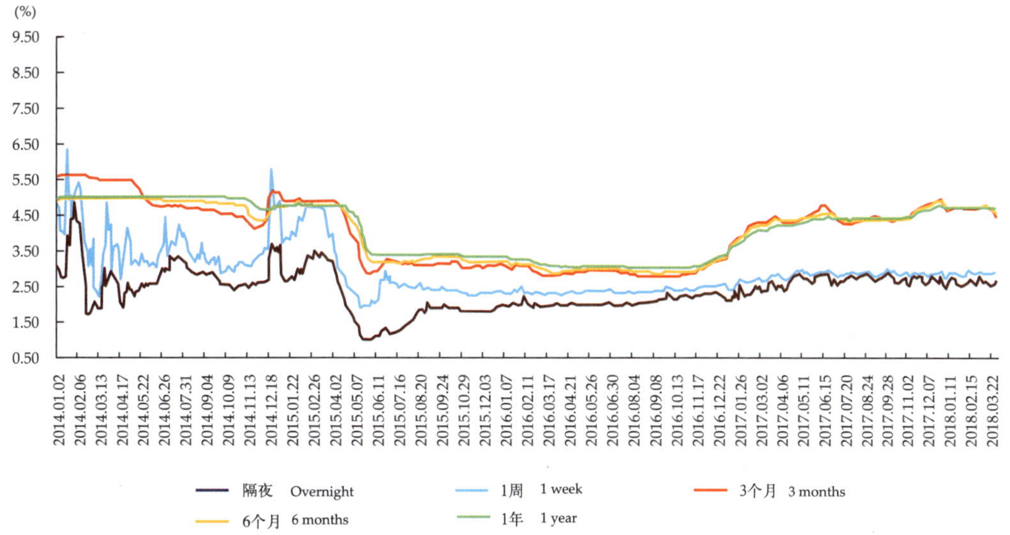

全国银行间同业拆借各期限当月交易量及月加权平均利率
Monthly transaction volume and monthly weighted average interest rates of inter-bank borrowing with different maturities

单位：亿元、%
Unit: RMB100 million, %

年/月 Year/Month	1天 1 day		7天 7 days		14天 14 days		21天 21 days		1个月 1 month		2个月 2 months		3个月 3 months		4个月 4 months		6个月 6 months		9个月 9 months		1年 1 year	
	交易量 Volume	利率 Rate	交易量 Volume	利率 Rate	交易量 Volume	利率 Rate	交易量 Volume	利率 Rate	交易量 Volume	利率 Rate	交易量 Volume	利率 Rate	交易量 Volume	利率 Rate	交易量 Volume	利率 Rate	交易量 Volume	利率 Rate	交易量 Volume	利率 Rate	交易量 Volume	利率 Rate
2016.04	65 571	2.06	6 011	2.52	742	2.72	50	2.99	295	2.89	112	2.88	109	3.31	0	2.95	14	3.17	2	3.29	64	3.14
2016.05	88 884	2.06	8 229	2.46	359	2.71	67	2.81	343	2.69	119	2.98	400	3.19	2	3.33	38	3.05	2	3.16	15	3.47
2016.06	86 021	2.07	10 996	2.47	1 172	2.84	188	2.91	626	2.96	131	2.93	683	3.25	12	3.14	15	3.19	0	—	4	3.30
2016.07	92 190	2.07	9 286	2.46	386	2.67	105	2.83	357	2.76	96	2.88	117	3.16	12	2.94	15	3.17	4	3.23	3	3.13
2016.08	94 385	2.08	11 259	2.47	762	2.64	209	2.57	330	2.63	142	2.84	142	3.10	11	3.01	20	3.03	—	—	7	3.41
2016.09	67 417	2.16	10 116	2.52	3 155	2.70	551	2.88	469	2.97	417	2.91	491	2.95	67	3.01	38	3.11	1.00	3.30	7	3.23
2016.10	46 834	2.24	6 202	2.58	803	2.74	264	2.95	444	2.91	238	2.99	362	2.98	41	3.06	52	3.16	4	3.19	4	3.19
2016.11	75 014	2.29	6 409	2.65	885	2.77	285	2.98	133	3.03	60	3.24	373	3.26	53	3.17	176	3.16	225	3.12	208	3.27
2016.12	64 399	2.34	8 280	2.76	1 146	3.13	281	4.52	447	3.84	531	4.22	162	4.09	12	3.96	22	4.74	—	—	66	4.55
2017.01	50 192	2.22	6 982	2.71	1 814	3.15	588	3.81	687	3.69	428	4.22	199	4.23	34	4.26	51	4.35	1	4.25	90	4.67
2017.02	62 629	2.38	5 150	2.93	904	3.30	194	3.68	316	4.15	271	4.34	189	4.51	203	4.47	20	4.53	15	4.31	14	4.60
2017.03	67 691	2.51	6 244	3.16	1 026	3.53	140	4.20	421	4.39	930	4.51	133	4.87	18	4.64	23	4.63	10	4.65	25	4.64
2017.04	53 821	2.56	4 989	3.18	761	3.41	63	4.03	466	4.13	447	4.35	129	4.55	11	4.62	39	4.43	11	4.67	31	4.78
2017.05	47 751	2.79	6 267	3.24	729	3.83	38	4.20	270	4.13	229	4.67	175	4.86	11	4.70	20	4.96	9	4.97	17	4.36
2017.06	55 703	2.85	6 910	3.30	661	3.92	64	4.50	365	4.91	224	5.11	249	5.14	24	5.09	33	4.91	10	5.20	42	5.26
2017.07	48 944	2.73	6 593	3.26	444	3.80	69	4.13	365	3.89	207	4.20	158	4.57	11	4.46	36	4.55	14	4.81	30	4.89
2017.08	54 286	2.88	6 633	3.41	613	3.96	46	3.93	392	3.67	247	4.24	156	4.66	32	4.47	26	4.71	11	4.86	19	4.85
2017.09	59 760	2.78	7 094	3.50	1 736	4.07	219	4.18	294	4.19	437	4.73	100	4.93	4	4.89	12	4.87	6	5.01	15	5.34
2017.10	47 104	2.71	6 327	3.36	416	4.02	22	4.25	216	4.16	449	4.44	206	4.81	58	4.57	22	4.89	3	5.01	12	5.04
2017.11	63 922	2.79	7 995	3.44	807	3.99	580	4.10	570	4.03	448	4.70	286	5.18	24	5.12	81	4.86	9	5.08	8	4.86
2017.12	68 003	2.71	9 337	3.46	2 838	4.18	1 103	4.03	716	4.80	747	5.22	200	5.59	46	5.31	14	5.29	5	5.27	28	5.32
2018.01	93 171	2.69	10 728	3.17	1 060	3.89	226	4.23	264	4.32	347	4.78	232	5.18	90	5.03	77	5.20	18	5.23	71	5.34
2018.02	73 939	2.61	7 741	3.26	1 509	3.96	319	4.16	309	4.11	445	4.43	243	4.88	82	5.05	45	5.17	37	5.26	41	5.46
2018.03	103 998	2.66	8 921	3.39	771	4.00	115	4.68	246	4.48	296	4.75	238	5.42	32	5.10	99	5.25	52	5.23	56	5.45

全国银行间同业拆借各期限月加权平均利率
Monthly weighted average interest rates of inter-bank borrowing with different maturities

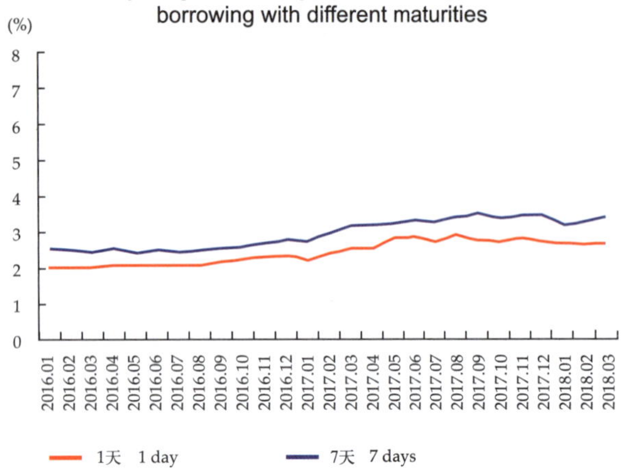

全国银行间同业拆借各期限当月交易量
Monthly transaction volume of inter-bank borrowing with different maturities

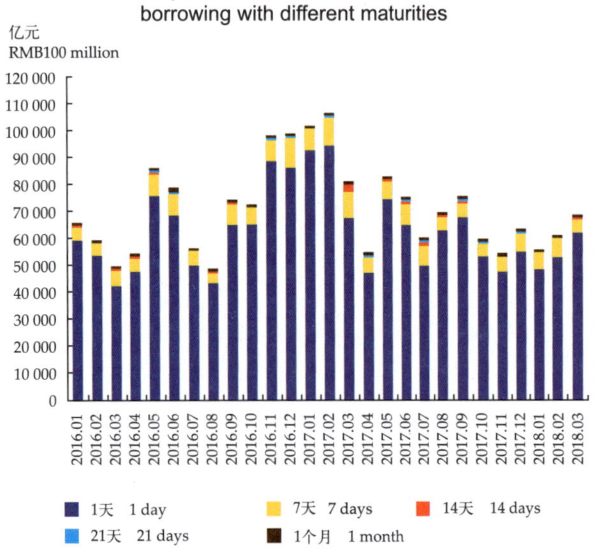

2. 债券市场
(2) Bond market

债券回购交易成交金额
Turnover of repurchasing

单位：亿元
Unit: RMB100 million

年/月 Year/Month	银行间债券市场 Inter-bank bond market	交易所 Stock exchanges
2016.04	436 020	167 069
2016.05	539 866	186 165
2016.06	550 771	193 161
2016.07	592 092	221 504
2016.08	633 040	252 475
2016.09	509 930	223 245
2016.10	399 353	179 541
2016.11	503 548	230 851
2016.12	487 146	239 736
2017.01	363 049	181 480
2017.02	372 906	179 444
2017.03	523 764	226 438
2017.04	434 587	193 041
2017.05	489 018	231 671
2017.06	574 017	258 220
2017.07	538 507	244 525
2017.08	586 545	261 321
2017.09	604 380	224 596
2017.10	458 306	170 298
2017.11	612 262	218 731
2017.12	606 340	212 407
2018.01	578 129	218 587
2018.02	404 493	147 246
2018.03	612 286	218 515

债券现券交易成交金额
Turnover of outright transactions

单位：亿元
Unit: RMB100 million

年/月 Year/Month	银行间债券市场 Inter-bank bond market	交易所 Stock exchanges
2016.04	96 315	3 585
2016.05	99 388	4 461
2016.06	108 213	4 174
2016.07	115 310	4 694
2016.08	137 377	6 172
2016.09	111 870	4 277
2016.10	97 599	3 989
2016.11	122 806	5 559
2016.12	115 093	6 629
2017.01	53 830	3 581
2017.02	63 859	3 613
2017.03	89 692	4 732
2017.04	69 993	3 927
2017.05	76 416	4 753
2017.06	91 797	5 250
2017.07	91 649	4 451
2017.08	97 950	4 901
2017.09	101 985	4 373
2017.10	81 686	4 249
2017.11	106 248	6 009
2017.12	103 247	5 322
2018.01	92 379	5 729
2018.02	53 381	3 896
2018.03	98 548	6 278

债券回购交易成交金额
Turnover of repurchasing

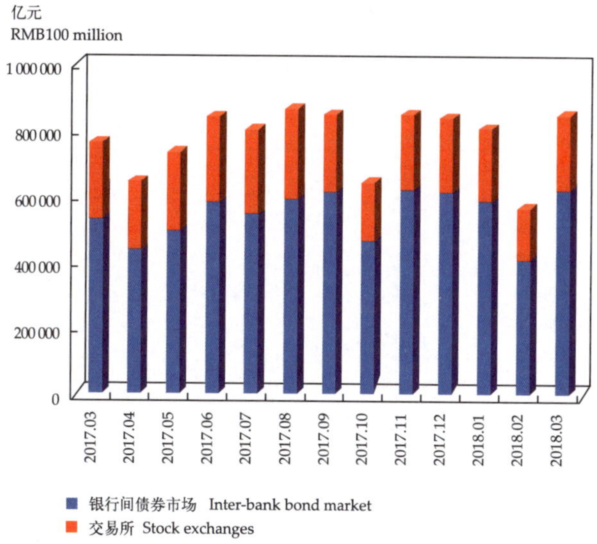

债券现券交易成交金额
Turnover of outright transactions

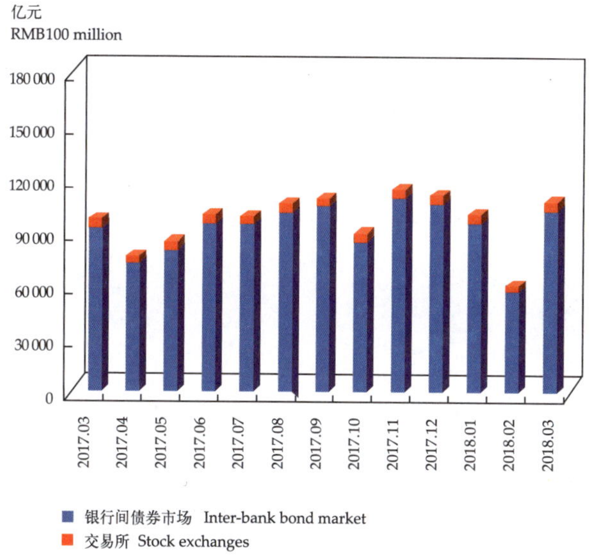

政府债券发行、兑付、期末余额
Issue and redemption values and end-period balance of government bonds

单位：亿元
Unit: RMB100 million

年/月 Year/Month	发行额 Issue value	兑付额 Redemption value	期末余额 End-period balance
2016.04	13 528	1 288	174 726
2016.05	8 383	980	182 038
2016.06	13 567	2 054	194 223
2016.07	7 177	2 244	198 964
2016.08	12 218	3 009	207 487
2016.09	6 101	1 503	213 814
2016.10	7 218	2 117	217 550
2016.11	6 255	1 097	223 841
2016.12	2 686	946	225 734
2017.01	1 360	731	226 400
2017.02	1 846	1 906	226 209
2017.03	6 497	2 380	229 439
2017.04	6 084	1 074	235 378
2017.05	8 408	1 898	241 883
2017.06	8 697	2 111	248 454
2017.07	11 479	2 006	257 926
2017.08	13 987	9 046	262 346
2017.09	7 317	2 434	267 832
2017.10	7 053	1 159	272 800
2017.11	8 013	2 047	278 779
2017.12	2 772	776	281 538
2018.01	1 900	1 665	281 544
2018.02	1 486	1 422	281 719
2018.03	4 009	2 387	283 535

政府债券发行与兑付
Issue and redemption values of government bonds

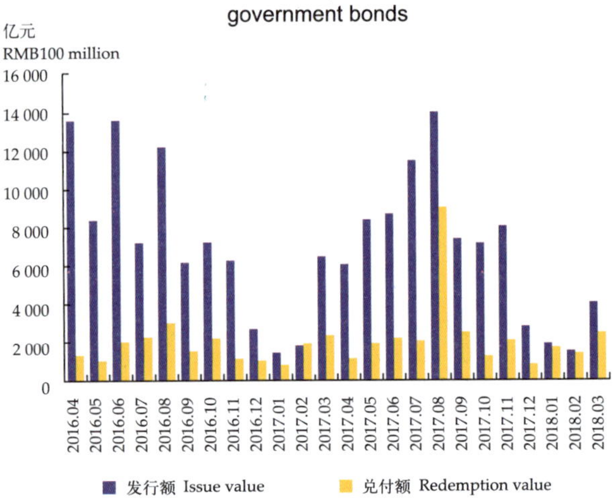

政府债券期末余额
Outstanding amounts of government bonds at end-period

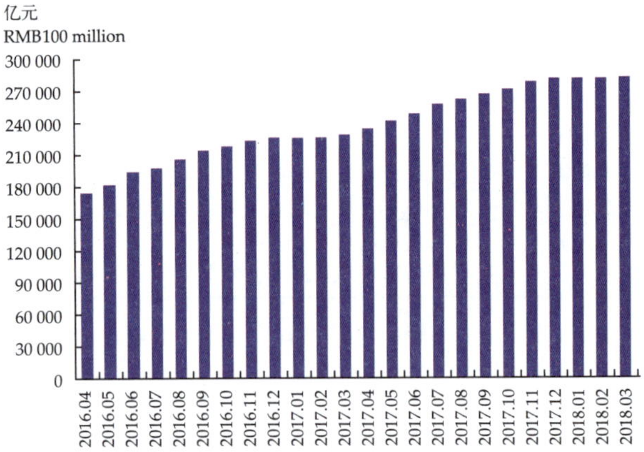

3.股票市场
(3) Stock market

股票成交、发行筹资额
Turnover of stock trading and funds raised in the stock market

年/月 Year/Month		成交金额（亿元） Turnover of stock trading (RMB100 million)		A股筹资（亿元） A-shares capital raised (RMB100 million)					B股筹资（亿元） B-shares capital raised (RMB100 million)		H股筹资（亿元） H-shares capital raised (RMB100 million)	
		上海证券交易所A股 A-shares on the Shanghai Stock Exchange	深圳证券交易所A股 A-shares on the Shenzhen Stock Exchange	首次发行金额 Initial public offering	公开增发 Additional offering	定向增发（现金） Placement (Cash)	配股 Allotment	权证行权 Exercise warrant	首次发行金额 Initial public offering	再筹资金额 Refinancing	首次发行金额 Initial public offering	再筹资金额 Refinancing
2017	1	30 669	36 917	237.97	0.00	3 886.86	0.00	0.00	0.00	0.00	27.67	0.20
	2	37 916	42 835	125.17	0.00	664.95	0.00	0.00	0.00	0.00	0.00	1.22
	3	51 068	64 772	286.14	0.00	878.85	0.00	0.00	0.00	0.00	3.98	162.19
	4	42 394	49 617	180.30	0.00	967.98	48.52	0.00	0.00	0.00	163.11	0.00
	5	36 198	45 046	161.61	0.00	399.64	0.00	0.00	0.00	0.00	2.80	48.93
	6	36 656	48 039	171.33	0.00	526.45	39.42	0.00	0.00	0.00	73.30	0.00
	7	45 139	52 395	182.83	0.00	475.40	0.00	0.00	0.00	0.00	73.06	0.00
	8	55 474	62 113	168.39	0.00	895.18	32.99	0.00	0.00	0.00	0.00	13.15
	9	49 499	65 482	171.66	0.00	687.35	0.00	0.00	0.00	0.00	101.24	561.02
	10	34 108	45 199	167.67	0.00	917.07	0.00	0.00	0.00	0.00	3.45	246.71
	11	51 502	60 423	202.02	0.00	1 570.56	0.00	0.00	0.00	0.00	0.00	0.16
	12	36 593	43 595	127.06	0.00	1 000.89	356.63	0.00	0.00	0.00	38.66	308.34
2018	1	57 871	22 945	235.00	0.00	754.00	40.00	0.00	0.00	0.00	46.64	61.75
	2	32 703	10 491	112.00	0.00	237.00	30.00	0.00	0.00	0.00	0.00	0.00
	3	44 101	15 214	43.00	0.00	343.00	18.00	0.00	0.00	0.00	0.00	103.01

月末加权平均市盈率
Weighted average price-earnings ratio at month-end

年/月 Year/Month	上海证券交易所A股 A-shares on the Shanghai Stock Exchange	上海证券交易所B股 B-shares on the Shanghai Stock Exchange	深圳证券交易所A股 A-shares on the Shenzhen Stock Exchange	深圳证券交易所B股 B-shares on the Shenzhen Stock Exchange
2017.01	16.3	27.9	40.9	11.0
2017.02	16.8	28.8	42.7	11.0
2017.03	16.9	27.5	40.4	10.5
2017.04	16.7	27.2	36.2	11.2
2017.05	16.5	21.1	34.3	10.8
2017.06	17.0	21.5	36.0	11.3
2017.07	17.5	22.1	35.7	11.5
2017.08	18.0	22.7	37.1	11.2
2017.09	18.0	23.8	38.0	11.7
2017.10	18.4	23.0	38.4	11.9
2017.11	18.1	22.5	36.6	10.9
2017.12	18.2	22.5	36.5	11.3
2018.01	19.2	22.8	36.3	11.6
2018.02	18.3	21.7	34.7	11.3
2018.03	17.8	21.6	33.2	11.3

股票成交金额
Turnover of stock trading

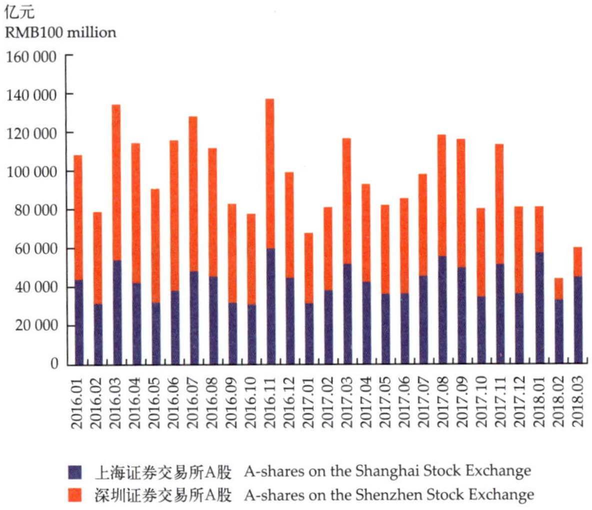

月末加权平均市盈率
Weighted average price-earnings ratio at month-end

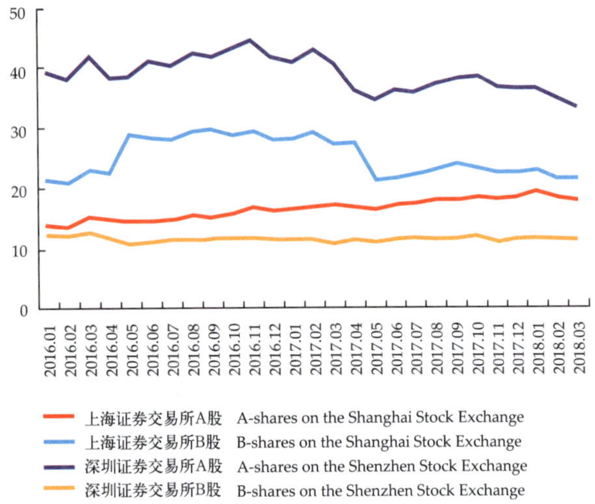

月末收盘指数
Closing index at month-end

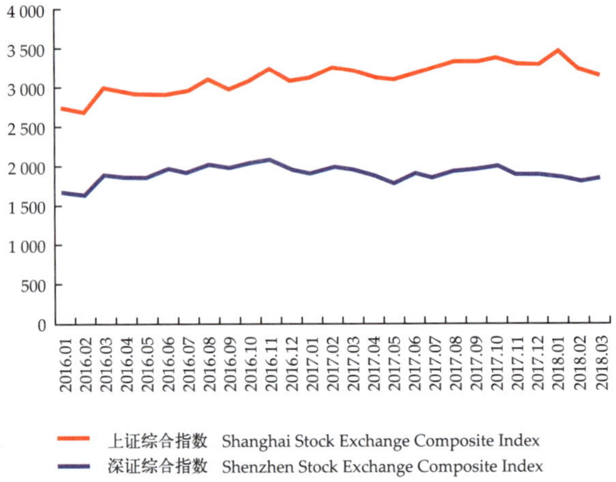

4.票据市场
(4) Commercial paper market

票据市场交易额与期末余额
Transactions and outstanding balance of commercial paper market

单位：亿元
Unit: RMB100 million

年/月 Year/Month	商业汇票 Drafts	贴现 Discount bills	再贴现 Rediscount bills
发生额 Transactions during the period			
2016.04	13 448	82 156	306
2016.05	14 711	75 440	301
2016.06	16 620	88 266	351
2016.07	13 116	64 541	333
2016.08	13 648	64 993	289
2016.09	15 005	53 619	315
2016.10	13 513	39 877	255
2016.11	14 482	40 116	317
2016.12	16 492	63 602	411
2017.01	13 261	40 386	253
2017.02	27 505	34 840	279
2017.03	14 928	46 113	416
2017.04	12 294	38 573	320
2017.05	13 044	40 618	343
2017.06	13 760	23 226	434
2017.07	11 536	29 658	285
2017.08	11 426	29 386	386
2017.09	13 992	28 893	392
2017.10	10 147	29 721	394
2017.11	13 727	29 721	481
2017.12	13 893	31 692	530
2018.01	14 538	27 401	385
2018.02	9 896	20 121	320
2018.03	16 007	23 512	541
期末余额 Outstanding balance at the end of the period			
2016.04	104 669	51 804	1 176
2016.05	101 104	53 368	1 163
2016.06	98 022	53 218	1 202
2016.07	93 856	53 495	1 172
2016.08	95 634	55 729	1 188
2016.09	94 860	57 152	1 138
2016.10	92 653	58 249	1 088
2016.11	93 248	57 240	1 085
2016.12	90 259	54 710	1 165
2017.01	91 920	50 188	1 116
2017.02	88 602	47 770	1 109
2017.03	88 400	43 877	1 224
2017.04	88 417	41 895	1 255
2017.05	84 618	40 426	1 298
2017.06	82 756	38 828	1 402
2017.07	81 030	37 166	1 418
2017.08	79 200	37 485	1 478
2017.09	81 281	37 463	1 504
2017.10	81 135	37 085	1 611
2017.11	79 729	37 470	1 699
2017.12	81 715	38 873	1 829
2018.01	82 680	39 207	1 829
2018.02	83 075	38 432	1 815
2018.03	84 993	38 313	1 894

商业汇票交易情况
Draft transactions

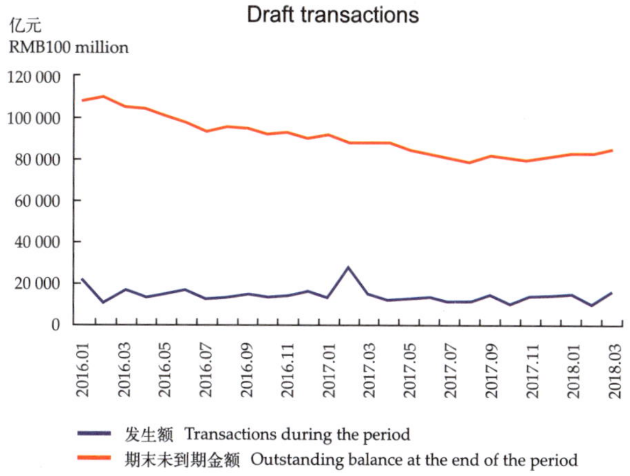

贴现情况
Discount bills

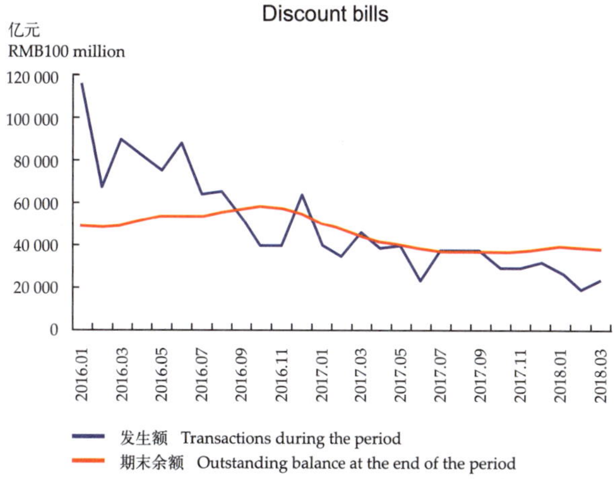

再贴现情况
Rediscount bills

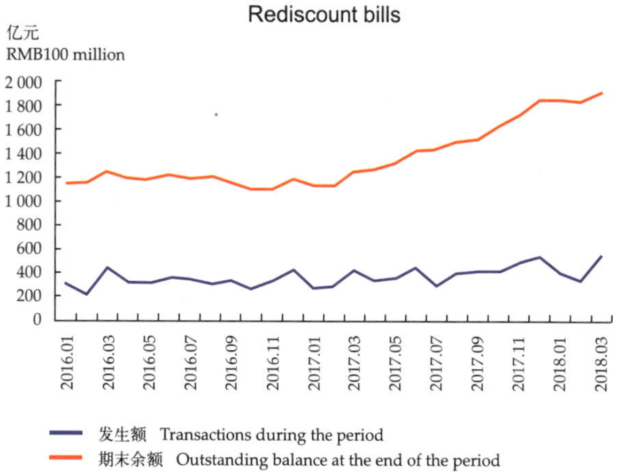

5.外汇市场
(5) Foreign exchange market

世界主要货币兑人民币月平均汇率
Monthly average exchange rate of the RMB against major foreign currencies

年/月 Year/Month	人民币/美元 RMB/USD	人民币/欧元 RMB/EUR	人民币/100日元 RMB/JPY100	人民币/港元 RMB/HKD	卢布/人民币 RUB/RMB
2016.04	6.4762	7.3397	5.9021	0.8350	10.2823
2016.05	6.5315	7.3825	5.998	0.8413	10.0816
2016.06	6.5874	7.3983	6.2436	0.8486	9.8986
2016.07	6.6774	7.3847	6.4183	0.8608	9.6257
2016.08	6.6474	7.4487	6.5633	0.8571	9.7792
2016.09	6.6715	7.4774	6.5509	0.8601	9.6566
2016.10	6.7442	7.4059	6.4842	0.8694	9.2904
2016.11	6.8375	7.3851	6.3266	0.8816	9.4173
2016.12	6.9182	7.2925	5.9692	0.8916	8.9694
2017.01	6.8918	7.3179	5.9939	0.8886	8.6881
2017.02	6.8713	7.3085	6.0788	0.8855	8.4799
2017.03	6.8932	7.3668	6.1043	0.8876	8.4025
2017.04	6.8845	7.3829	6.2655	0.8856	8.1998
2017.05	6.8827	7.6042	6.1331	0.8840	8.2929
2017.06	6.8019	7.6389	6.1367	0.8723	8.5123
2017.07	6.7654	7.7898	6.0174	0.8664	8.8057
2017.08	6.6736	7.8855	6.0762	0.8533	8.9183
2017.09	6.5634	7.8143	5.9272	0.8400	8.7937
2017.10	6.6154	7.7845	5.8592	0.8477	8.7171
2017.11	6.6186	7.7643	5.8643	0.8480	8.9063
2017.12	6.5942	7.8019	5.8373	0.8440	8.8873
2018.01	6.4364	7.8414	5.7951	0.8231	8.8101
2018.02	6.3162	7.7866	5.8235	0.8075	9.0202
2018.03	3.3220	7.7975	5.9612	0.8063	9.0319

世界主要货币兑人民币期末汇率
Exchange rate of the RMB against major foreign currencies at the end of the period

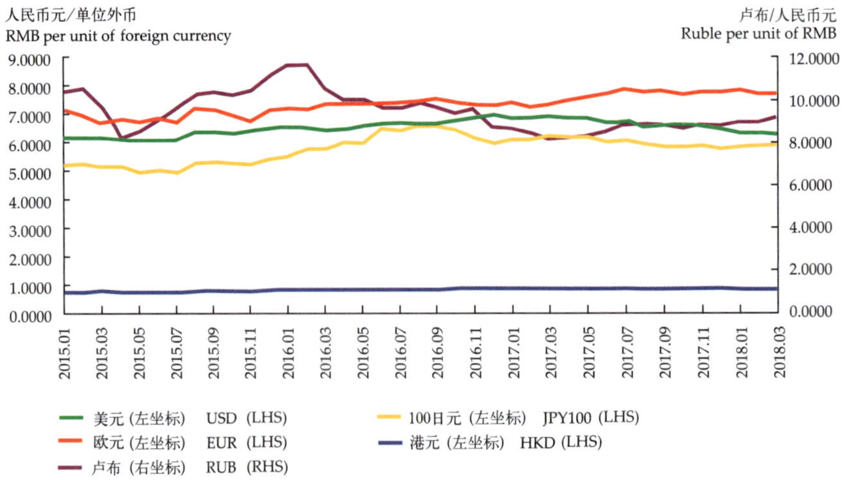

人民币/美元中间价
Central parity of the RMB against the USD

2005年7月21日至2018年3月30日
From July 21, 2005 to March 30, 2018

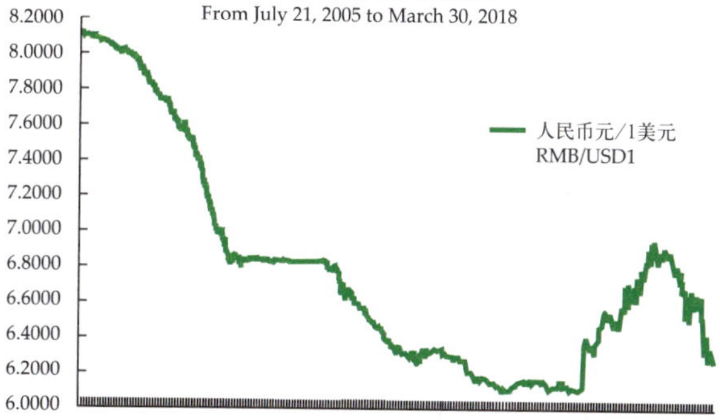

人民币/日元中间价
Central parity of the RMB against the JPY

2005年7月21日至2018年3月30日
From July 21, 2005 to March 30, 2018

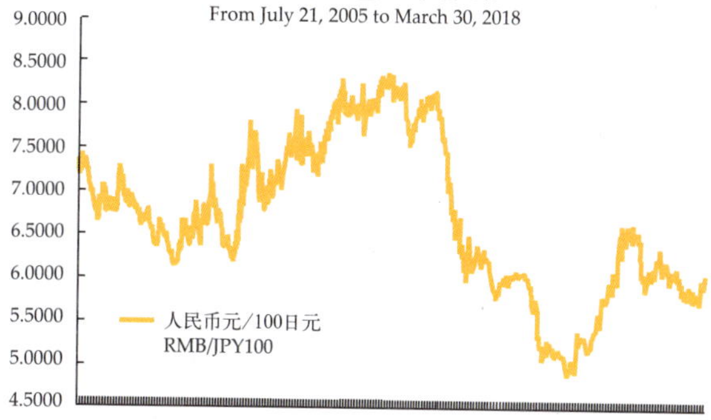

人民币/欧元中间价
Central parity of the RMB against the EUR

2005年7月21日至2018年3月30日
From July 21, 2005 to March 30, 2018

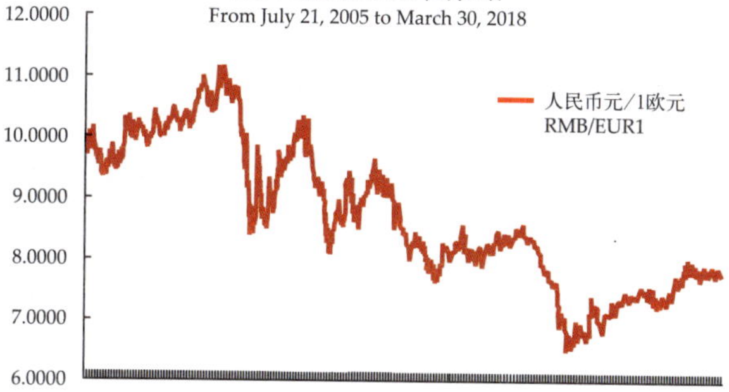

人民币/港元中间价
Central parity of the RMB against the HKD

2005年7月21日至2018年3月30日
From July 21, 2005 to March 30, 2018

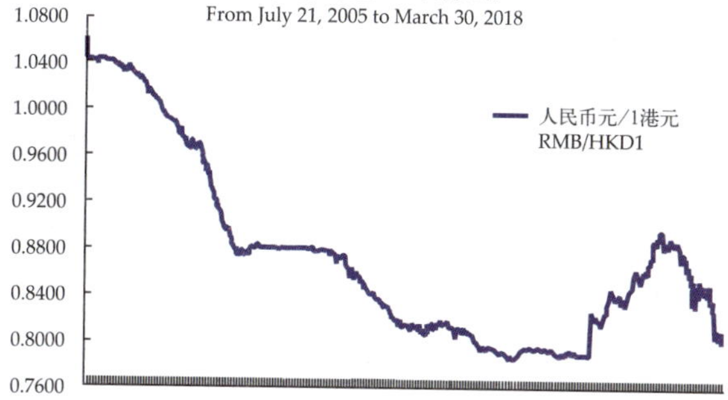

卢布/人民币中间价
Central parity of the RUB against the RMB

2010年11月22日至2018年3月30日
From November 22, 2010 to March 30, 2018

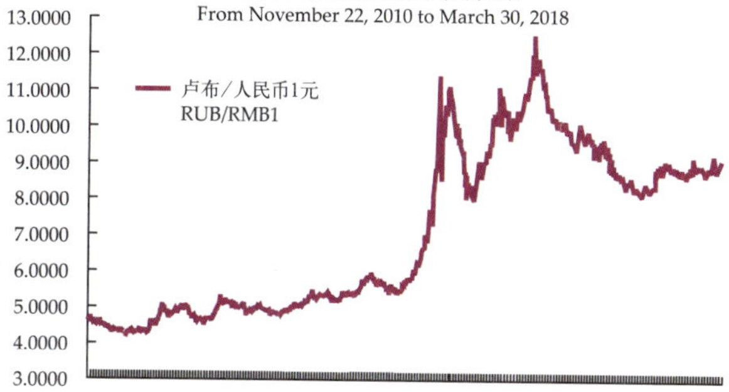

2018年1月2日以来人民币汇率中间价

Central parity of RMB against major foreign currencies
Since January 2, 2018

日期 Date	人民币/美元 RMB/USD	人民币/欧元 RMB/EUR	人民币/100日元 RMB/JPY100	人民币/港元 RMB/HKD	卢布/人民币 RUB/RMB
2018.01.02	6.5079	7.8198	5.7730	0.8323	8.8633
2018.01.03	6.4920	7.8326	5.7849	0.8306	8.8525
2018.01.04	6.5043	7.8096	5.7748	0.8320	8.7922
2018.01.05	6.4915	7.8365	5.7565	0.8303	8.7806
2018.01.08	6.4832	7.8058	5.7308	0.8291	8.7819
2018.01.09	6.4968	7.7746	5.7409	0.8305	8.7890
2018.01.10	6.5207	7.7770	5.7863	0.8338	8.7165
2018.01.11	6.5147	7.7882	5.8510	0.8327	8.7614
2018.01.12	6.4932	7.8231	5.8375	0.8300	8.7043
2018.01.15	6.4574	7.8717	5.8145	0.8254	8.7738
2018.01.16	6.4372	7.8957	5.8193	0.8227	8.7584
2018.01.17	6.4335	7.8933	5.8293	0.8223	8.7781
2018.01.18	6.4401	7.8482	5.7854	0.8240	8.8352
2018.01.19	6.4169	7.8574	5.7812	0.8207	8.8097
2018.01.22	6.4112	7.8529	5.7888	0.8201	8.8426
2018.01.23	6.4009	7.8476	5.7680	0.8186	8.8253
2018.01.24	6.3916	7.8630	5.7979	0.8175	8.8140
2018.01.25	6.3724	7.8996	5.8320	0.8151	8.8290
2018.01.26	6.3436	7.8621	5.7881	0.8115	8.8319
2018.01.29	6.3267	7.8603	5.8212	0.8092	8.8887
2018.01.30	6.3312	7.8363	5.8100	0.8099	8.8883
2018.01.31	6.3339	7.8553	5.8216	0.8099	8.9051
2018.02.01	6.3045	7.8218	5.7667	0.8060	8.9231
2018.02.02	6.2885	7.8641	5.7452	0.8041	8.8904
2018.02.05	6.3019	7.8353	5.7215	0.8057	8.9827
2018.02.06	6.3072	7.8035	5.7720	0.8065	9.0975
2018.02.07	6.2882	7.7784	5.7323	0.8042	9.0536
2018.02.08	6.2822	7.7007	5.7446	0.8036	9.2014
2018.02.09	6.3194	7.7447	5.8192	0.8082	9.2267
2018.02.12	6.3001	7.7183	5.7935	0.8057	9.2630
2018.02.13	6.3247	7.7740	5.8159	0.8088	9.1426
2018.02.14	6.3428	7.8343	5.8850	0.8109	9.0896
2018.02.22	6.3530	7.7966	5.9040	0.8119	8.9373
2018.02.23	6.3482	7.8276	5.9465	0.8114	8.9024
2018.02.26	6.3378	7.7892	5.9225	0.8101	8.8742
2018.02.27	6.3146	7.7756	5.8963	0.8071	8.8141
2018.02.28	6.3294	7.7355	5.8872	0.8086	8.9051
2018.03.01	6.3352	7.7229	5.9413	0.8094	8.8971
2018.03.02	6.3334	7.7702	5.9655	0.8091	8.9523
2018.03.05	6.3431	7.8103	6.0088	0.8099	8.9536
2018.03.06	6.3386	7.8211	5.9651	0.8093	8.8939
2018.03.07	6.3294	7.8593	5.9931	0.8080	8.9949
2018.03.08	6.3239	7.8492	5.9602	0.8072	8.9846
2018.03.09	6.3451	7.8089	5.9641	0.8092	8.9952
2018.03.12	6.3333	7.7956	5.9244	0.8080	8.9559
2018.03.13	6.3218	7.8002	5.9459	0.8064	8.9913
2018.03.14	6.3205	7.8325	5.9352	0.8061	9.0294
2018.03.15	6.3141	7.8131	5.9446	0.8053	9.0455
2018.03.16	6.3340	7.7926	5.9589	0.8077	9.0835
2018.03.19	6.3320	7.7764	5.9751	0.8073	9.0787
2018.03.20	6.3246	7.8038	5.9672	0.8064	9.1327
2018.03.21	6.3396	7.7653	5.9519	0.8081	9.0788
2018.03.22	6.3167	7.8020	5.9626	0.8051	8.9996
2018.03.23	6.3272	7.7975	6.0361	0.8062	9.0595
2018.03.26	6.3193	7.8136	6.0297	0.8052	9.0485
2018.03.27	6.2816	7.8218	5.9540	0.8005	9.1222
2018.03.28	6.2785	7.7910	5.9559	0.8002	9.1330
2018.03.29	6.3046	7.7598	5.9011	0.8035	9.1648
2018.03.30	6.2881	7.7378	5.9066	0.8013	9.1061

九、中央银行公开市场业务
9. Central Bank Open Market Operations

中央银行公开市场业务交易
Central bank open market operations

日期 Date		操作工具 Mode of transaction	招标方式 Mode of bidding	期限品种（天）Maturity (Day)	招标数量（亿元）Bidding amount (RMB100 million)	交易量（亿元）Transaction volume (RMB100 million)	中标利率（%）Interest rate of successful bidding(%)
2018.01.10	周三 Wednesday	逆回购 Repurchase	利率招标 Interest rate bidding	7天 7-day	600	600	2.5
2018.01.10	周三 Wednesday	逆回购 Repurchase	利率招标 Interest rate bidding	14天 14-day	600	600	2.65
2018.01.11	周四 Thursday	逆回购 Repurchase	利率招标 Interest rate bidding	7天 7-day	300	300	2.5
2018.01.11	周四 Thursday	逆回购 Repurchase	利率招标 Interest rate bidding	14天 14-day	300	300	2.65
2018.01.12	周五 Friday	逆回购 Repurchase	利率招标 Interest rate bidding	7天 7-day	1 400	1 400	2.5
2018.01.12	周五 Friday	逆回购 Repurchase	利率招标 Interest rate bidding	14天 14-day	1 300	1 300	2.65
2018.01.15	周一 Monday	逆回购 Repurchase	利率招标 Interest rate bidding	7天 7-day	800	800	2.5
2018.01.15	周一 Monday	逆回购 Repurchase	利率招标 Interest rate bidding	14天 14-day	700	700	2.65
2018.01.16	周二 Tuesday	逆回购 Repurchase	利率招标 Interest rate bidding	7天 7-day	1 600	1 600	2.5
2018.01.16	周二 Tuesday	逆回购 Repurchase	利率招标 Interest rate bidding	14天 14-day	1 500	1 500	2.65
2018.01.16	周二 Tuesday	逆回购 Repurchase	利率招标 Interest rate bidding	63天 63-day	100	100	2.95
2018.01.17	周三 Wednesday	逆回购 Repurchase	利率招标 Interest rate bidding	7天 7-day	1 000	1 000	2.5
2018.01.17	周三 Wednesday	逆回购 Repurchase	利率招标 Interest rate bidding	14天 14-day	900	900	2.65
2018.01.17	周三 Wednesday	逆回购 Repurchase	利率招标 Interest rate bidding	63天 63-day	100	100	2.95
2018.01.18	周四 Thursday	逆回购 Repurchase	利率招标 Interest rate bidding	7天 7-day	800	800	2.5
2018.01.18	周四 Thursday	逆回购 Repurchase	利率招标 Interest rate bidding	14天 14-day	700	700	2.65

中央银行公开市场业务交易
Central bank open market operations

续表

日期 Date		操作工具 Mode of transaction	招标方式 Mode of bidding	期限品种（天）Maturity (Day)	招标数量（亿元）Bidding amount (RMB100 million)	交易量（亿元）Transaction volume (RMB100 million)	中标利率（%）Interest rate of successful bidding(%)
2018.01.18	周四 Thursday	逆回购 Repurchase	利率招标 Interest rate bidding	63天 63-day	100	100	2.95
2018.01.19	周五 Friday	逆回购 Repurchase	利率招标 Interest rate bidding	7天 7-day	1 300	1 300	2.5
2018.01.19	周五 Friday	逆回购 Repurchase	利率招标 Interest rate bidding	14天 14-day	900	900	2.65
2018.01.19	周五 Friday	逆回购 Repurchase	利率招标 Interest rate bidding	63天 63-day	100	100	2.95
2018.01.22	周一 Monday	逆回购 Repurchase	利率招标 Interest rate bidding	7天 7-day	600	600	2.5
2018.01.22	周一 Monday	逆回购 Repurchase	利率招标 Interest rate bidding	14天 14-day	400	400	2.65
2018.01.22	周一 Monday	逆回购 Repurchase	利率招标 Interest rate bidding	63天 63-day	100	100	2.95
2018.01.23	周二 Tuesday	逆回购 Repurchase	利率招标 Interest rate bidding	7天 7-day	800	800	2.5
2018.01.23	周二 Tuesday	逆回购 Repurchase	利率招标 Interest rate bidding	14天 14-day	800	800	2.65
2018.01.23	周二 Tuesday	逆回购 Repurchase	利率招标 Interest rate bidding	63天 63-day	100	100	2.95
2018.01.24	周三 Wednesday	逆回购 Repurchase	利率招标 Interest rate bidding	7天 6-day	1 100	1 100	2.5
2018.01.24	周三 Wednesday	逆回购 Repurchase	利率招标 Interest rate bidding	14天 14-day	1 000	1 000	2.65
2018.01.24	周三 Wednesday	逆回购 Repurchase	利率招标 Interest rate bidding	63天 63-day	100	100	2.95
2018.02.22	周四 Thursday	逆回购 Repurchase	利率招标 Interest rate bidding	7天 7-day	1 600	1 600	2.5
2018.02.22	周四 Thursday	逆回购 Repurchase	利率招标 Interest rate bidding	28天 28-day	1 300	1 300	2.8
2018.02.22	周四 Thursday	逆回购 Repurchase	利率招标 Interest rate bidding	63天 63-day	600	600	2.95
2018.02.23	周五 Friday	逆回购 Repurchase	利率招标 Interest rate bidding	7天 7-day	1 100	1 100	2.5
2018.02.23	周五 Friday	逆回购 Repurchase	利率招标 Interest rate bidding	28天 28-day	800	800	2.8

中央银行公开市场业务交易
Central bank open market operations

续表

日期 Date		操作工具 Mode of transaction	招标方式 Mode of bidding	期限品种（天） Maturity (Day)	招标数量（亿元） Bidding amount (RMB100 million)	交易量（亿元） Transaction volume (RMB100 million)	中标利率（%） Interest rate of successful bidding(%)
2018.02.23	周五 Friday	逆回购 Repurchase	利率招标 Interest rate bidding	63天 63-day	400	400	2.95
2018.02.26	周一 Monday	逆回购 Repurchase	利率招标 Interest rate bidding	7天 7-day	1 000	1 000	2.5
2018.02.26	周一 Monday	逆回购 Repurchase	利率招标 Interest rate bidding	28天 28-day	300	300	2.8
2018.02.26	周一 Monday	逆回购 Repurchase	利率招标 Interest rate bidding	63天 63-day	200	200	2.95
2018.03.01	周四 Thursday	逆回购 Repurchase	利率招标 Interest rate bidding	7天 7-day	1 000	1 000	2.5
2018.03.01	周四 Thursday	逆回购 Repurchase	利率招标 Interest rate bidding	28天 28-day	300	300	2.8
2018.03.01	周四 Thursday	逆回购 Repurchase	利率招标 Interest rate bidding	63天 63-day	200	200	2.95
2018.03.02	周五 Friday	逆回购 Repurchase	利率招标 Interest rate bidding	7天 7-day	400	400	2.5
2018.03.02	周五 Friday	逆回购 Repurchase	利率招标 Interest rate bidding	28天 28-day	300	300	2.8
2018.03.02	周五 Friday	逆回购 Repurchase	利率招标 Interest rate bidding	63天 63-day	200	200	2.95
2018.03.12	周一 Monday	逆回购 Repurchase	利率招标 Interest rate bidding	7天 7-day	500	500	2.5
2018.03.12	周一 Monday	逆回购 Repurchase	利率招标 Interest rate bidding	28天 28-day	400	400	2.8
2018.03.13	周二 Tuesday	逆回购 Repurchase	利率招标 Interest rate bidding	7天 7-day	300	300	2.5
2018.03.13	周二 Tuesday	逆回购 Repurchase	利率招标 Interest rate bidding	28天 28-day	300	300	2.8
2018.03.14	周三 Wednesday	逆回购 Repurchase	利率招标 Interest rate bidding	7天 7-day	300	300	2.5
2018.03.14	周三 Wednesday	逆回购 Repurchase	利率招标 Interest rate bidding	28天 28-day	200	200	2.8
2018.03.15	周四 Thursday	逆回购 Repurchase	利率招标 Interest rate bidding	7天 7-day	200	200	2.5
2018.03.15	周四 Thursday	逆回购 Repurchase	利率招标 Interest rate bidding	28天 28-day	200	200	2.8

中央银行公开市场业务交易
Central bank open market operations

续表

日期 Date		操作工具 Mode of transaction	招标方式 Mode of bidding	期限品种（天） Maturity (Day)	招标数量（亿元） Bidding amount (RMB100 million)	交易量（亿元） Transaction volume (RMB100 million)	中标利率（%） Interest rate of successful bidding(%)
2018.03.19	周一 Monday	逆回购 Repurchase	利率招标 Interest rate bidding	7天 7-day	300	300	2.50
2018.03.19	周一 Monday	逆回购 Repurchase	利率招标 Interest rate bidding	14天 14-day	200	200	2.65
2018.03.22	周四 Thursday	逆回购 Repurchase	利率招标 Interest rate bidding	7天 7-day	100	100	2.55

附录四 世界主要经济体经济和金融指标
Appendix 4 Economic and Financial Indicators of Major Economies

一、经济增长率
1. Economic Growth Rate

世界经济增长率
World economic growth rate

单位：% Unit: %

		2015	2016	2017	2018年1月预计 Projection in January, 2018		2018年4月预计 Projection in April,2018	
					2018	2019	2018	2019
国际货币基金组织 IMF	按购买力平价方法计算的实际GDP增长率 Real GDP growth rate based on PPP	3.5	3.2	3.8	3.7	3.9	3.9	3.9
	按市场汇率法计算的实际GDP增长率 Real GDP growth rate based on market exchange rate	2.8	2.5	3.2	3.2	3.3	3.4	3.3
世界银行 World Bank	按2005年不变价及市场汇率法计算的实际GDP增长率 Real GDP growth rate based on 2005 constant price and market exchange rate	2.8	2.4	3.1	3.0	3.1	3.1	3.0

数据来源：国际货币基金组织《世界经济展望》（2018年4月），世界银行《全球经济展望》（2018年6月）。
Source: *World Economic Outlook*, IMF, April, 2018; *Global Economic Prospects Forecast*, The World Bank, June, 2018.

世界经济增长率
World economic growth rate

单位：% Unit: %

年 Year	国际货币基金组织按购买力平价方法计算的实际GDP增长率 Real GDP growth rate based on PPP (IMF)	国际货币基金组织按市场汇率法计算的实际GDP增长率 Real GDP growth rate based on market exchange rate (IMF)
1986	3.7	3.4
1987	4.0	3.8
1988	4.7	4.6
1989	3.8	3.8
1990	3.5	3.2
1991	2.6	1.9
1992	2.3	2.5
1993	2.1	1.5
1994	3.3	3.2
1995	3.3	2.9
1996	3.9	3.4
1997	4.0	3.5
1998	2.6	2.3
1999	3.6	3.2
2000	4.8	4.2
2001	2.5	1.7
2002	3.0	2.0
2003	4.3	2.9
2004	5.4	4.0
2005	4.9	3.5
2006	5.4	3.9
2007	5.6	3.8
2008	3.0	1.5
2009	-0.2	-2.1
2010	5.4	4.1
2011	4.3	3.1
2012	3.5	2.5
2013	3.5	2.6
2014	3.6	2.8
2015	3.5	2.8
2016	3.2	2.5
2017	3.8	3.2
2018*	3.9	3.4
2019*	3.9	3.3

注：*为预测数。
Note: * Projection.

世界经济增长
World economic growth

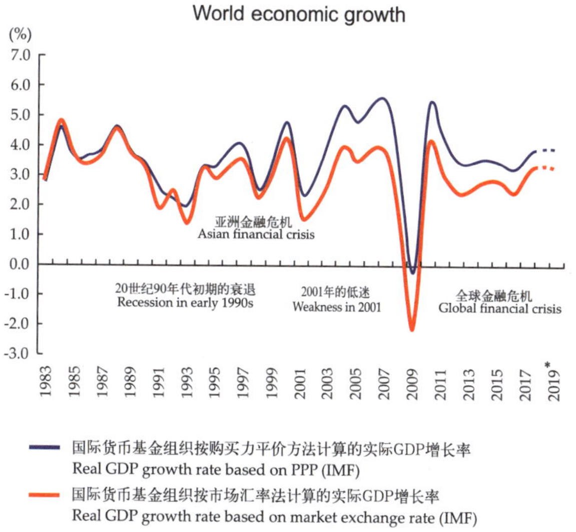

注：*为预测数。
Note: * Projection.

GDP年度增长率
Annual growth rate of GDP

单位：% Unit: %

年 Year	美国 U.S.	日本 Japan	欧元区 Euro Area	英国 U.K.
2003	2.5	1.4	0.8	2.8
2004	3.6	2.7	2.1	3.3
2005	2.9	1.9	1.6	1.8
2006	2.8	2.4	2.8	2.8
2007	1.8	1.7	3.0	2.4
2008	-0.3	-1.1	0.4	-0.5
2009	-2.8	-5.4	-4.5	-4.2
2010	2.5	4.2	2.1	1.7
2011	1.6	-0.1	1.6	1.5
2012	2.2	1.5	-0.9	1.5
2013	1.7	2.0	-0.2	2.1
2014	2.6	0.4	1.3	3.1
2015	2.9	1.4	2.1	2.3
2016	1.5	0.9	1.8	1.9
2017	2.3	1.7	2.3	1.8
2018*	2.9	1.2	2.4	1.6
2019*	2.7	0.9	2.0	1.5

注：* 为预测数。日本当局于2016年12月对历史国民账户数据进行了修订，将国民经济账户体系由1993年版调整至2008年版，基准年度由2005年调整至2011年。本表中日本2015年以后的数据体现了这一变化。

Note: * Projection. Japan's historical national accounts figures reflect a comprehensive revision by the national authorities, released in December 2016. The main revisions are the switch from the System of National Accounts 1993 to the System of National Accounts 2008 and the updating of the benchmark year from 2005 to 2011. The data of Japan in this table reflect this revision since 2015.

GDP年度增长率
Annual growth rate of GDP

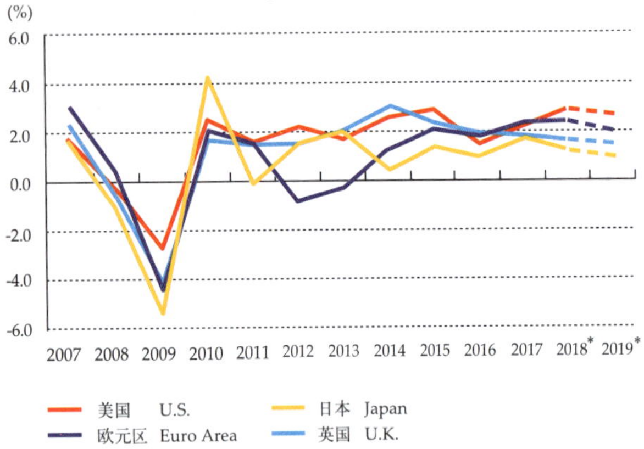

注：* 为预测数。
Note: * Projection.
数据来源：国际货币基金组织《世界经济展望更新》(2018年4月)。
Source: *World Economic Outlook update*, IMF, April, 2018.

GDP季度同比增长率
Year-on-year growth rate of GDP

单位：% Unit: %

年/季度 Year/Quarter	美国 U.S.	日本 Japan	欧元区 Euro Area	英国 U.K.
2014Q2	4.6	-0.1	0.8	3.1
2014Q3	5.2	-1.0	0.8	3.0
2014Q4	2.0	-0.4	0.9	3.3
2015Q1	3.2	0.2	1.2	2.7
2015Q2	2.7	2.1	1.6	2.5
2015Q3	1.6	2.1	1.6	2.1
2015Q4	0.5	1.1	1.7	2.1
2016Q1	0.6	0.6	1.7	1.9
2016Q2	2.2	0.8	1.7	1.8
2016Q3	2.8	0.9	1.8	2.0
2016Q4	1.8	1.5	1.9	2.0
2017Q1	1.2	1.4	2.1	2.1
2017Q2	3.1	1.6	2.4	1.9
2017Q3	3.2	2.0	2.8	1.8
2017Q4	2.9	1.9	2.8	1.4
2018Q1	2.2	1.1	2.5	1.2

GDP季度同比增长率
Year-on-year growth rate of GDP

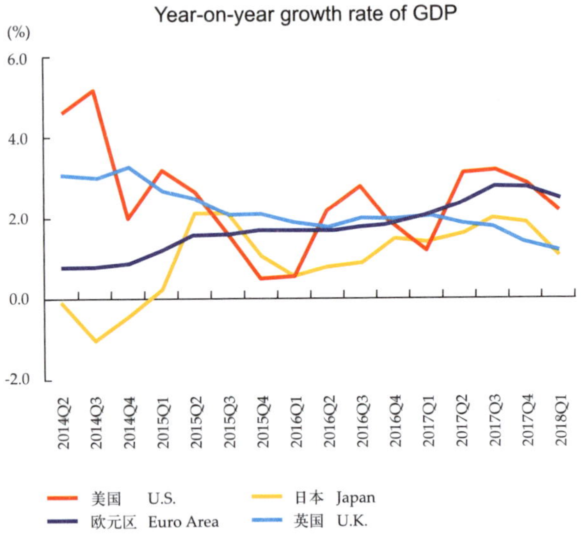

注：美国GDP增长率为环比折年率季节调整后的数据，折年率方法为 $[(GDP_1/GDP_0)^4-1]\times100$。

Note: The U.S. GDP growth rate is an annualized rate after a seasonal adjustment. It can be written as $[(GDP_1/GDP_0)^4-1]\times100$.

数据来源：各经济体官方统计网站。

Source: Official statistical websites of the economies.

二、消费价格指数
2. CPI

消费价格当月同比指数
Monthly CPI (YOY)

单位：% Unit: %

年/月 Year/Month	美国 U.S.	日本 Japan	欧元区 Euro Area	英国 U.K.
2017.01	2.5	0.4	1.8	1.8
2017.02	2.7	0.3	2.0	2.3
2017.03	2.4	0.2	1.5	2.3
2017.04	2.2	0.4	1.9	2.7
2017.05	1.9	0.4	1.4	2.9
2017.06	1.6	0.4	1.3	2.6
2017.07	1.7	0.4	1.3	2.6
2017.08	1.9	0.7	1.5	2.9
2017.09	2.2	0.7	1.5	3.0
2017.10	2.0	0.2	1.4	3.0
2017.11	2.2	0.6	1.5	3.1
2017.12	2.1	1.0	1.4	3.0
2018.01	2.1	1.4	1.3	3.0
2018.02	2.2	1.5	1.1	2.7
2018.03	2.4	1.1	1.3	2.5

数据来源：各经济体官方统计网站。
Source: Official statistical websites of the economies.

三、失业率
3. Unemployment Rate

失业率（季节调整后）
Unemployment rate
(after seasonal adjustment)

单位：% Unit: %

年/月 Year/Month	美国 U.S.	日本 Japan	欧元区 Euro Area	英国 U.K.
2017.01	4.8	3.0	9.6	4.7
2017.02	4.7	2.9	9.5	4.6
2017.03	4.5	2.8	9.4	4.6
2017.04	4.4	2.8	9.2	4.5
2017.05	4.3	3.0	9.2	4.4
2017.06	4.3	2.8	9.0	4.3
2017.07	4.3	2.8	9.0	4.3
2017.08	4.4	2.8	9.0	4.3
2017.09	4.2	2.8	8.9	4.3
2017.10	4.1	2.8	8.8	4.3
2017.11	4.1	2.7	8.7	4.4
2017.12	4.1	2.7	8.6	4.3
2018.01	4.1	2.4	8.6	4.3
2018.02	4.1	2.5	8.5	4.2
2018.03	4.1	2.5	8.5	4.2

数据来源：各经济体官方统计网站。
Source: Official statistical websites of the economies.

消费价格当月同比指数
Monthly CPI (YOY)

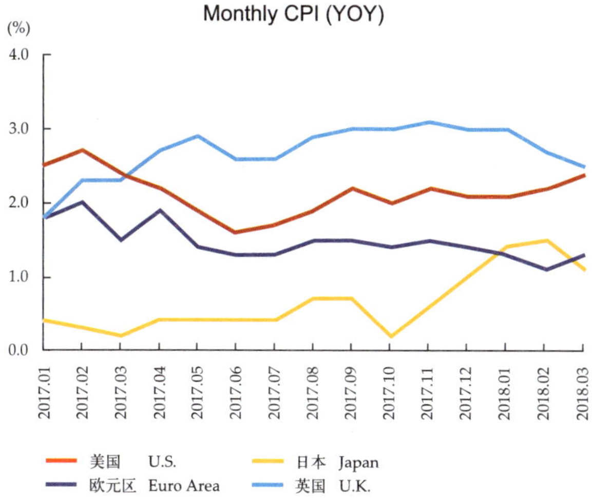

数据来源：各经济体官方统计网站。
Source: Official statistical websites of the economies.

失业率（季节调整后）
Unemployment rate
(after seasonal adjustment)

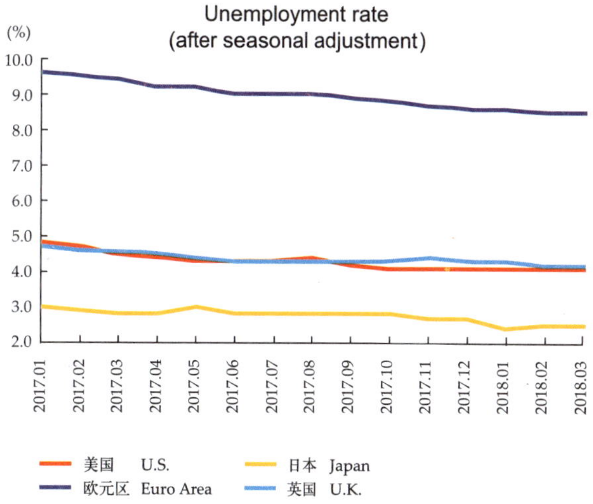

数据来源：各经济体官方统计网站。
Source: Official statistical websites of the economies.

四、国际收支①
4. BOP [1]

经常项目差额
Current account balance

单位：10亿美元
Unit: USD1 billion

年/季度 Year/Quarter	美国 U.S.	日本 Japan	欧元区 Euro Area	英国 U.K.
2013Q1	-81.02	17.15	38.03	-24.32
2013Q2	-113.09	17.51	79.02	-10.84
2013Q3	-111.72	16.33	68.84	-45.91
2013Q4	-80.71	-14.26	119.52	-37.92
2014Q1	-73.16	-8.44	43.51	-33.15
2014Q2	-99.33	8.67	56.31	-27.78
2014Q3	-115.33	18.79	102.64	-49.61
2014Q4	-107.07	13.14	125.36	-36.34
2015Q1	-92.14	36.73	62.18	-29.96
2015Q2	-119.19	30.66	75.03	-23.29
2015Q3	-129.21	40.16	110.78	-34.38
2015Q4	-104.81	25.89	130.13	-43.95
2016Q1	-98.89	51.35	72.62	-45.48
2016Q2	-114.89	45.24	103.40	-39.49
2016Q3	-126.03	59.29	105.73	-46.45
2016Q4	-111.88	36.97	125.84	-23.44
2017Q1	-90.29	52.99	74.99	-27.50
2017Q2	-135.76	41.40	77.82	-27.33
2017Q3	-113.75	63.11	151.55	-31.52
2017Q4	-126.46	38.29		-20.14

资本项目差额
Capital account balance

单位：10亿美元
Unit: USD1 billion

年/季度 Year/Quarter	美国 U.S.	日本 Japan	欧元区 Euro Area	英国 U.K.
2013Q1	-0.04	-2.49	2.62	1.58
2013Q2	-0.23	-3.52	7.09	2.47
2013Q3	-0.15	-1.12	5.79	0.04
2013Q4	0.00	-0.54	12.40	-0.93
2014Q1	-0.04	-0.59	7.79	-0.30
2014Q2	0.00	-0.38	5.36	-0.36
2014Q3	0.00	-0.65	5.01	-0.45
2014Q4	0.00	-0.28	6.95	-0.51
2015Q1	-0.02	-1.11	1.10	0.11
2015Q2	-0.02	-0.22	-30.17	-0.43
2015Q3	0.00	-0.53	5.53	-0.41
2015Q4	0.00	-0.39	10.33	-1.14
2016Q1	-0.06	-4.86	-1.52	0.45
2016Q2	0.00	0.03	-0.22	-0.45
2016Q3	0.00	-0.84	1.02	-1.25
2016Q4	0.00	-0.91	-0.17	-0.93
2017Q1	0.00	-0.59	-10.97	-0.03
2017Q2	0.00	-1.28	-11.22	-0.98
2017Q3	24.87	-0.18	-2.14	-0.35
2017Q4	-0.02	-0.51		-0.38

经常项目差额
Current account balance

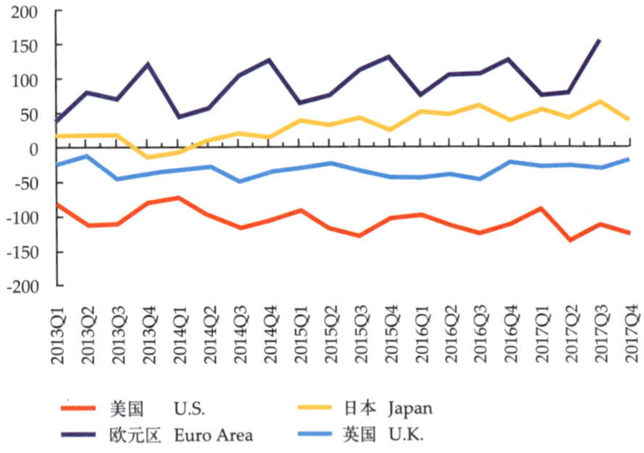

数据来源：国际货币基金组织《国际金融统计》(2018年5月)。
Source: *International Financial Statistics*, IMF, May, 2018.

资本项目差额
Capital account balance

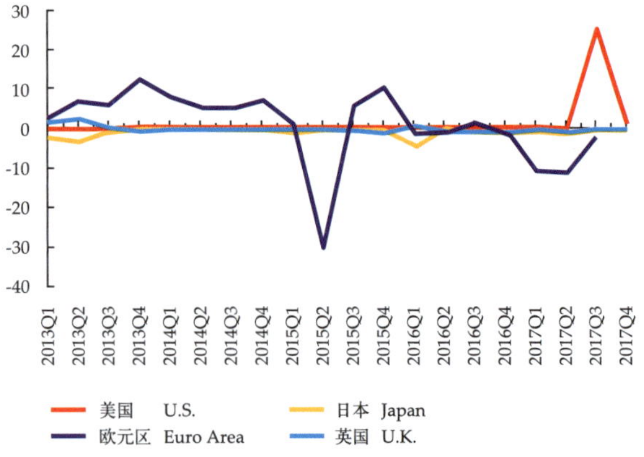

数据来源：国际货币基金组织《国际金融统计》(2018年5月)。
Source: *International Financial Statistics*, IMF, May, 2018.

①国际货币基金组织《国际金融统计》自2012年8月起，将国际收支统计规则由BPM5调整至BPM6。数据从2005年起调整。根据BMP6，金融账户由“贷方和借方”改为“金融资产净获得和负债净产生”，金融账户的总差额为净贷款/净借款。净贷款表示，考虑了金融资产的取得和处置以及负债的发生和偿还后，一个经济体向世界其他地方提供资金。

1. The IMF's *International Financial Statistics* (IFS) is publishing balance of payments data on BPM6 presentational basis instead of BPM5 since August, 2012.The data series starts in 2005. In BPM6, the headings of the financial account have been changed from "credits and debits" to "net acquisition of financial assets" and "net incurrence of liabilities". The overall balance on the financial account is called net lending/net borrowing. Net lending means the economy supplies funds to the rest of the world, taking into account acquisition and disposal of financial assets and incurrence and repayment of liabilities.

金融项目差额
Financial account balance

单位：10亿美元
Unit: USD1 billion

年/季度 Year/Quarter	美国 U.S.	日本 Japan	欧元区 Euro Area	英国 U.K.
2013Q1	-60.18	-4.35	38.10	-16.21
2013Q2	-78.35	-26.88	94.10	-0.76
2013Q3	-122.19	9.08	72.84	-47.85
2013Q4	-211.98	-30.51	140.11	-43.68
2014Q1	-108.47	-19.98	98.12	-33.14
2014Q2	-45.61	22.08	108.28	-43.75
2014Q3	-15.90	29.61	135.71	-57.32
2014Q4	-43.81	15.80	116.82	-55.55
2015Q1	-20.20	53.02	-68.52	-63.60
2015Q2	-96.39	34.47	92.49	-15.66
2015Q3	-27.03	43.76	102.77	-22.40
2015Q4	-46.03	34.83	154.23	-32.65
2016Q1	-73.52	77.87	15.19	-34.63
2016Q2	-35.43	67.28	81.26	-61.16
2016Q3	-164.24	107.69	122.10	-45.69
2016Q4	-106.59	13.04	98.98	-13.52
2017Q1	-78.11	39.10	74.41	-19.48
2017Q2	-109.68	34.87	69.21	-28.22
2017Q3	-108.87	32.69	186.08	-14.67
2017Q4	-50.83	27.15		-34.02

金融项目差额
Financial account balance

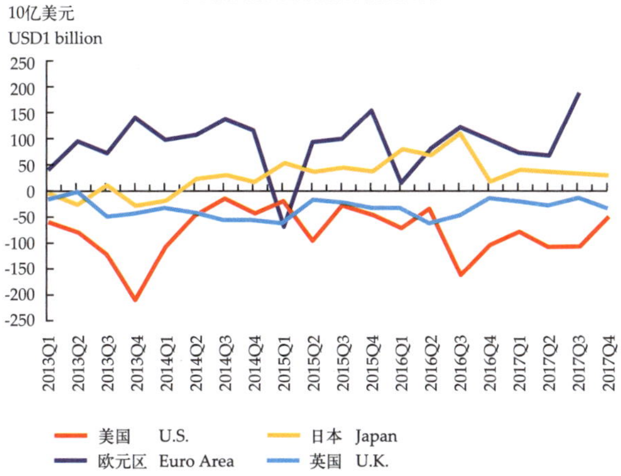

数据来源：国际货币基金组织《国际金融统计》(2018年5月)。
Source: *International Financial Statistics*, IMF, May, 2018.

五、利率
5. Interest Rates

1. 中央银行目标利率
(1) Central bank base rates

中央银行目标利率
Central bank base rates

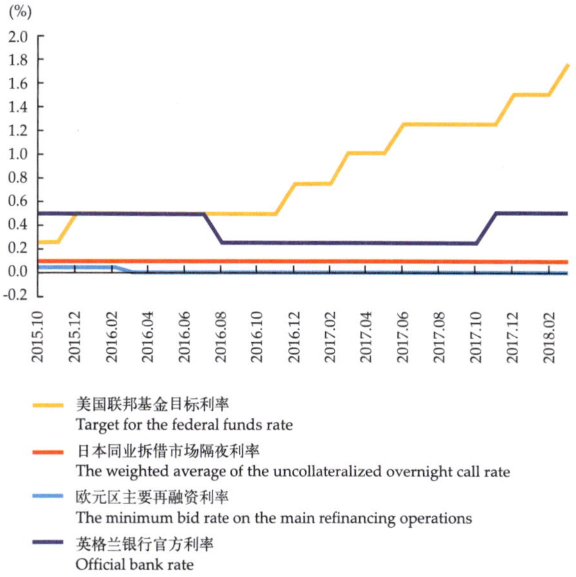

注：2016年1月29日，日本央行宣布实施负利率政策，商业银行存放在日本央行的超额准备金存款利率降至-0.1%，目前仍维持在-0.1%的水平。
数据来源：各经济体中央银行网站。
Note:On January 29, 2016, Bank of Japan decided to introduce negative interest rate of minus 0.1 percent to current accounts that financial institutions hold at the Bank. Up to now it has remained unchanged.
Source: Central bank websites of the economies.

2.短期利率
(2) Short-term interest rates

3个月期银行间市场拆借利率（年率，月平均）
3-month inter-bank rate (annualized, monthly average)

单位：% Unit: %

年/月 Year/Month	美元 USD	日元 JPY	欧元 EUR	英镑 GBP
2017.01	1.03	-0.02	-0.33	0.35
2017.02	1.04	-0.01	-0.33	0.34
2017.03	1.13	0.00	-0.33	0.33
2017.04	1.16	0.02	-0.33	0.33
2017.05	1.19	-0.01	-0.33	0.33
2017.06	1.26	-0.01	-0.33	0.32
2017.07	1.31	-0.01	-0.33	0.32
2017.08	1.31	-0.03	-0.33	0.31
2017.09	1.32	-0.03	-0.33	0.32
2017.10	1.36	-0.04	-0.33	0.35
2017.11	1.43	-0.03	-0.33	0.44
2017.12	1.60	-0.02	-0.33	0.44
2018.01	1.73	-0.03	-0.38	0.52
2018.02	1.87	-0.06	-0.38	0.55
2018.03	2.17	-0.05	-0.38	0.62

3.长期利率
(3) Long-term interest rates

10年期国债收益率（年率，月平均）
10-year government bond yield (annualized, monthly average)

单位：% Unit: %

年/月 Year/Month	美元 USD	日元 JPY	欧元 EUR	英镑 GBP
2017.01	2.43	0.06	1.31	1.42
2017.02	2.42	0.09	1.45	1.31
2017.03	2.48	0.07	1.46	1.19
2017.04	2.30	0.03	1.26	1.08
2017.05	2.30	0.04	1.18	1.12
2017.06	2.19	0.05	1.07	1.08
2017.07	2.32	0.08	1.21	1.27
2017.08	2.21	0.05	1.04	1.12
2017.09	2.20	0.02	1.12	1.24
2017.10	2.36	0.07	1.15	1.38
2017.11	2.35	0.04	0.95	1.33
2017.12	2.40	0.05	0.88	1.28
2018.01	2.57	0.08	0.55	1.33
2018.02	2.86	0.07	0.72	1.57
2018.03	2.84	0.04	0.58	1.45

3个月期银行间市场拆借利率（年率，月平均）
3-month inter-bank rate (annualized, monthly average)

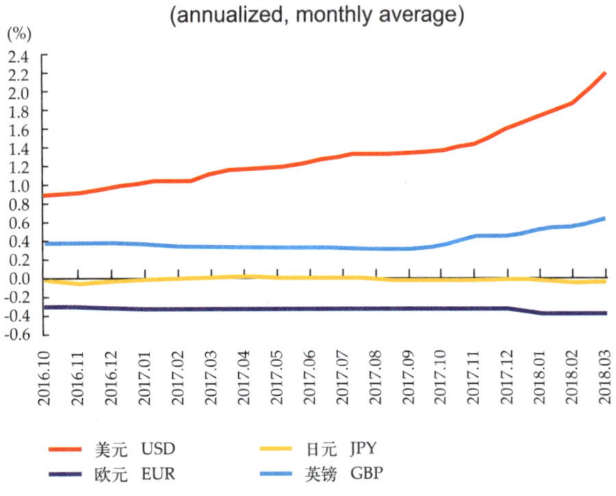

数据来源：《欧洲中央银行经济公报》及CEIC。
Source: *Economic Bulletin of ECB*, CEIC.

10年期国债收益率（年率，月平均）
10-year government bond yield (annualized, monthly average)

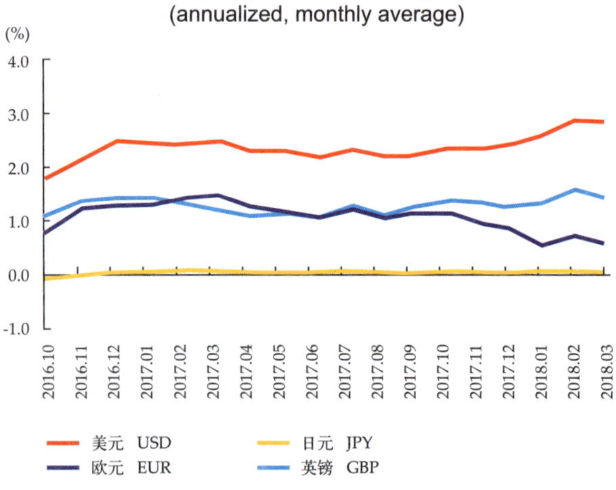

数据来源：CEIC。
Source: CEIC.

六、汇率
6. Exchange Rates

汇率（月平均）
Exchange rates (monthly average)

年/月 Year/Month	美元/欧元 USD/EUR	美元/英镑 USD/GBP	日元/美元 JPY/USD
2017.01	1.0614	1.2345	114.75
2017.02	1.0643	1.2485	113.07
2017.03	1.0685	1.2334	113.02
2017.04	1.0723	1.2637	110.06
2017.05	1.1058	1.2930	112.26
2017.06	1.1223	1.2804	110.91
2017.07	1.1521	1.2987	112.39
2017.08	1.1806	1.2953	109.92
2017.09	1.1919	1.3333	110.72
2017.10	1.1751	1.3210	112.96
2017.11	1.1723	1.3210	113.00
2017.12	1.1834	1.3405	112.95
2018.01	1.2195	1.3812	110.77
2018.02	1.2346	1.3947	107.90
2018.03	1.2330	1.3966	106.00

实际有效汇率（月平均，2010年=100）
Real effective exchange rates
(monthly average, year 2010=100)

年/月 Year/Month	美元 USD	欧元 EUR	日元 JPY	英镑 GBP
2017.01	122.9	91.1	76.5	103.9
2017.02	121.4	90.2	76.7	105.1
2017.03	120.9	91.1	76.7	98.9
2017.04	119.7	90.7	78.4	101.1
2017.05	118.8	92.5	76.3	101.9
2017.06	117.1	93.4	76.7	99.6
2017.07	115.2	95.0	75.0	99.3
2017.08	113.8	96.5	76.0	97.1
2017.09	113.1	96.4	74.7	99.2
2017.10	115.0	96.1	73.7	99.6
2017.11	115.5	96.0	73.8	100.1
2017.12	115.0	96.2	73.5	100.8
2018.01	112.5	96.8	73.6	101.5
2018.02	111.5	97.0	75.0	101.5
2018.03	111.7	97.0	76.5	101.9

汇率（月平均）
Exchange rates (monthly average)

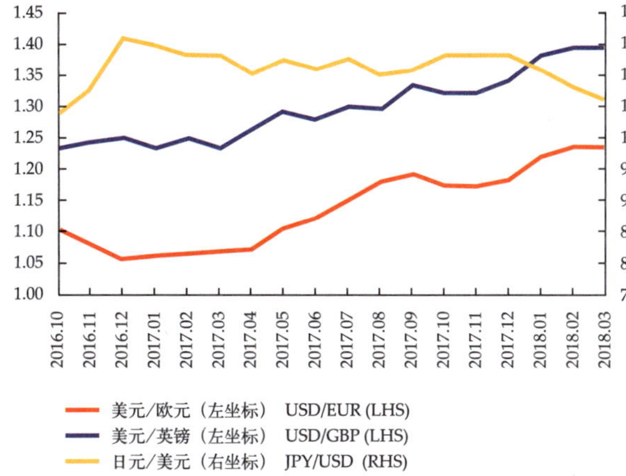

数据来源：国际货币基金组织《国际金融统计》(2018年3月)。
Source: *International Financial Statistics*, IMF, March, 2018.

实际有效汇率（月平均，2010年=100）
Real effective exchange rates
(monthly average, year 2010=100)

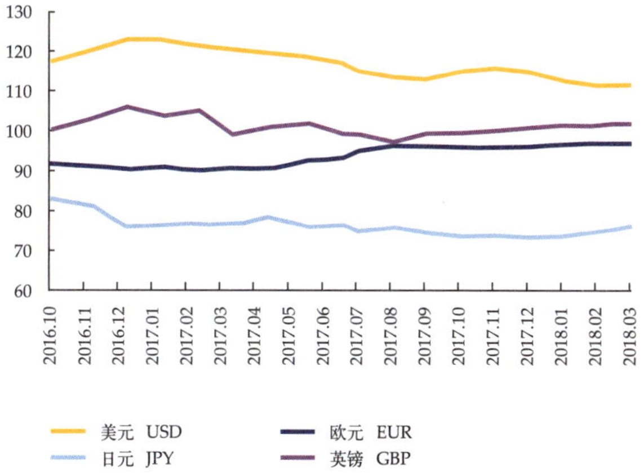

数据来源：国际货币基金组织《国际金融统计》(2018年3月)。
Source: *International Financial Statistics*, IMF, March, 2018.

七、股票市场指数
7. Stock Market Indices

主要股票市场指数（期末）
Major stock market indices (end-period)

年/月 Year/Month	美国道琼斯30种股票平均价格指数 Dow Jones 30	纳斯达克综合指数 NASDAQ	日本日经225种股票平均价格指数 Nikkei 225	道琼斯欧元区STOXX50股票指数 Dow Jones EURO STOXX 50
2017.01	19 864	5 615	19 041	3 231
2017.02	20 812	5 825	19 119	3 320
2017.03	20 663	5 912	18 909	3 501
2017.04	20 941	6 048	19 197	3 560
2017.05	21 009	6 199	19 651	3 555
2017.06	21 350	6 140	20 033	3 442
2017.07	21 891	6 348	19 925	3 449
2017.08	21 948	6 429	19 646	3 421
2017.09	22 405	6 496	20 356	3 595
2017.10	23 377	6 728	21 267	3 674
2017.11	24 272	6 874	22 525	3 570
2017.12	24 719	6 903	22 770	3 504
2018.01	26 149	7 411	23 098	3 609
2018.02	25 029	7 273	22 068	3 439
2018.03	24 103	7 063	21 454	3 362

主要股票市场指数（期末）
Major stock market indices (end-period)

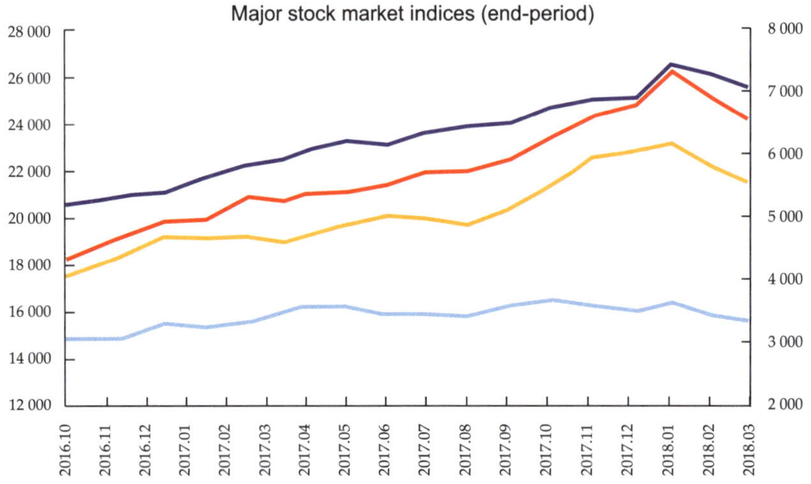